KB259885

CE0 책 읽기

CEO 책 읽기

초판 1쇄   2009년 12월 1일
초판 2쇄   2010년 1월 4일
글쓴이   고승철
펴낸이   김영재
펴낸곳   책만드는집

주소   서울 마포구 합정동 428-49번지 4층 (121-887)
전화   3142-1585·6
팩스   336-8908
전자우편   chaekjip@chol.com
출판등록   1994년 1월 13일 제10-927호
ⓒ 고승철, 2009

* 이 책의 전부 또는 일부 내용을 재사용하려면 사전에 저작권자와
  책만드는집의 동의를 받아야 합니다.
* 잘못 만들어진 책은 구입하신 서점에서 교환해드립니다.

ISBN   978-89-7944-321-9   (03320)

이 도서의 국립중앙도서관 출판시도서목록(CIP)은 e-CIP
홈페이지(http : ///www.nl.go.kr/cip.php)에서 이용하실 수 있습니다.
(CIP제어번호 : CIP2009003573)

CEO 책 읽기

CEO를 위한 경영서 100

| 글 고승철 |

책만드는집

어둠이 채 가시지 않은 꼭두새벽, 호텔 앞에는 큼직한 승용차들이 줄지어 도착한다. 차에서 내린 최고경영자(CEO)는 조찬 강연회가 열리는 룸 안으로 서둘러 들어간다. 간밤에 여러 잔 마신 폭탄주 탓에 아직 머리가 멍하다. 하지만 이를 악문다. 경영난을 돌파하는 노하우를 배우려면 이쯤은 감수해야 한다.

경영학 수업이 진행되는 대학 강의실에는 빈자리가 거의 없다. 수백 명이 들어가는 대형 강의실도 마찬가지다. 남녀 대학생들은 눈을 반짝이며 강의에 귀를 기울인다.

쾌적한 산속에 자리 잡은 대기업 연수원의 풍경도 비슷하다. 효율 극대화 방안을 찾는 연수생들의 열기가 후끈 달아오른다.

경영학 석사(MBA) 과정을 공부하는 직장인들은 주경야독으로 몸은 고달프지만 미래에 CEO가 되겠다는 각오를 다지면 정신이 은화(銀貨)처럼 맑아진다.

가히 '경영 공부 시대'다. 대통령도, 대학교 총장도 경영의 중요성을 외친다. 일부 성직자까지도…….

경영 노하우를 배우는 방법 가운데 경영·경제 서적 읽기는 매우 효율적이다. 비용이 덜 들고 간편하기 때문이다. 책에는 숱한 성공 및 실패 사례가 있다. 열심히 읽다 보면 성공 요인을 찾아내는 눈이 생긴다. 여기서 발견한 노하우를 자신이 몸담은 조직에 응용하면 좋은 성과가 나오기도 한다. 물론 책 내용대로 이뤄진다는 보장은 없다.

경영·경제 서적으로 '경영의 도(道)'를 깨우치려는 분들에게 작은 도움을 드리고자 이 책을 썼다. 허황된 꿈 같은 '도'가 아니라 여러 성공 사례에 약간의 철학적 성찰을 가미한 것이니 현실 가능한 대상이다.

〈동아일보〉에 연재한 '고승철의 베스트 비즈북', 시사 월간지 《신동아》에 연재한 '경제서로 세상 읽기', 삼성경제연구소 사이트에 기고한 서평 등을 묶었다. 연재 당시의 내용이 요즘 상황과 현저히 차이 나는 부분은 고쳤다. 관련 인물의 직함은 가급적 그대로 두었다. 직함은 또 변하므로…….

서평은 서평일 뿐이다. 책을 고른 내 시각이 옳다고 할 수도 없다. 독자께서는 서평을 읽고 입맛이 당기는 책은 직접 원전을 찾아서 읽기 바란다.

경영이라 해서 기업 경영에만 국한할 필요는 없다. 개인이 역경을 이기는 인생 경영, 가족이 화목하게 살아가는 가정 경영, 나라의 번영을 꾀하는 국가 경영까지로 넓혀도 좋으리라.

모쪼록 독자께서 이 책에서 얻은 지혜를 바탕으로 보람찬 삶을 누리기를 기원한다.

2009년 10월

고승철

| 차례 |

Chapter 01

하늘로 날아오르기까지

CEO 성공학

버린 것, 그리고 남은 것

정문술의 아름다운 경영
정문술 지음 · 268쪽 · 키와채

한국엔 '사장님'이라 불리는 사람이 300만 명 가까이 있다. 대기업, 중소기업 대표자들이다. 구멍가게 대표까지 포함하면 훨씬 더 많을 것이다.

이들의 고뇌를 아시는지? 종업원들 눈에는 오너 사장은 돈 많고, 직장에서 잘릴 걱정 없어 좋아 보인다. 큼직한 승용차 뒷자리에 안락하게 앉아 다니는 모습도 부럽다. 그러나 한국에서는 사장 노릇 하기가 쉽지 않다. 월급 주고, 회사 돌리고, 이익 내는 것은 기본이다. 경기가 나쁘면 문 닫지 않는 것만도 어렵고 아차 하면 부도 위기에 빠지기도 한다. 종업원이야 다른 직장을 구하면 되지만 오너 사장은 재산 날리고 구속되는 경우도 있다.

"기업은 망해도 기업주는 떵떵거리며 산다"라는 말도 약삭빠른 일부 기업인에게만 해당되는 말⋯⋯. 이 밖에도 회사 경영과 관련 없는 무수

한 청탁에 시달려야 한다. 친지, 동창, 향우 등 지인들이 온갖 부탁을 해
오는데 이를 뿌리치기가 그야말로 쉽지 않다. 회사 규모가 커지면 정치
권에서 손길을 뻗어 온다.

‘벤처 대부’라 불리는 정문술 전 미래산업 사장의 저서 『정문술의 아
름다운 경영』을 보면 이 땅에서 회사를 꾸려가기가 얼마나 어려운지를
절감할 수 있다.

1983년 설립된 미래산업은 반도체 제조 장비인 마운터를 생산하는 벤
처 업체. 저자가 중앙정보부(지금의 국가정보원)에서 18년간 근무하다 민
간인 옷을 입고 세운 회사다. 창업 초기에는 경영난 때문에 한때 자살까
지 생각할 정도로 고초를 겪었다. 죽을힘을 다해 회사를 살려보자고 결
심한 끝에 성공 신화를 이루었다. 그는 이 회사에서도 18년간 일한 뒤
2001년 1월 초 은퇴했다. 책 일부를 옮겨보자.

나의 은퇴는 벌써 옛일이 되었다. 하지만 지금도 지인들의 취직 청탁은
심지어 정원 관리, 공장 청소에 이르기까지 끝도 없이 밀려온다. 은퇴했다
고 아무리 설명해도 막무가내다. 이러저러한 일에 신경 좀 써달라는 식의
당부도 골치다. 간접적이되 훨씬 부담스러운 청탁들이다.

동창회는커녕 고향에도 발걸음을 끊어 향리 어른들로부터 ‘후레아들
놈’이란 소리까지 들었다고 한다. 2002년 대선 때는 어느 대통령 후보가
유혹의 손길을 뻗치기도 했다는 것.

이 책엔 미래산업을 키운 과정이 흥미진진하게 그려져 있다. 그러나
이보다도 더욱 눈길을 끄는 대목은 저자의 은퇴 이후의 생활. 수백억 원
의 재산을 어떻게 하면 보람 있게 쓰느냐, 어떻게 사는 것이 품위 있는 은

퇴 생활이냐 하는 물음에 대한 모범 답안을 보여주기 때문이다.

그는 자신과는 아무런 연고도 없는 한국과학기술원(KAIST)에 300억 원을 쾌척했다. 바이오시스템학과의 신설을 조건으로…… 한국 경제의 미래를 책임질 열쇠가 바이오테크와 정보 기술, 기계 기술 등의 융합에 있다고 판단했기 때문이다. 생색내기를 결벽증처럼 싫어하는 그는 그의 기부금으로 건설된 '정문술빌딩' 준공식(2003년 10월 30일)에도 참석하지 않았다.

그는 "마땅히 돌려줄 것을 돌려준 곳에 가서 축사하고 꽃다발까지 받을 면목이 내겐 없다. 이제는 차라리 솔직해지고 싶다. 매스컴은 나를 두고 '아름다운 퇴진' 이니 '진정한 부자' 니 떠들썩하게 칭찬들을 했지만, 사실 추하지 않게 늙어가며 남은 인생을 평안하게 살아보겠다는 또 다른 노욕(老慾)의 발로였을 뿐이다"라고 겸손하게 말했다.

부창부수(夫唱婦隨)라 했던가. 그의 부인이 어느 날 "5억 원만 내 통장에 입금해달라"라고 요구하더란다. 워낙 알뜰한 부인이었기에 돈을 허투루 쓰지 않을 것이라 믿었지만 용처가 궁금했다. 송금한 지 몇 달 뒤 우편물 뭉치를 뒤적이다 시각장애자 선교 단체에서 보낸 편지를 발견했다. 부인이 '익명의 기부자' 로 2억 원을 기부한 데 대한 감사의 글이었다.

기업인에 대해 막연한 거부감을 갖고 있지 않으신지? 탐욕스런 부류의 인간들이라고 지레 경멸하고 있지 않으신지? 이 책을 읽고 나면 기업인도 존경받을 수 있는 인물이라는 점을 깨달으시리라.

정문술 회장은 은퇴 이후 주로 독서와 명상, 산책으로 시간을 보낸다. 번잡한 사교 모임에 얼굴을 내미는 일은 질색이다.

경영 천재들의 속 깊은 이야기

사장님, 소주 한잔하시죠
손성태 외 지음 · 270쪽 · 한국경제신문사

요즘 표지에 별도의 작은 띠를 둘러 독자들의 시선을 끌려고 하는 책이 많다. '띠지'에는 튀는 카피들이 수두룩하다. 『사장님, 소주 한잔하시죠』의 띠지에는 "대한민국 경영 천재들의 속 깊은 이야기"라는 카피가 돋보인다. '경영 천재'가 이렇게도 많았던가?

이 책은 이기태 삼성전자 부회장, 박찬법 금호아시아나그룹 항공 부문 부회장, 구학서 신세계 부회장, 윤홍근 제너시스BBQ 회장, 강영중 대교그룹 회장, 최평규 S&T그룹 회장 등 최고경영자 20명에 대한 인터뷰 모음이다. 2년여간 신문에 연재한 것을 묶었다.

연재 당시에 재계에서 화제가 됐다. 허름한 대폿집에서 기자 여럿과 CEO가 주고받은 대화 내용을 생생하게 보도했기 때문이다. '취중 진담'을 들으려 기자들이 집요하게 달라붙은 흔적이 보인다. 실제로 꽤 만취한 상태에서 나온 듯한 발언도 소개됐다. 그래서 흥미진진하고 유익한 내용이 그득하다.

성공한 CEO 자리에 오를 때까지 겪은 파란만장한 삶과 그에 따른 고뇌가 잘 드러났다. 또 그들의 가족과 주변 인물 일화도 소개돼 재미를 더해준다.

인터뷰에 참가했던 한 기자는 "팽팽한 긴장 속에 시작한 인터뷰는 몇 순배 술잔이 돌면 흥겨운 노변정담으로 변해 자정을 훌쩍 넘긴 시간에야 끝나곤 했다"라면서 "산전수전에 공중전까지 거쳐온 그들이 허심탄회하게 쏟아낸 말들은 하나 버릴 게 없었지만 신문 지면 부족으로 금과옥조 같은 이야기들을 다 전하지 못한 채 뭉텅뭉텅 잘라버려야 했는데 이를 충실하게 보완해 단행본으로 꾸몄다"라고 털어놓았다.

청년 시절 이야기 가운데 하나. '마라톤 철학의 경영자'라는 별명을 지닌 신헌철 SK에너지 부회장의 청소년 시절 회고를 들으면 가슴이 뭉클해진다.

"(8세 때 부친이 돌아가신 이후) 하숙집을 하는 어머니를 돕기 위해 여객 터미널을 오가며 호객 행위를 했다. 손님을 모셔 오다 중간에 여관으로 손님을 뺏기면 한숨을 쉬곤 했다. 이후 어머니와 함께 부산 해운대로 이사했다. 어머니가 행상을 하기 위해서다. 가난 때문에 인문계 고교 진학을 포기하고 부산상고에 입학했다."

도전 정신이 얼마나 대단한지는 최수부 광동제약 회장의 사례를 통해서 알 수 있다. 그는 제약 회사 외판원 시절을 회고했다.

"약을 팔려면 돈 많은 곳을 가야 하는데, 사람들한테 우리나라에서 돈이 제일 많은 곳이 어디냐고 물었더니 재무부 이재국이라고 하는 거다. 그날로 재무부 이재국장 방을 찾아가 좋은 약이 있어 소개하려고 왔다 하니 국장이 얼굴을 일그러뜨리면서 쫓아냈다. 수모 때문에 밤잠을 이루지 못했다. 고민 끝에 이튿날 다시 이재국장을 찾아가 사람을 무시한 데 대해 따졌더니 국장이 정중히 사과하면서 약도 무려 16개나 사주더라."

이 이재국장이 누구인지 궁금해진다. 그 고위 관료의 내공도 대단한 듯하다.

CEO들의 촌철살인 같은 어록을 몇 개 골라보자.

"막말을 해도 진심을 알아들을 수 있는 일촌 관계를 형성하는 것, 인간 관계에서 이보다 중요한 건 없다." – 이기태 삼성전자 부회장

"사원은 사원답게, 과장은 과장답게, 임원은 임원답게, CEO는 CEO답게만 해준다면 잘못될 회사가 어디 있겠는가." – 구학서 신세계 부회장

"기백은 배짱과 사촌 관계다. 기백은 정확한 것이고 배짱은 다소 오차가 있다. 그래서 나는 기백이라는 말을 더 좋아한다." – 김승호 보령 회장

"편안함은 위대함의 적이다." – 남상태 대우조선해양 사장

"조직은 여러 사람의 꿈을 안고 가는 생명체인 동시에 서로를 끊임없이 평가하는 냉혹한 전쟁터다. 어떤 일을 맡았으면 자신의 모든 것을 걸어서 확실한 부가가치를 내야 한다." – 신재철 LG CNS 사장

"경영의 기본은 현장에 있다. '생각 즉시 행동하자' 라는 게 나의 경영 철학이다." – 최평규 S&T그룹 회장

수의(壽衣)에는 주머니가 없다

부자는 동서고금을 막론하고 대체로 손가락질을 받는다. 가지지 못한 사람의 눈에는 그가 탐욕스런 수전노로 비치기 십상이다. 부자이면서도 타인에게 존경받으면 대단한 인물임에 틀림없다. 『아름다운 부자 척 피니』의 주인공인 억만장자 척 피니가 그런 인물이다.

로이터통신의 기사를 인용해보자.

"미국에서 가장 위대한 자선사업가란 영광의 타이틀은 마이크로소프트의 황제 빌 게이츠 회장도, 전 재산의 85%를 기부한 전설적 투자가인 워런 버핏도 아닌 아일랜드계 기업인 척 피니에게 주어야 한다"라고 보도했다.

피니 회장은 25년간 40억 달러에 이르는 거액을 기부하면서 철저히 비밀에 부쳤다. 그는 아일랜드의 금언인 "수의(壽衣)에는 주머니가 없다"를 읊조리며 남은 생애에서 나머지 재산 40억 달러도 기부하겠다고 밝혔다.

세계 대공황 시기인 1931년 미국 뉴저지 주의 가난한 가정에서 태어난 피니는 소년 시절에 우산을 팔아 용돈을 버는 등 어릴 때부터 강한 자립 정신을 발휘했다. 공군에 입대한 후 일본에 근무하면서 일본어를 열심히 익혔다. 한국전쟁이 터지는 바람에 복무 기간이 늘어나 4년간 군대 밥을 먹었고, 제대 후에 받은 군인 장학금으로 코넬대에서 호텔경영학을 공부, 여기서 평생 사업인 면세점 경영 아이디어를 얻었다. 그는 세계 최대의 면세점 전문 기업인 DFS를 창업해 막대한 부를 축적했다.

그는 애틀랜틱 필랜트로피즈 자선단체에 재산을 기부할 때 그 조건으로 비밀 유지를 부탁했다. 자기 명의로 된 집도 차도 없는 그는 비행기에서 이코노미 클래스에 앉으며 15달러짜리 플라스틱 시계를 차는 검소한 인물이다.

그는 '기부의 왕'이라 불린 앤드루 카네기를 존경한다. 그래서 "부자란 과시나 허영을 멀리하며 소박한 삶의 모범을 보여야 한다"라는 카네기의 가르침을 실천했다고 한다. 그가 자신의 기부 행위를 나중에 공개하기로 결심한 것은 다른 부자들에게 자극을 주기 위한 것. 저자는 아일랜드 출신의 언론인으로 워싱턴 특파원으로 활동할 때 피니를 만나 여러 번 인터뷰 끝에 이 책을 썼다. 저자는 피니와 함께 하와이, 베트남 등을 여행하며 피니의 인품을 가까이에서 살폈다.

피니의 지인들은 그를 어떻게 평가할까?

프랭크 로즈 미국 코넬대 명예 총장은 "전 세계의 대학 총장들은 매일 무릎을 꿇고 하느님에게 척 피니를 만난 것에 대해 감사드려야 한다"라고 말했다. 피니가 학문 발전을 위해 대학에 거액을 희사한 데 대한 찬사다.

실패를 모르는 기업인도 마음대로 되지 않는 것이 건강이다. 피니는 평소에 조깅으로 건강을 관리했다. 보스턴 마라톤 대회에 참가하려는 꿈을 가졌다. 이 대회에 나가려면 다른 대회에서 좋은 기록을 얻어야 한다. 피니는 1979년에 하와이 마라톤 대회에 출전했다가 결승점 부근에서 쓰러져 앰뷸런스 신세를 져야 했다.

이 책은 척 피니의 삶에 대한 소개뿐 아니라 사업 성공기를 담았기에 유통업 종사자가 읽으면 적잖은 사업 아이디어도 얻을 수 있을 것이다.

시장의 흐름을 읽다

신화가 된 기업가들

우베 장 호이저 · 존 융클라우센 엮음, 이온화 옮김 · 392쪽 · 지식의숲

세계적으로 유명한 기업을 일으킨 기업가는 어떤 사람인가? 그가 부(富)를 쌓은 것은 노력의 결과인가, 재운(財運) 덕분인가?

이런 물음에 친절하게 응답해주는 책이 『신화가 된 기업가들』이다. 독일 신문 〈차이트(Zeit)〉에 2년간 연재되면서 주목을 받은 기획물인데 이를 묶어 책으로 출판한 것. 독일의 쟁쟁한 저널리스트 29명이 집필에 참여했으며 여기에 소개된 기업가는 44명이다.

과거에 '영웅'이라 불린 인물은 대체로 여러 나라를 정복해 영토를 넓힌 사람이었다. 알렉산더, 시저, 나폴레옹, 칭기즈칸 등이 금방 머릿속에 떠오른다. 오늘날엔 자기 상품을 널리 세계시장에 팔아 거부(巨富)가 된 인물이 영웅이 아닐까. 그런 점에서 이 책은 『플루타르크 영웅전』 못지않게 흥미진진하다.

미국의 석유 재벌 존 데이비슨 록펠러(1839~1937)는 돈을 벌기 위해

수단, 방법을 가리지 않았다. 어릴 때는 사탕을 한 부대 사 와서 형제들에게 조금씩 나눠 팔면서 이익을 챙겼다. 사업을 시작하면서 경쟁 업체들에 가혹했고 독점욕이 강했다. 경쟁 회사들을 인정사정 보지 않고 인수했다. 거대한 부를 축적했지만 그의 생활은 지극히 검소했다. 은퇴 이후엔 대부분의 재산을 학교 박물관 및 도서관, 의학 연구소를 짓는 데 기부했고 시골에서 농사를 짓다가 삶을 마감했다.

미국의 철도 재벌 코넬리어스 밴더빌트(1794~1877)도 사기꾼이라는 비난을 들으며 돈을 번 인물이다. 공무원에게 뇌물을 줘가며 철도 노선을 확보했고 세금을 줄이기 위해 거짓 장부를 만들기도 했다. 주가 조작도 서슴지 않았다. 밴더빌트가 죽고 거의 100년이 흐른 1973년 그의 후손 120명이 모였는데 이 가운데 백만장자는 단 한 명도 없었다. 그의 재산은 어디론가 사라졌어도 그의 기부금으로 세워진 명문 밴더빌트대학교는 숱한 인재를 길러내고 있다.

독일의 '통신판매 여왕' 그레테 시케탄츠(1911~1994)의 인생은 드라마틱하다. 재봉 용품 업체의 종업원으로 입사해 오너와 결혼하는 행운을 차지했다. 결혼 후 경영 재능을 발휘해 가정용품 카탈로그인 '크벨레'를 만들어 유럽 최대의 통신판매 회사를 일구었다. 어릴 때 가난하게 자란 것을 자산으로 삼았다. 서민 생활을 잘 알기 때문에 서민들의 수요를 잘 충족시킨 것이다.

이 책은 성공한 기업가들의 특징을 10가지로 요약했다. 즉, ① 남과 다른 생각을 한다 ② 끊임없이 새것을 받아들인다 ③ 시장의 흐름을 읽는다 ④ 신념과 의지가 강하다 ⑤ 성공을 위해 게임 규칙까지 바꾼다 ⑥ 기회를 잘 포착한다 ⑦ 경영관이 명확하고 건전하다 ⑧ 절약 정신이 투철하다 ⑨ 무자비할 만큼 냉정하고 엄격하다 ⑩ 자신의 사업을 즐긴다 등이다.

엮은이 우베 장 호이저는 1963년 독일 본에서 태어나 본대학, 미국 캘리포니아대학, 쾰른대학에서 경제학을 전공한 후 하버드대학에서 석사 학위를 받았다. 프랑크푸르터알게마이네차이퉁, 차이트 등에서 기자로 활동해왔다.

존 융클라우센은 1970년 독일 함부르크에서 출생했으며 영국 런던대학에서 정치경제학을 공부했다. 프리랜서 기자로 활약하다가 2001년부터 차이트의 런던 특파원으로 근무해왔다.

이화여대에서 독문학 박사 학위를 받고 베를린대학에서 수학한 역자 이온화 박사의 번역이 매끄러워 술술 읽히는 장점을 지녔다. 기업 세계를 보는 눈을 넓혀주는 책이다.

한국의 최고경영자
25명의 성공 스토리

나의 꿈 나의 청춘

조일훈 지음 · 358쪽 · 울림사

이창동 전 문화관광부 장관이 쓴 장편소설 가운데 『집념』(책만드는집)이라는 작품이 있다. 소설가, 영화감독으로 활동하다 입각한 그는 작가적 안목이 무르익을 무렵인 40대 중반에 이 소설을 집필했다. 금호아시아나그룹 박인천 창업주의 일대기(一代記)다. 이 작품을 읽으면 거대한 기업군(群)을 일궈낸 기업인의 열정이 얼마나 치열한지 실감할 수 있다.

진보 성향의 이창동 작가는 특정 기업인을 우호적으로 그렸다는 이유로 이 작품을 자신의 작품 목록에서 슬그머니 빼놓고 싶어 할지 모른다. 그러나 그렇게 하지 마시라. 훌륭한 기업인의 진면목을 문학작품으로 승화한 작업은 일류 작가로서도 부끄러워할 일이 아니다. 기업인의 역동적인 활약상을 잘 묘사하면 독자에게 얼마든지 감동을 줄 수 있다. 『집념』은 그런 점에서 성공한 작품이다.

한국의 최고경영자 25명의 성공 스토리를 담은 『나의 꿈 나의 청춘』도 독자들의 가슴을 뜨겁게 하는 책이다. 역경을 뚫고 나간 그들의 체험은 인간 의지가 얼마나 위대한지를 일깨워 준다. 경제 신문의 현역 기자인 저자가 CEO들을 직접 만나 장시간 인터뷰한 내용을 정리했다. '야망이 없으면 열정이 없고 준비하지 않으면 기회는 없다' 라는 부제가 눈길을 끈다.

청소년 시절에 가난을 겪은 사례들을 보자. 황우진 푸르덴셜생명보험 사장은 찢어지는 가난 때문에 고1 때 학교를 중퇴하고 상경했다. 벽돌 공장 보조원, 골프장 인부 등으로 전전하다 교회에서 만난 집사의 도움으로 독서실에서 공부해 명문 서울고에 합격했다. 오세철 금호타이어 사장은 야산에 천막을 치고 살았으며 아이스케키를 팔아 학비를 벌었다.

역경에 도전하는 용기는 감명을 자아낸다. 김쌍수 LG전자 부회장(현 한국전력공사 사장)은 1980년대 말 수익성이 떨어지는 냉장고, 세탁기 부문을 맡아 경영 혁신을 거듭한 끝에 효자 가전제품으로 발돋움하게 만들었다. 엔지니어는 현장에 있어야 한다며 34년 동안 서울 본사 근무를 사양했다.

최지성 삼성전자 디지털미디어 총괄 사장은 무박 이틀짜리 왕복 1300킬로미터 자동차 출장을 다니기도 했다. 자동차가 완파되는 사고를 당하고도 목적지에 도착해 영업을 성사했다.

박찬법 아시아나항공 사장(현 금호아시아나그룹 회장)은 (주)금호 직원일 때 계약을 위해 사우디아라비아에 비자 없이 입국했다가 감옥에 갇혔는가 하면 인도의 사막에서 길을 잃고 30여 시간의 사투를 벌이기도 했다.

이상운 (주)효성 사장은 신입 사원 시절에 수출 시장을 개척하기 위해 단신으로 심야에 쿠웨이트 시내를 누볐다. 호주 시드니 지사에서 4년간,

이탈리아 밀라노 지사에서 3년간 근무하며 현지 바이어들과 직접 만나는 전략으로 거래를 성사했다.

이들은 청춘 시절부터 꿈을 가졌다. 이구택 포스코 회장은 수습사원 때 포항의 바닷가에서 3개월 동안 거센 바람을 맞으며 그곳에 쇳물을 뽑아내는 공장을 짓고야 말겠다는 의지를 불태웠다. 김동진 현대자동차 부회장은 미국의 '자동차왕' 헨리 포드 같은 위대한 엔지니어가 되는 게 꿈이었다.

강신호 동아제약 회장은 이 책에 대한 추천사에서 "훌륭한 기업인은 머리가 좋거나 처세가 뛰어나다 해서 되는 게 아니다. 그런 점에서 이 책은 장래 CEO를 꿈꾸는 젊은이들에게 어떤 자세로 미래를 준비해야 하는지를 잘 보여주고 있다"라고 밝혔다.

저자는 "처음 이 글을 쓰기로 마음먹은 것은 기자 생활을 통해 간접적으로 알게 된 CEO들의 이야기를 오늘의 시대에 투영시켜보고자 함이었다"라면서 "영광과 오욕이 교차했던 개발경제 시대를 거쳐 최소 20년 이상 고생해 최고의 자리에 오른 인물들의 꿈과 청춘을 오늘에 되살려 반추해보고자 한 것"이라 밝혔다.

저자는 우리 시대의 CEO들에 대해 다음과 같이 정리했다.

수많은 고비와 선택의 갈림길에서 자신만의 진실을 지켜온 사람들이다. 짧게는 20년, 길게는 30년을 해야 갈 수 있는 자리가 대기업 CEO다. 이들은 젊은 세대에게 한결같이 "야망을 가져라(Boys, Be Ambitious!)"라고 당부한다. 청춘의 질주를 막을 수 있는 것은 사실 아무것도 없다고 몸소 경험으로 강변한다.

이 책을 읽으면 전문경영인에 대한 고정관념이 바뀐다. 오너에게 손바닥을 잘 비벼서 발탁됐다기보다 남보다 부지런하고 창의적이며 온몸을 던져 일에 매달렸기에 그런 자리가 가능했음을 깨달으리라.

장수 기업들의 원칙과 비전

세계 장수 기업, 세기를 뛰어넘은 성공
윌리엄 오하라 지음, 주덕영 옮김 · 432쪽 · 예지

이 책은 200년 이상의 역사를 지닌 장수 기업 20개에 관한 보고서다. 미국 브라이언트대 가족기업연구소장인 저자는 대상 업체를 직접 방문해 성공 요인을 살핀 후 "장수 기업 가운데 가족 기업이 대부분인데 이런 가족 기업이야말로 21세기 경제활동의 대안이 될 수 있다"라고 설파했다.

맨 먼저 소개한 업체는 세계 최고(最古)의 기업인 일본의 건설 회사 곤고구미(金剛組). 578년에 창업해 1400년 넘게 존속한 이 기업은 백제의 사찰 건축 기술자 유중광(柳重光)이 창립 초기에 몸담았던 곳이다. 일본의 쇼토쿠(聖德, 573~621) 태자가 시텐노지(四天王寺)라는 사찰을 지을 때 그를 데려와 건축 책임을 맡겼다.

그 기업은 그 후 사찰 건립 및 보수에서 독보적인 자리를 차지해 최근에까지 살아남았다. 곤고구미가 지은 사찰은 1995년 건물 10만 채가 파

괴된 고베 지진에서도 끄떡없이 버텼다. 이 회사는 요즘에는 옛 사찰을 수리하고 복원하는 사업에 주력한다. 2006년에는 다카마쓰(高松) 건설에 인수·합병되었다.

600년을 이어온 이탈리아 포도주의 명가 안티노리는 최고경영자가 새 시대의 새로운 문제에 직면하면 과감하게 후대에게 경영권을 물려주는 전통을 이어오고 있다. 현재의 CEO인 피에로 안티노리는 28세 때인 1966년 사업을 물려받았다. 토스카나 지방에서 붉은 포도주 품질로 명성을 떨치던 안티노리 주조장은 규모가 너무 작았다. 주조 방식도 구식이었다. 피에로는 새로운 묘목을 심고 포도주 숙성 기술 등을 배워 품질을 더욱 향상시켰다. 항아리에 많은 양을 담기보다 작은 병에 담아야 명품 대접을 받는다는 점을 알았다. 안티노리 가문의 문장(紋章)에는 "뛰어난 품질을 추구하라(Te Duce Prolicio)"라는 문구가 새겨져 있다.

저자는 장수 기업들이 지닌 공통점을 몇 가지로 정리했는데 이를 다시 요약하면 ① 주위 환경에 대한 기업의 적응력이 크다 ② 직원들의 응집력이 높고 일체감이 강하다 ③ 회사가 관용적이어서 실험적인 생각이나 기발한 아이디어, 엉뚱한 사람을 쉽게 수용한다 ④ 의사 결정이 수평적으로 분산돼 사업 다각화가 쉽다 ⑤ 재무관리에 보수적이며 빚지는 것을 싫어한다 등이다. 이 조건을 오랜 세월 충족하는 데는 가족 기업이 으뜸이라는 것. 다른 주식회사에 비해 경영에 간섭하는 사람이 적고, 외부 압력에 밀려 단기간 성과에 급급하기보다는 장기적인 비전을 추진할 수 있기 때문이라고 한다.

프랑스 파리에 본부를 둔 레제노키앙은 200년 이상의 역사를 가진 가족 기업을 회원으로 하는 단체다. 영국에 본부를 둔 터센티네리언스(Tercentenarians)란 단체의 회원이 되려면 300년 이상 존속한 기업이라야 한다. 저자는 이들 단체의 회원 기업에 관한 문헌을 샅샅이 살피고 오늘날 현장을 찾았다.

저자는 "가족 기업은 가족 고유의 가치관을 중시할 뿐만 아니라 멀리 내다보는 시각을 가진 경향이 많다. 변화에 순발력 있게 대응할 줄 알며, 회계 처리에는 보수적이고, 사업에 대해서는 남다른 정열을 가졌다"라고 평가했다.

작고 사소한 것에서 찾은 위대한 가치

내 인생을 바꾼 1% 가치
윤승일 지음 · 303쪽 · 서돌

흥미진진하게 읽을 수 있는 자기 계발서 『내 인생을 바꾼 1% 가치』는 동서고금을 통해 역경을 이기고 성공한 인물 27명에 대한 이야기다. 이들은 사소한 칭찬 한마디, 어쩌다 100점 맞은 시험, 무심코 건넨 꽃 한 송이 등 작은 일을 계기로 큰 성공을 거두었다.

일본의 자동차 용품 판매 회사 옐로햇의 창업자 가기야마 히데부로 회장은 30여 년 전 화장실부터 손수 청소를 했다. 변기를 맨손으로 닦았다. 일본 경제의 고도성장기에 일손 부족 현상이 심각해지면서 회사 분위기가 험악해지자 쇄신 차원에서 사장이 시작한 일이었다. 누구에게도 청소를 강요하지 않았으나 차츰 동조하는 임직원들이 늘었다. 이들은 사옥은 물론 회사 부근 시가지까지 말끔하게 청소했다. 주변이 청결해지면서 업무 능률이 올랐고 매출도 급신장했다.

강릉대 전자공학과 조명석 교수의 성공 스토리도 눈길을 끈다. 미국 명문 대학원에 진학하는 제자들이 연간 10여 명에 이를 정도로 학과를 키웠다. 서울의 명문대 못지않은 수준이다. 그는 유명한 반도체 회사의 선임 연구원을 그만두고 지방의 이 학교에 부임하자마자 학생들에게 자신감을 심어주는 데 온몸을 던졌다. 최신 이론을 가르치고 미국 유학을 주선해주었다. 이제 강릉대 전자공학과는 한국에서 손꼽히는 명문 학과로 부상했다.

남극 탐험에 4번이나 도전한 어니스트 섀클턴(1874~1922)의 도전 정신과 리더십도 감동적이다. 그의 도전은 모두 실패했다. 그래도 탐험에 참가했던 대원들의 생명을 지키려 최선을 다한 노력 덕분에 존경받는 인물로 꼽힌다. 남극점을 눈앞에 두고 빙하에 밀려 귀환해야 했을 때 자기 몫의 비스킷을 대원에게 먹이는 희생정신을 실천하며 상황을 담담하게 받아들였다.

『스펜서 존슨 성공』(스펜서 존슨·래리 윌슨 지음, 안진환 옮김, 비즈니스북스)도 함께 읽으면 좋겠다. 이 책은 베스트셀러 『누가 내 치즈를 옮겼을까』의 저자 스펜서 존슨이 쓴 책이다. 그의 이름이 유명하기에 책 제목에도 이를 강조했다. 그와 함께 집필에 참여한 경영 컨설턴트 래리 윌슨은 세일즈맨 연수 전문 기업을 경영하는 인물이다.

책 내용은 대학을 졸업하고 세일즈맨으로 직장 생활을 시작한 대니라는 주인공의 역경 극복 스토리. 어느 날 업무에 매너리즘을 느낀 대니는 세일즈맨 출신으로 대기업 최고경영자 자리에 오른 프랭크를 찾아간다. 프랭크는 자신의 젊은 시절이 생각나 대니에게 7명의 멘토를 소개해준다. 대니는 이들을 차례로 만나 그들의 경험과 지혜를 전수받는다. 처음 만난 멘토는 '다른 사람의 성공을 도우라'고, 마지막 멘토는 '일을 즐기라'고 충고한다. 행복하게 성공하는 비결을 서서히 깨닫는 대니의 성장

여행을 통해 독자들도 행복과 성공에 대해 다시 한 번 생각해보게 된다.

『이병철 경영 대전』(홍하상 지음, 바다출판사)은 삼성그룹 창업자 이병철 회장의 일대기다. 한국 최고, 최대 대기업인 삼성그룹의 성공 비결은 무엇인가? 논픽션 전문작가인 저자는 이병철 회장의 "모든 것을 접고, 다시 기본으로 돌아가라"라는 경영 철학이 실천됐기 때문이라고 분석한다. 숱한 일화 가운데 하나를 소개하자면, 이병철 회장은 제일모직에서 와이셔츠를 생산할 때 전 세계 명품 와이셔츠 150종을 모은 다음 매일 한 가지씩 입어보고 가장 좋은 것을 참고하도록 했다고 한다.

저녁 식탁에서 배우는 기업가 정신

CEO의 저녁 식탁
제프리 J. 폭스 지음, 노지양 옮김 · 240쪽 · 흐름출판

경영 강의를 이야기로 배우면 가슴을 울려 머리에 오래 남는다. 이 책은 '밥상머리 교육'의 고갱이를 담은 책이다. 교과서에 실린 경영학 이론은 내용이 딱딱해서 머리에 쉬 들어오지 않는다. 가슴을 울리는 경우도 별로 없다. 만약 '전설적인 투자왕' 워런 버핏이나 '경영의 지존' 잭 웰치 같은 대가와 저녁 식사 한 끼를 함께 들며 그들의 경험담을 듣는다 하자. 그들의 생생한 목소리에서, 코앞 거리에서 뿜어 나오는 체취에서 감명을 받지 않으랴.

마케팅 컨설팅 업체 사장인 저자는 직업 특성상 성공한 리더들을 자주 만났다. 그리고 그들에게서 공통점을 발견했다. 어린 시절부터 저녁 식탁에서 배운 기업가 정신과 성공 원칙을 실천했다는 점이다. 저자는 인생 선배로서 독자들에게 저녁 식탁에서 마음을 터놓고 던지는 충고들을 이 책에 담았다. '평생 잊을 수 없는 따끈한 성공 레시피'라는 부제를 단

이 책은 '저녁 식탁' 이란 제목과 어울리게 1장 애피타이저, 2장 메인 코스, 3장 디저트, 4장 차 한잔 나누며 등으로 구성됐다.

1장에서 '아무도 투덜이와 일하지 않는다' 란 글이 눈에 띈다. 누구도 불평불만이 많은 사람과 칭얼대고 핑계 대는 사람을 좋아하지 않는다. 투덜이는 상대편의 기를 빼앗는다. 투덜이는 에너지와 시간과 재미를 소진시킨다. 물론 정직한 불만, 이를테면 고객 불만은 괜찮다. 어떤 문제가 있다 해도 불평부터 꺼내선 안 된다. 대신 지금 당장 해결책을 찾아봐야 한다.

2장에는 식사 예절과 관련한 흥미 있는 조언이 실렸다. 스테이크를 먹을 때 고기를 동전만큼 조그맣게 자르라는 것이다. 그래야 천천히 먹게 되고 상대방의 이야기를 더 귀담아들을 수 있다. 절대 과음하지 말라고 신신당부한다. 어느 술집에서 셔터가 내려질 때까지 마셨다느니 누구랑 술 대결을 해서 이겼다느니 하는 술 자랑은 금물이다. "찔러도 피 한 방울 나올 것 같지 않은 냉철한 사람이 맛이 간 주정뱅이보다 언제나 낫다" 라고 저자는 강조한다.

3장의 '엄마처럼만 살아라' 라는 제하의 글은 가정에서 최고경영자인 주부의 역할이 얼마나 소중한지를 일깨워 준다. 직업을 가진 워킹맘의 작업 리스트에는 돈 벌기, 세금 내기, 식사 준비, 시장 가기, 옷 골라놓기, 세탁, 숙제 검사, 침대 정리, 선생님 만나기, 자녀 책 읽어주기, 집안 청소 등 온갖 것이 들어간다. "최고가 되려면 엄마처럼 공을 여러 개 굴릴 줄 알아야 한다"라고 저자는 역설한다. 어느 성공한 기업인은 자신의 어머니를 다음과 같이 회상했다.

"40년 세월을 어머니는 홀로 우리를 키웠습니다. 우리 집은 가난했고 어머니는 늘 잔병치레를 했습니다. 하지만 어머니는 평생 절대 하지 않은 게 딱 한 가지 있었지요. 바로 불평이었습니다.”

　『서비스 꽃은 세일즈다』(안미헌 지음, 흐름출판)를 곁들여 읽으면 더욱 좋겠다. 이 책은 서비스와 세일즈라는 두 마리 토끼를 잡는 방법을 알려 주는 소설 형식의 스토리 책이다. 고객 감동에 신경을 쓰지만 정작 세일즈 기회를 번번이 놓치는 항공사 스튜어디스 ‘서비스 양’과 수완이 뛰어난 수입 자동차 딜러 ‘세일즈 군’이 주인공이다. 외국에 나가 사업에 성공한 ‘비즈니스 킹’이란 별명의 박철수 노인도 등장한다. 박 노인은 서비스 양과 세일즈 군을 만나게 해 혼사를 꾀한다. 이들 남녀의 연애 이야기를 통해 성공 경영에 필요한 노하우를 깨닫게 하는 내용이다. 비즈니스 트레이닝 전문가인 저자는 고객 만족 경영에 관한 저술, 강연에서 얻은 경험과 아이디어를 바탕으로 이 책을 썼다.

경영은 사람이다

그레이트 피플
곽숙철 지음 · 333쪽 · 웅진윙스

LG전자의 성공 스토리를 다룬 책이다. 『그레이트 피플』은 마치 소설 제목 같다. 'LG전자, 그들은 어떻게 세계를 제패했나' 라는 부제와 "인간의 가슴을 가진 기업, 영혼까지 이노베이션하는 사람들"이란 카피에서 집필 의도가 확연히 드러난다.

저자의 프로필을 보니 1974년 LG전자(옛 금성사)에 공채로 입사해 다양한 부서에 근무하다 2001년 말부터 약 4년간 LG전자 생활 가전 성공 사례를 LG그룹 전체에 전파하는 역할을 맡은 인물이다. 2007년 5월에 퇴사해 CnE혁신연구소 대표로 있으면서 경영 혁신에 대해 연구하고 집필 활동에 몰두하고 있다고 한다. LG전자의 속사정을 잘 아는 사람이 쓴 책이라는 점에서 성공 사례의 본질에 바로 파고든 것으로 보인다. 그러나 다소 미화하지는 않았는지 경계심을 갖고 읽어야겠다.

저자는 성공 요인을 '혁신 10계명'으로 요약했다. 즉, ① 경영은 사람이다 ② 위기는 기회 ③ 5%는 불가능해도 30%는 가능 ④ 같이 꿈꾸면 이루어진다 ⑤ 자원은 유한하나 지혜는 무한 ⑥ 열정 없이 이룰 수 있는 일은 없다 ⑦ 실행하는 것이 힘 ⑧ 피드백이 행동을 바꾼다 ⑨ 솔선수범보다 훌륭한 리더십은 없다 ⑩ 영원한 1등은 없다 등이다.

'경영은 사람'임을 강조하는 사례로 노경(勞經) 관계를 들었다. 1980년대 후반에 격렬한 노사 갈등을 겪으며 "경쟁력도, 장래성도 없다"라고 진단받았던 이 회사는 사람을 중시하는 경영의 기본으로 돌아갔다. 우선 '사용자'라는 용어 대신에 '경영자'라는 말을 쓰기로 했다. 매일 아침 경영자는 직원들에게 90도 각도로 허리를 굽혀 "반갑습니다", "잘해봅시다"라고 외치며 인사를 했다. 또 현장 체험 등에서 솔선수범하고 경영 현황을 노조에 공개했다. 최고경영자가 지역 공장을 방문할 때 맨 먼저 노조 사무실에 들름으로써 회사가 노조를 동반자로 여기고 있음을 보여주었다. '노경' 사이에 신뢰가 쌓이면서 경영 성과가 호전되기 시작했다.

'자원 유한, 지혜 무한'의 사례로는 냉장고 도장(塗裝) 작업 이야기가 소개됐다. 작업원은 방진복, 방진 모자, 마스크, 방진 안경 등을 쓰고 스프레이로 페인트를 뿌리는데 너무 더워 작업하기 어려웠다. 실내 온도가 낮으면 페인트가 부드럽게 뿌려지지 않으므로 에어컨을 가동할 수도 없었다. 고심 끝에 몸에 바셀린을 바르고 작업하면 된다는 아이디어가 나왔다. 작업자들은 반소매, 반바지 차림으로 작업했고 결과는 대만족이었다.

피드백에 철저한 조직 문화도 돋보인다. LG전자의 현장에서는 일과 시작 전의 '아침 조례', 오후 일과 시작 전의 '정오 반성회', 저녁 일과 시작 전의 '저녁 반성회' 등 하루 세 번의 피드백 모임이 열린다. 끊임없이 자신을 돌아보는 시간을 갖는 것은 강한 혁신과 더불어 혁신을 지속시키는 힘으로 작용한다는 것이다.

저자는 혁신은 거대하고 무거운 플라이휠을 쉬지 않고 돌려야 하는 어려운 일이라고 하면서 "플라이휠은 처음 돌릴 때가 가장 힘이 들지만 한번 움직이기 시작하면 처음보다 훨씬 적은 힘으로도 돌릴 수 있다"라고 강조한다.

숨은 1등 기업의 비밀

히든 챔피언

헤르만 지몬 지음, 이미옥 옮김 · 619쪽 · 흐름출판

"독일 경영학, 만만찮은 학문이야. 미국 경영학이 전부는 아니라고."

필자가 대학에서 경영학을 공부할 때다. 독일어권에서 박사 학위를 받은 교수 두 분이 열을 올리며 이런 말씀을 하셨다. 덕분에 경영학 관련 독일어 몇 개도 익혔다. 그러나 세월이 흘러 요즘 독일에서는 미국 경영학이 판을 친다고 한다. 프랑스, 영국에서도 마찬가지다. 미국은 경영학이라는 신생 학문에서 난공불락의 패권을 잡았다.

『히든 챔피언』이란 620쪽 분량의 이 두꺼운 책은 독일 경영학의 르네상스를 이끄는 견인차라는 감이 든다. 우량 중견 기업의 성공 요인을 분석한 이 책엔 '세계시장을 제패한 숨은 1등 기업의 비밀' 이라는 부제가 붙었다.

세계시장을 주도하지만 소비재를 생산하지 않아 대중에게는 덜 알려

진 알짜 기업을 저자는 '히든 챔피언'이라 부른다. 저자는 서문에서 "미국, 브라질, 일본, 남아프리카공화국, 한국, 뉴질랜드를 비롯해 수많은 나라에 이런 회사들이 있다"라고 밝혔다. 한국 기업에도 관심을 가진 듯하다.

책날개를 열어보자. 미소를 짓는 저자 얼굴 사진이 실렸다. 인당(印堂)의 굵은 홈이 저자가 꽤 카리스마를 지닌 인물임을 암시한다. 유럽의 피터 드러커, 경영학계의 석학, 독일이 낳은 초일류 경영학자……. 일류 앞에 '초(超)' 자를 붙일 만큼 대단한 학자인지? 과장된 표현이 아닌지……. 이 책을 감수한 유필화 성균관대 교수가 저자에게 그런 칭호를 붙였다. 미국 하버드대에서 경영학 박사 학위를 받은 유 교수는 독일 빌레펠트대 초빙교수로 활동하다 독일경영연구원(USW)에 잠시 몸담기도 했다. 미국과 독일을 두루 알아 저자에 대해 그렇게 평가한 듯하다.

유 교수에 따르면 저자는 독일어권에서 가장 영향력 있는 경영 사상가라고 한다. 저자는 독일 마인츠대학 교수를 지냈으며 미국의 하버드대, 스탠퍼드대, 매사추세츠공대(MIT) 등에서 객원교수를 역임했다. 저자는 전략, 마케팅, 가격 결정 분야의 권위자이며 전 세계 고객을 대상으로 컨설팅 서비스를 제공하는 지몬−쿠허&파트너스의 설립자다.

저자는 히든 챔피언을 고를 때 ① 세계시장에서 1, 2위 또는 소속 대륙에서 1위 ② 매출액 40억 달러(한화 기준 4400억 원) 이하 ③ 대중에게 덜 알려진 기업 등 3개 기준을 세웠다. 이렇게 해서 찾은 2천여 개 글로벌 기업들을 꼼꼼히 살펴보니 이들의 공통점으로 ① 세계시장을 지배 ② 성장세가 뚜렷함 ③ 생존 능력이 탁월 ④ 대중에게 알려지지 않은 제품을 전문적으로 생산 ⑤ 진정한 의미에서 다국적 기업과 경쟁 ⑥ 결코 우연이나 기적으로 성공을 이루지 않았음 등이 있었다. 이 가운데 상위 500개

기업의 성공 요인을 집중 분석했다. 각 기업의 평균 수익률, 직원 수, 생산 품목, 세계화 전략, 시장 지배력, 혁신 전략, 마케팅, 고객 관계, 인재 관리, 리더십, 연구 개발(R&D), 기업 문화 등을 조목조목 따져 비교했다.

히든 챔피언들의 공통점은 다른 기업이 모방하기 어려운 혁신 기술을 확보했다는 것. 이를 바탕으로 만든 제품을 비싼 값에 판다. 풍력 발전에 쓰이는 회전날개 생산 업체 에네르콘은 이 분야에서 세계 특허의 40% 이상을 가졌다. 거대 기업인 지멘스도 에네르콘에 로열티를 내야 한다. 에네르콘의 홈페이지를 보면 기술 교본 같은 느낌을 준다. 무대 마이크로 세계시장을 주도하는 젠하이저는 제품마다 1~5개의 자사 특허를 넣어 다른 회사가 모방하지 못하도록 한다.

히든 챔피언들은 세계화에 일찍 눈을 떴다. 74.4%가 창업 초기부터 수출을 시작했으며 33.9%는 창립과 동시에 해외 지사를 두었다. 독일 기준으로 보면 유럽 시장은 독일의 3.7배, 세계시장은 독일의 11.4배나 된다. 동력 장치 기술 회사인 테크멘은 창업한 지 1년 만에 중국에 진출했고 오늘날 중국에서 일하는 직원이 독일 본사 직원 수보다 많다.

정수기 생산 업체인 브리타의 창업자 하인츠 한카머가 미국에 진출한 일화를 옮겨보자.

"브리타 정수기를 미국에서도 팔 수 있을지 확인하려고 미국에 갔습니다. 나는 약국에 들어가 그곳에 탁자를 하나 들여놓아도 되는지 물었지요. 허락을 얻어 브리타 여과기로 거른 물로 차를 만들어놓고 지나가는 여성 소비자들과 함께 얘기를 나누며 정수기를 팔았습니다. 사흘이 지나자 성공 가능성을 느꼈습니다. 그게 10년 전의 일이고, 요즘 우리가 미국에서 올리는 매출액은 1억 5천만 달러입니다. 4주 전에 나는 상하이에 있었고,

그곳에서도 똑같이 했지요."

베개만큼 두툼한 이 책을 독파하고 나니 저자의 깊은 내공이 느껴진다. '유럽 경영학계의 자존심'이라는 칭호를 들을 만한 학자라는 점에 동의한다. 미국 경영학이 주로 대기업을 다루며 대기업에서 배우는 것만이 정답인 듯 여기는 데 대해 반기(叛旗)를 든 기개가 돋보인다. 저자가 20년간 발로 뛰어 조사했다는 점만으로도 대단한 성과라 여겨진다.

한국에도 강소(强小) 기업들이 적잖다. 독자적인 핵심 역량을 키워 세계 무대를 누비는 기업 말이다. 이들 기업에 관해서는 『세계 최강 미니 기업』(동아일보 경제부 지음, 동아일보사)이란 책에 잘 소개됐다. 경제부 기자들이 12개국 20개 우량 기업을 탐방한 데 이어 국제경쟁력을 갖춘 한국 기업 20개를 방문, 성공 비결을 취재해 정리한 것이다.

쇠를 깎는 절삭공구의 일종인 엔드밀을 생산하는 YG-1(대표 송호근)은 세계시장의 60%를 차지하는 으뜸 업체다. 엔드밀은 특수 열처리된 단단한 쇠를 깎아야 하므로 내구성은 물론 100분의 1밀리미터의 오차도 허용하지 않는 초정밀성이 요구된다. 임직원 650명인 이 회사는 2006년 매출액 2천억 원 가운데 해외 생산 법인의 매출 등 해외 매출이 88%를 차지한다. 공구의 본고장이라는 독일과 일본에서도 엔드밀만큼은 YG-1 제품을 알아준다고 한다. 세계 1위 업체로 부상한 것은 생산 거점의 세계화 전략에 힘입었다. 미국, 독일, 영국, 프랑스의 경쟁 업체를 차례로 사들인 것.

중장비 부품을 만드는 진성TEC는 세계 최고 제품을 생산한다는 자부심을 지닌 회사. 창업자 윤우석 회장은 서울대 공대를 졸업하고 1960년대 후반 공병 부대 소대장으로 군복무를 할 때 화천댐 공사 현장에 투입

됐다. 굴착기와 불도저가 잦은 고장으로 속을 태웠다. 하부 주행체에 들어 있는 실, 롤러가 중장비 무게를 이기지 못해 쉽게 망가졌던 것이다. 제대 후 이들 부품을 만드는 업체를 세운 그는 밤을 지새우며 기술 개발에 매달렸다. 각고 끝에 세계 실 시장과 아이들러 시장에서 1위, 롤러 시장에서는 3위를 차지해 그 자리를 지키고 있다. 미국의 캐터필러, 일본의 히타치, 고마쓰 등 세계 3대 중장비 업체가 진성TEC의 단골손님들이다.

이 책은 세계 최강 미니 기업 40개의 성공 요인을 분석한 결과 ① 글로벌 마인드를 갖고 열정적으로 해외시장을 개척했고 ② 고객의 신뢰를 가장 중시하며 ③ 최고경영자를 비롯한 간부들이 경쟁력을 높이려 헌신적으로 일한다는 공통점을 추출했다고 밝혔다.

Chapter 02

내공 쌓아 공중 부양

리더십 · 자기 계발

불확실한 미래에 대처하는 확실한 준비

성공 자기 경영을 위한 101가지 비타민

예병일 지음 · 299쪽 · 플루토북

'성공학' 이란 학문이 있는가? 아직은 없다. 그런 이름으로는 자리 잡지 못했다.

성공한 삶을 살고 싶지 않은 사람이 어디 있으랴. 물론 성공의 기준은 사람마다 다르겠지만……. 성공 비결을 소개하는 책들이 수두룩하게 쏟아져 나오고 있다. 그러니 세월이 흐르면 성공학이 학문으로서 대접받는 날도 오지 않을까.

이 책도 성공학 입문서로 분류될 수 있겠다. 언뜻 보면 처세술, 출세 비법 등을 가르치는 여느 책과 비슷하다. 그러나 세심히 살피면 개인의 자기 계발 방법뿐 아니라 보람 있는 삶의 방향을 제시하는 등 품격을 갖춘 내용을 담고 있다. 이런 종류의 책을 전문적으로 쓰는 공병호 박사, 구본형 씨 등이 '강적(强敵)'을 만난 셈이다. 조선일보 경제부 기자로 필명을 날리다 창업을 한 저자가 젊은 나이인데도 만만찮은 내공을 가진 것으로 보이기 때문이다.

이 책은 101개의 에세이로 이뤄져 있다. 이를 크게 11개 분야로 나눠 개인 성공 전략, 리더십, 재테크, 삶을 보는 눈, 시간 관리 등 주제별로 정리했다. 각 에세이의 첫 부분엔 저자가 읽은 책이나 자료 가운데 감명받은 부분이 짤막하게 인용됐다. 그래서 이 책을 읽으면 다른 전문가 100여 명의 글도 함께 맛볼 수 있다.

예를 들면 '겨울 추위가 봄꽃을 한결 아름답게 피우리라' 라는 제목의 에세이에서는 도입부에 『혼자만 잘 살믄 무슨 재민겨』라는 책의 일부가 소개됐다. 그런 다음 불황에도 용기를 잃지 말라는 저자 자신의 메시지를 강조한다.

저자는 자신의 목소리보다 먼저 타인의 글을 내세움으로써 겸양 발휘, 타당성 확보라는 두 마리 토끼를 잡았다.

'나는 항상 요청받은 일의 10배를 해줍니다' 라는 글을 살펴보자. 누군가가 부탁을 해 오면 이를 들어주기 위해 정성을 다하는 사람이 있다. 직장 옆자리에서 고생하는 동료가 있으면 뭐 도와줄 거 없느냐며 다정하게 물어본다. 반면에 누가 부탁하면 건성으로 응대하거나 직장에서 '쫓겨나지 않을 정도' 로만 일하는 사람도 있다. 시간이 흐르면 직장에서 이 두 사람의 입지는 완전히 달라진다.

상사는 중요한 일을 성실한 부하에게 맡긴다. 그는 조직에서 자연스레 '키맨(keyman)' 으로 성장한다. 적당히 때우는 직장인은 중요한 일을 맡지 못해 점점 변방으로 밀려난다. 미국의 어느 성공한 최고경영자는 "나는 누가 무엇을 해달라고 요청하면 그것의 10배를 더 해준다"라고 말했다고 한다. 그런 열정을 가진 사람이라면 주위 사람들의 사랑을 받아 성공할 가능성이 높다는 것이다.

경제를 보는 눈을 키우기 위해 틈틈이 경제 원론 책을 꺼내보라고 저자는 충고한다. 신문 경제 기사도 꼼꼼히 읽어야 한다. 좋은 기사를 스크랩하는 버릇을 들이면 경제를 이해하는 데 큰 도움을 얻는다.

저자는 고교생 시절에 책을 읽다가 좋은 구절이 눈에 띄면 공책에 옮겨놓았다고 한다. 힘들거나 지쳤을 때 그걸 읽으며 용기를 냈단다. 이 책은 저자의 이 같은 오랜 습관의 산물이다.

저자가 제공하는 101가지의 다양한 '비타민'을 섭취하고 싶지 않으신가. 독자의 삶에 훌륭한 자양분이 되리라.

흔들리는 리더

리더십 바이러스
김우형 · 김영수 · 조태현 지음 · 217쪽 · 고즈원

"그 양반……, 사장 되고 나더니 목에 힘이 너무 들어갔어. 부장 때만 해도 부하에게 먼저 인사할 정도로 부드러운 사람이었는데……. 요즘 오너 신임이 두텁다고 더욱 거드름을 피우는 것 같아."

직장인들이 흔히 나누는 대화 내용이다. 그들의 사장은 오만한 독재자로 바뀌는 병(病)에 걸린 것이다. 이 책의 저자들은 '리더십 바이러스'라는 병균이 이런 병을 퍼뜨린다고 가정했다. 발병 원인과 치유책도 제시하고 있어 꽤 참신한 발상에서 나온 책으로 보인다.

경영 컨설턴트인 3명의 공동 저자들은 기업 현장에서 컨설팅을 하며 적잖은 최고경영자들이 리더십 바이러스에 감염돼 있다는 사실을 발견했다.

리더가 되면 대체로 어떤 변화가 일어날까? 인기에 민감해지며 직원들을 의심하기 시작한다. 듣기 좋은 말만 골라 듣고 상황에 따라 말을 쉽

게 뒤집는다. 고집이 세지고 반대 의견이 나오면 상대방이 항복할 때까지 입씨름을 벌인다. 문제에 대한 책임을 부하에게 돌린다. 자기는 열심히, 창의적으로 일하는데 부하들은 감시하지 않으면 게을러진다고 생각한다.

리더는 책임감(Responsibility), 권한(Authority), 비전(Vision)에 대해 압박감을 느끼게 마련이다. 그래서 책임감(R)을 부담감으로, 권한(A)을 권력으로, 비전(V)을 개인적 야망으로 변질시키는 '리더십 RAV 바이러스'에 본격 노출되는 것이다.

이스라엘 초대 왕인 사울은 왕이 되기 전에는 겸손한 인물이었지만 왕이 되자마자 두려움과 부담감 탓에 성격이 급변했다. 왕위를 위협한다고 생각했던 다윗에 대한 질투와 증오를 불태우다 마침내 자결하고 만다.

후고구려를 세운 궁예도 마찬가지였다. 탁월한 리더십과 비전, 군사들과 함께 숙식을 하는 겸손함으로 존경을 받던 궁예는 왕권을 잡은 뒤엔 초심을 잃었다. 남을 의심해 관심법(觀心法)까지 쓰다가 결국 몰락하고 말았다.

RAV 바이러스를 박멸하려면 어떻게 해야 할까? 직원에 대한 지나친 책임감이 변형되면 부담감이 되므로 어느 정도 초연해져야 한다. 그러면 상호 간에 '신뢰'란 항체가 생겨 조직이 튼튼해진다. 권한이 권력으로 변질되는 것을 막기 위해 노력하면 '겸손'이란 항체가 생성된다. 비전이 야망으로 바뀌는 것을 방지하기 위해 리더는 자신을 소멸시켜야 한다. 그 결과 오히려 '창조' 항체가 형성된다.

RAV 바이러스와 힘겨운 싸움을 벌여 이긴 리더는 인내심과 관용 정신을 가지게 될 것이다. 그러면 그를 따르는 조직원들은 놀라운 힘을 발휘한다. 마침내 그 리더와 조직은 성공점에 도달한다.

이 책은 여러 가상 인물을 내세워 소설처럼 이야기를 전개하고 있다. 이 덕분에 리더십 이론을 재미있게, 어렵지 않게 이해할 수 있다.

지금 리더 자리에 앉은 분은 결재받으러 온 부하가 진정으로 상사를 존경하며 머리를 조아린다고 생각하시는지……. 이 책을 읽으면 그것이 착각일 수 있다는 점을 깨달으리라. 자신도 리더십 바이러스에 감염돼 있음을 자각하면 곧 치료에 나서야 한다. 병이 깊어지면 리더 자신도, 조직도 망한다.

대담하게 생각하고,
과감하게 행동해라

한 번뿐인 내 인생 10대부터 준비한다
김준성 지음 · 368쪽 · 오래된미래

개그맨은 가수를 부러워한다. 가수는 히트곡 한두 개만 있으면 평생 그 노래만 불러도 먹고사는 데 큰 지장이 없다. 반면 개그맨은 똑같은 우스개를 반복하기가 어렵다. 관중이 "그거 재탕, 삼탕 아냐?"라며 손가락질하기 때문이다. 하지만 유명 가수가 되는 게 쉬운 일이 아니다. 재능, 노력, 운, 3박자가 맞아야 한다.

직업에 따라 인생은 크게 달라진다. 흔히 인생에서 가장 중요한 3가지 선택이 부모, 직업, 배우자라고 한다. 부모야 마음대로 선택할 수 없지만 나머지 2개는 내 의지를 반영할 수 있다.

어떤 직업을 고르면 좋을까? 적성에만 맞추면 될까? 아니다. 자기 적성이 뭔지, 그에 맞는 직업 종류는 뭐가 있는지, 어떤 직업이 유망한지, 그 직업을 갖기 위해선 뭘 준비해야 하는지 등을 제대로 알아야 한다.

이런 가이드 역할을 하기 위해 연세대 취업 담당관 김준성 씨가 이 책을 썼다. 제목에 '10대부터……'가 붙었지만 20대 취업 준비생이나 30대 직장인이 읽어도 좋다. 자녀를 가진 40대, 50대라면 자녀와 함께 읽으면 더욱 좋겠다.

취업 전문가로 20년 넘게 활동 중인 저자는 "직업은 단순한 밥벌이가 아니라 자아를 실현하는 길"이라면서 젊은이들에게 "대담하게 생각해라. 그리고 과감하게 행동해라"라고 충고한다.

그는 꿈을 이루기 위해 10대에 인생 계획표를 짜보라고 권유한다. 이 책엔 그 계획표를 짜는 요령이 제시돼 있다. 공부 잘하는 비결도 나오는데 특별한 왕도는 없고 꾸준히 노력하는 것이 가장 좋다고 한다. TV에 빠지면 뇌의 기능이 마비될 위험이 있다는 일본인 전문가의 조언도 소개됐다.

미래에 유망한 직업으로는 컴퓨터 에디터, 통신 엔지니어, 마케팅 조사가, 국제법학자, 요리 코디네이터, 시각 디자이너 등이 꼽혔다. 다양한 직업 가운데 자기가 좋아하는 것을 골라 미리 준비하면 더욱 쉽게 꿈을 이룰 수 있다.

후회하지 않는 10대로 살아가려면 ① 항상 공부하고 메모하고 ② 세계를 느낄 줄 아는 사람이 되며 ③ 성공한 사람에게서 배우고 ④ 리더가 되기를 꿈꾸라고 조언한다. 역경을 딛고 성공한 칭기즈칸의 고백도 소개됐다.

"집안이 나쁘다고 탓하지 마라. 나는 9세 때 아버지를 잃고 마을에서 쫓겨났다. 가난하다고 말하지 마라. 나는 들쥐를 잡아먹으며 연명했다. 배운 게 없다고, 힘이 없다고 탓하지 마라. 나는 내 이름도 쓸 줄 몰랐으나 남의 말에 귀 기울이면서 현명해지는 법을 배웠다. 나를 극복하는 순간 나는 칭기즈칸이 되었다."

평범한 직장인으로 인생을 마치기가 억울하다고 생각하는 이는 『서른살, 꿈에 미쳐라』(명재신 지음, 웅진지식하우스)라는 책을 읽으면 영감을 얻으리라. 평범한 직장 여성이었던 저자의 성공 스토리를 담았다. 이화여대를 졸업한 저자는 한국IBM에 다니다가 이왕이면 큰 무대에서 활약해보자고 결심하면서 나이 서른에 와튼스쿨 MBA에 도전한다. 어릴 때 외국 체류 경험이 없는 '토종 영어' 구사자인 그는 악착같이 학업에 몰두해 MBA 과정을 마치고 미국 현지인들도 입사하기 어렵다는 JP모건 뉴욕 본사에 들어간다.

저자가 얼마나 열정적으로 공부와 학업에 매달렸는지를 생생한 일화를 통해 알 수 있다. 무기력한 일상에 지친 젊은 직장인들이 이 책을 읽으면 새로운 활력을 느끼고 돌파구를 찾으리라. 지하철에서 이 책을 읽을 때는 박진감 있는 전개에 몰입하다 내릴 역을 지나칠 우려가 있다는 점을 주의해야 한다.

돈을 좇아서는 부자가 될 수 없다

부자도 모르는 부자학 개론
한동철 지음 · 250쪽 · 씨앗을뿌리는사람

『부자 아빠 가난한 아빠』란 책이 미국에서 베스트셀러가 된 적이 있었다. 한국어 번역본도 국내에서 많이 팔렸다. 그 후 부자가 되는 노하우를 담은 책들이 여기저기서 쏟아져 나왔다. 요즘 서점에 가 보면 '10억 만들기……' 등 눈길을 끄는 책 제목이 수두룩하다. 2000년 초엔 "여러분, 부~자 되세요"라고 말하는 TV 광고가 큰 인기를 끌기도 했다.

그런 책들을 보면 궁금증이 생긴다. '특급 노하우'를 소개하는 저자 자신은 부자가 되었을까? 아마 대부분이 그 책조차 제대로 팔지 못해 새 양복 한 벌도 사지 못했을 것이다.

『부자도 모르는 부자학 개론』은 지금껏 나온 여느 돈벌이 요령서와는 성격이 다른 책이다. 서울여대 경영학과에서 '부자학 개론'이라는 과목을 가르치는 한동철 교수의 강의록을 정리한 것이어서 이론서 색깔을 띤다. 그렇다 해서 딱딱한 이론만 나열한 책이 아니다. 부자 되는 노하우도 풍성하게 소개하고 있다. 저자는 이 분야를 연구하면서 숱한 부자들을 인터뷰했는데 그들의 생생한 체험담을 통해 부(富)를 이룬 과정을 분석했다. 부자들에게서 받은 인상을 저자는 아래와 같이 요약했다.

부자는 하루 24시간 중 눈을 뜨고 있는 17시간 정도를 부자가 되겠다는 '부자의 관점'에서 생활한다. 일반인은 1시간 정도만 그렇게 한다.

부자가 되려면 우선 구체적인 목표를 세워야 한다는 것이다. 한 교수의 강의를 들은 어느 대학생은 졸업 때까지 아르바이트로 돈을 벌어 아파트를 하나 사겠다는 목표를 세웠단다. 실제로 3학년 말엔 8천만 원을 모았다고 한다.

국내외 부자 수천 명을 대상으로 분석한 결과 그들이 부자가 된 방법은 6가지가 있었다. 확률별로 따지면 장사(60%), 절약(30%), 정보(6%), 출생(2%), 결혼(1%), 행운(1% 미만) 등의 순으로 나타났다. 미국의 경우 부자의 90% 정도가 편의점, 슈퍼마켓, 주유소, 술집 등을 경영해 돈을 번 것으로 분석됐다. 장사(개인 사업)란 자신을 위해 하는 일이므로 동기 유발(motivation)이 매우 강하다. 열심히 일하는 만큼 돈이 벌리니 기를 쓰지 않겠는가.

부자의 습관을 살펴보자. 3가지 공격적 습관으로는 ① 2배 힘든 상황에 자신을 밀어 넣는다 ② 일에 미친다 ③ 성공 확률이 낮은 일에 도전한다 등이다. 3가지 수비적 습관으로는 ① 안전제일, 최선의 수비는 최고의 공격 ② 돈 세는 것이 취미 ③ 철저하게 자신을 통제한다 등이다.

저자는 경제 발전의 원동력은 '부자 되고 싶은 마음'에서 비롯된다고 주장한다. 이기적인 부자들만 득실거려서야 행복한 사회가 이뤄지기 힘들지 않겠는가. 그래서 저자는 사회 발전의 원동력이 '나누어주고 싶은 마음'에 있다고 봤다. 부자의 '노블레스 오블리주'를 강조한 것이다.

땀 흘려 번 돈으로 남을 도울 수 있다면 성공한 인생 아니겠는가. 그런 사람이 많은 나라가 부국(富國)이고 선진국이다.

이 책의 교훈을 실천하는 사람은 생활 습관이 달라지고 미래에 부자가 될 가능성이 높아질 것이다. 사랑하는 자녀에게 용돈이나 유산을 주기보다 이 책을 선물하시길…….

준비된 프리젠터가 기회를 잡는다

프리젠테이션, 하나의 예술

한정선 지음 · 382쪽 · 김영사

혹 소개팅이나 맞선을 앞두고 가슴이 콩닥거리지 않으신지? 취업 면접이 코앞에 닥쳐 있으신지? TV 출연을 제의받고 준비 중이신지? 강연회에서 발표할 원고를 다듬고 있으신지? 수주(受注)를 위해 곧 발주 회사를 방문해야 하지 않으신지?

이런 경우들의 공통점은 뭘까? 얼굴이 낯선 상대방에게 나의 됨됨이나 역량을 제대로 보이고 설명해야 한다는 점이다. 깊은 인상을 남기고 감동을 줘야 한다. 밋밋하면 점수가 떨어진다. 인생이나 성공 여부가 좌우되는 중대한 상황일 수 있다.

어떻게 할 것인가? 일단 배짱으로 밀어붙이면 된다? 아니다. 매끄럽게 하기 위해서는, 탐스런 열매를 따기 위해서는 정교한 방법을 익혀야 한다.

겸양, 겸손, 절제 등을 미덕으로 여기는 사람은 "이런 방법까지 익히다니 너무 영악하게 살아가려는 것 아냐?" 하고 찜찜해할지 모르겠다. 그러나 한국어로 '공개 설명' 또는 '제안' 등의 뜻을 지닌 프리젠테이션(presentation)의 참뜻을 알고 나면 심적 부담을 덜 수 있으리라. 진정한 프리젠테이션은 상대방을 현혹하는 기술(테크닉)이 아니라 나의 진실을 잘 전달함으로써 나와 상대방의 마음이 일치되도록 하는 수단이다. 이 책의 저자는 그래서 프리젠테이션을 '하나의 예술'이라 명명했다.

이화여대 사범대 교수인 저자는 교육공학 전문가. 미국 유학 시절에 다른 학생들이 놀랄 만큼 깔끔하게 과제물을 발표하는 광경을 보고 충격을 받아 그 후 20여 년간 프리젠테이션에 관한 이론과 응용 분야를 연구했다.

이 책 전체엔 저자의 깊은 학문적 내공이 배어 있다. 하지만 딱딱한 이론만 나열한 책이 아니다. 다양한 사례를 쉽게 풀어 '이야기책' 역할을 하기도 하고 눈길을 끄는 아름다운 그래픽도 담았다. 당장 써먹을 수 있는 기법들도 여러 개 눈에 띈다. 이 가운데 하나가 'KISS' 원칙으로 "Keep It Simple and Short"(간단하고 짧게)의 첫 글자를 딴 것이다.

유머를 쓰는 기법도 유용하다. 청중의 성향에 따라 유머를 달리해야 하는데 친구들을 웃긴 얘기라도 대기업 임원들 앞에서는 '썰렁한' 것이 될 수도 있다. "여러분, 우습지요?"라고 말하면 대부분의 경우는 청중 가운데 누구 하나 웃지 않고 분위기는 썰렁해지기 십상이다.

취업 면접에서 "자신의 장점이 무엇입니까?"라는 질문에 "장점이 너무 많아 무엇부터 말씀드려야 할지 모르겠습니다"라고 대답하면 허풍쟁이로 비친다. 단점을 묻는 질문에 "단점 없는 사람이 어디 있습니까?"라 대답하면 동문서답이다.

윈스턴 처칠 영국 전 총리나 마틴 루서 킹 목사와 같은 연설 고수들의 노하우를 분석한 것도 아마추어에겐 큰 도움이 된다.

제목에 걸맞게 내용을 멋지게 프리젠테이션한 책이다.

내면의 소리를 찾아라

성공하는 사람들의 8번째 습관

스티븐 코비 지음, 김경섭 옮김 · 527쪽 · 김영사

『성공하는 사람들의 7가지 습관』이란 세계적 베스트셀러의 저자로 유명한 스티븐 코비 박사가 몇 년 전 한국을 방문했을 때였다. 조용한 호텔 방에서 코비 박사와 둘이서 마주 보고 앉아 아침 식사를 하며 대화를 나눌 기회가 있었다.

그는 "사람은 누구나 자기 자신을 소중한 존재로 여겨야 한다"라면서 "그래야 성실한 삶을 살 수 있고 다른 사람에게서 존경을 받는다"라고 말했다. 천천히 또박또박 말하는 그는 상대방이 편안함을 느끼도록 배려하는 듯했다. '성공학'을 가르치는 명강사답게 그 자신도 인생에서 성공한 사람으로 보였다.

그의 새로운 저서 『성공하는 사람들의 8번째 습관』을 보니 그때 그가 강조하던 말이 기억에 되살아났다. 자중자애(自重自愛)하면서 '내면의 소리를 찾으라(Find Your Voice)'는 것이 책의 알맹이다.

'내면의 소리'는 개인의 재능과 열정을 뜻한다. 적성에 맞는 일을 신바람 나게 하면 성공하지 않겠는가. 돈을 벌겠다는 경제적 필요성, 떳떳하고 보람된 일을 한다는 양심이 겸비되면 금상첨화다.

조직의 성과를 높이기 위해 리더는 어떻게 해야 할까? 저자는 "다른 사람들도 내면의 소리를 찾도록 고무해라(Inspire others to find Their Voice)"라고 조언한다. 조직 공동의 비전과 가치를 만들어 함께 실천하면 더욱 좋다.

이 책에 소개된 숱한 사례 가운데 하나. 군부대에서 퇴역을 눈앞에 둔 명(名)지휘관이 있었다. 그는 부하들에게 강도 높은 훈련을 시키며 자신에게도 엄격한 것으로 이름났다. 코비 박사와 만난 대령은 "아버지가 숨을 거두기 직전에 아버지처럼 대충대충 살지 말라고 당부하셨는데 그때 세상을 변화시키는 삶을 살겠다고 결심했다"라고 말했다는 것. 그는 '내면의 소리'를 듣고 실천한 것이다.

코비 박사는 어느 회사의 연차총회에 초대돼 800여 명의 임직원 앞에서 강연을 했다. 실적이 좋아 상을 받은 직원 30명은 앞자리에 앉았다. 코비 박사는 그 회사 회장에게 승자는 30명, 패자가 770명이나 된다고 지적하면서, 모두가 승자가 되는 방향을 찾아보라고 권유했다. 이듬해 그 자리에 다시 갔더니 조직원은 천 명으로 늘어나 있었고, 그 가운데 무려 800명이 상을 받았다. 회사 측이 성과를 올린 직원 모두에게 상을 주겠다고 알리자 각자가 수상 기준에 도달하기 위해 놀라운 열정과 실적을 보인 것이다. 조직 전체가 내면의 목소리를 찾은 사례다.

코비 박사의 저서가 여느 성공학 서적과 다른 점은 복음서 냄새를 풍긴다는 점이다. 어떤 독자는 이 책을 읽으며 감동의 눈물을 흘릴 수도 있겠다.

말의 내용이 좋으면
표현도 좋아야 한다

성공하는 리더를 위한 매력적인 말하기

강미은 지음 · 237쪽 · 원앤원북스

삼성그룹의 어느 계열사 L 사장을 만나 대화를 나눠보면 흥미진진하다. 그는 경제·경영, 기술 동향, 예술 등 세상의 다양한 흐름에 관심을 갖고 있으며 그걸 구수한 이야기로 풀어낸다. 그렇다 해서 달변 스타일은 아니다. 그를 만나고 나면 무척 유익했다는 느낌이 든다. 그는 말로써 상대방의 마음을 끌어들이는 데 성공한 것이다.

조직 생활에서 말을 잘하는 것은 매우 중요하다. 상사에게 보고할 때, 리더가 부하들에게 스피치를 할 때, 거래 회사 임직원과 상담을 벌일 때, 동료에게 도움을 요청할 때 상대방을 이해시키고 감동을 주면 일이 술술 풀리지 않겠는가. 물론 '말을 잘 하는 것'과 청산유수 식 '달변'은 별개의 것이다.

말을 잘 하려면, 즉 남을 설득하고 공감을 얻으려면 어느 정도 훈련이 필요하다. 『성공하는 리더를 위한 매력적인 말하기』는 이 훈련에 도움을 주는 교과서가 될 만한 책이다. 사람끼리의 의사소통에 대해 공부한 저자는 커뮤니케이션 이론을 바탕으로 우리 주변에서 일어난 사례들을 분석했다. 구체적인 응용 방법도 소개했다.

아카데미 영화상에서 감독상을 받은 클린트 이스트우드는 수상 소감에서 "아직도 일한다는 게 기쁘다. 96세인 어머니가 계신다. 젊은 유전자에 감사한다"라고 발언해 강한 인상을 남겼다. 그가 만약 "감사합니다. 앞으로 더욱 열심히 하겠습니다"라고 밋밋하게 말했다면 그저 그런 말로 잊혔을 것이다. 그는 효과적인 수사(修辭)를 사용함으로써 주목을 끈 것이다.

자신의 메시지를 확실하게 전달할 수 있는 6가지 방법은 ① 말의 핵심에 집중하기 ② 논리와 감성을 잘 버무리기 ③ 재미있고 흥미롭게 풀어나가기 ④ 생생하게 표현하기 ⑤ 실언을 조심하기 ⑥ 대화 상대를 배려하기 등이다.

1항과 관련해서는 핵심부터 끄집어내는 게 좋다고 조언한다. 말머리에 "지금부터 ○○○에 대해 말씀드리겠습니다"라는 식은 구태의연하다.

2항으로 말하자면 논리, 감성, 상징의 3박자가 잘 어울려야 한다. 때로는 눌변이 감성을 자극해 달변보다 더 효과적이기도 하다. 정치인이나 영업 사원이 너무 달변이면 신뢰성이 낮아질 수도 있다.

3항을 개발하려면 유머를 적절히 써야 한다. 그러나 과신은 금물. 유머도 잘못 쓰면 독이 될 수 있다.

4항 부분을 단련하려면 신문 제목을 눈여겨보면 좋다. 짧은 단어에 함축적인 표현이 들어 있기 때문이다.

5항과 관련, 실언을 하면 솔직한 사과로 상대방의 노여움을 풀어야 한다. 가벼운 말실수는 유머로 정정하면 괜찮다.

6항과 관련해 유념해야 할 것은 대화와 연설은 듣는 이 중심으로 해야 한다는 것. 그리고 훈계조, 설교조는 곤란하다.

저자는 성공하는 리더를 위해 이 책을 썼다고 밝혔다. 어떤가? 이 책에서 배운 6가지 대화 습관으로 상대방의 마음을 사로잡아 리더가 되고 싶지 않으신가?

이명박 대통령은 지지율이 급락하자 "국민과의 소통에 문제가 있었다"라고 시인한 적이 있다. 소통, 즉 커뮤니케이션이 원활하지 않으면 대화, 거래가 이루어지기 어렵다.

이 문제를 해결하려면 강미은 교수의 또 다른 책 『커뮤니케이션 불변의 법칙』(원앤원북스)을 탐독하면 될 것이다. 저자는 "상품이건 사람이건 왜 나를 사줘야 하는지, 그 이유를 한 줄로 설명할 수 있어야 경쟁력이 생긴다"라면서 "확실한 차별화로 포지셔닝을 하지 못한다면 아무 메시지도 전달할 수 없다"라고 강조한다.

이 책은 대인 관계, 자기 계발, 상품 마케팅, 정치 캠페인 등 다양한 분야의 커뮤니케이션 사례를 소개했다. 9가지 성공 원칙으로 핵심, 간결성, 단순함, 생동감, 긍정, 공감, 스토리텔링, 시각화, 웃음 등을 꼽았다.

'핵심의 원칙'을 보자. 백화점식 나열은 최악이다. 한 가지 핵심 가치를 확실히 전달해야 한다. 도미노피자는 피자 업계에서 확실히 차별화해 포지셔닝했다. 품질, 가격, 가치 등을 언급하는 대신에 "30분 안에 배달하지 못하면 공짜로 드립니다"라는 광고 카피로 빠른 배달을 강조했다. '빠르고 믿을 만한 배달' 하면 가장 먼저 도미노 피자를 떠올리게 만든 것이다.

저자는 또 저서 『通(통)하고 싶은가』(매일경제신문사)에서 대화와 협상의 노하우를 소개한다. 저자는 "내 뜻을, 내 말을, 내 마음을 제대로 전하려면 어떻게 해야 하는지를 설명했다"라고 밝혔다. 강금실 법무부 장관은 "코미디야, 코미디!"라고 솔직담백하게 말해, 노회찬 의원은 "50년 된 삼겹살 불판을 갈아야 한다"라고 상대방 눈높이에 맞추어 발언해 듣는 이의 마음을 사로잡았다는 것이다.

사람들이 원하는 것을 해라

서번트 리더의 조건
알렉산더 버라디 지음, 이덕열 옮김 · 280쪽 · 시아출판사

멍부, 똑게. 무슨 말인가? 리더십에 관한 우스개다.

멍청한 리더가 부지런히 움직이는 것을 '멍부', 똑똑한 리더가 게으른 것을 '똑게'라 한다. 흔히 조직을 움직이는 리더 가운데 멍부가 최악, 똑게가 최선으로 알려져 있다. 우리나라 역대 대통령 가운데 누구를 멍부라 부르기도 한다.

여러 유형의 리더십 가운데 서번트(servant) 리더십은 뭔가? '서번트'가 '하인', '종', '공복' 등을 뜻하므로 하인이 리더가 된다는 말인가? 그게 아니다. 리더가 하인처럼 된다는 뜻이다. 조직원들을 위해 몸을 낮추고 그들을 돕는 리더인 셈이다. 과거 상식으로는 리더라면 나폴레옹처럼 "나를 따르라"라고 외치는 영웅형의 표준 인물로 여겨졌다. 그러나 성공한 조직의 리더들을 분석한 결과 서번트 리더도 적지 않은 것으로 드러났다. 그래서 요즘 서번트 리더십에 대한 연구가 활발하게 이뤄지고 있다.

경영 컨설턴트인 알렉산더 버라디가 지은 『서번트 리더의 조건』은 지혜로운 리더들에 대한 이야기 모음이다.

이 책의 원래 제목은 '대머리에게 빗을 권하지 마라(Never Offer Your Comb to a Bald Man!)' 다. 자신의 머리 모양을 단정히 하기 위해 빗이 필요하다 해서 무의식중에 상대방에게도 빗을 권하지만 그 상대가 만약 대머리라면? 서번트 리더십은 상대가 무엇을 필요로 하는지를 파악하는 데서 출발한다. 대머리에게 모자를 권하는 것, 이것이 바로 서번트 리더의 자세라고 이 책은 밝힌다.

저자가 줄곧 강조하는 개념은 '세상이 필요로 하는 것을 하라' 는 것. 일회용 반창고, 전자레인지, 지퍼, 인터넷 검색엔진 등 꼭 필요한 물건을 만들어낸 사람들의 성공 사례가 소개됐다. 이런 물건을 발명한 사람은 한결같이 봉사 정신과 통찰력을 갖고 있었다. 예를 들어 집안일 때문에 시도 때도 없이 다치는 부인을 위해 고민하던 남편이 일회용 반창고를 만들었다고 한다.

이 책도 여느 성공학 서적처럼 조직에서나 인생에서 성공하는 방법과 사례를 소개했다. 그러나 다른 책과 구별되는 것은 죽기 살기로 남과 경쟁해서 이기는 방법 대신 "경쟁하지 마라", "창조해라"라는 등의 잠언(箴言)을 역설한다는 것이다. 그런 잠언을 실천하기 위한 구체적인 지침을 가르쳐주는 것이 이 책의 장점이기도 하다. 예를 들어 하루 14분간의 짬을 내 일기를 쓰라고 조언한다. 일기 쓰는 노하우를 세세히 적어놓았다.

이 책 내용대로 실행하는 사람이 많으면 그 조직이나 사회의 행복 지수는 높아질 것이다. 남을 위한 좋은 물건과 서비스가 많이 창조될 테니 말이다. 기업, 학교, 군대 등 다양한 조직에 몸담은 조직원들은 이 책을 읽으면 싱싱한 업무 아이디어가 떠오를 것이다. 서번트 리더를 직장 상사로 둔 부하들은 일할 보람을 느낄 것이다.

어쩌면 이 책을 가장 먼저 읽어야 할 사람은 정치인이 아닐까? 국민이 뭘 바라는지를 깨달아 그에 맞게 정치를 해야 하기 때문이다.

복사기 전문 생산 업체인 신도리코의 창업주 고(故) 우상기 회장은 직원들을 가족처럼 사랑했다. 창업 초기에 회장 사모님은 구내식당에 나와 직원들을 위해 집에서와 똑같은 정성으로 식사를 준비했다. 손수 김장을 담근 것은 물론 밥은 큼직한 놋그릇에 담아 뚜껑까지 덮어 항상 따스한 온기가 유지되도록 했다. 지금도 그 전통이 이어져 뚜껑이 있는 밥그릇에 밥을 담는다.

신도리코의 서울 성수동 본사와 아산 공장을 방문하는 사람들은 깜짝 놀란다. 건물이 너무도 아름답기 때문이다. 건물 전체가 큰 예술품인 듯하다. 창업주가 직원들이 집보다 더 오래 머무는 곳이니 쾌적하게 지낼 수 있도록 잘 지으라고 당부한 결과다. 건물 안에는 미술품을 전시하는 화랑이 따로 설치돼 있을 정도다.

신도리코가 중국 칭타오에 지은 공장도 건축미와 조경미에 있어 그곳에서 대표적인 곳으로 꼽힌다. 6만여 평 부지에 나무를 심고 세련된 건물을 지었으니 견학 코스로 단연 으뜸으로 떠오른다. 신도리코 임직원들은 요즘도 몇 년 전 타계한 창업주 이야기가 나오면 눈시울이 붉어지며 "회장님과는 노사 갈등 같은 것은 상상도 할 수 없고 따스한 가족애를 느낄 뿐이었지요"라고 말한다.

신도리코의 임직원들은 늘 싱글벙글 웃는 얼굴이다. 최고경영자가 몸을 낮추어 자신들을 돕는다는 것을 실감하기 때문일까. 그들은 회사 자랑에 여념이 없다. 애사심은 높은 생산성으로 이어진다.

임직원들을 위해 봉사하는 서번트 리더십을 실천하는 대표가 있는 회사에서는 경영도 잘 이뤄진다. 짐 콜린스가 지은 『좋은 기업을 넘어 위대한 기업으로』(이무열 옮김, 김영사)라는 책에는 위대한 기업을 만든 경영자들은 카리스마가 강한 사람이 아니라 뒤에서 조용히 직원들을 조직하고 격려한 사람이라는 연구 결과를 밝히고 있다.

지금까지 한국에서는 "나를 따르라"라고 외치면서 임직원들을 다그치는 스타일만이 진정한 리더인 것으로 여긴 경우가 대부분이었다.

몸을 낮추는 리더……. 임직원들은 더욱 몸을 낮춰 그 리더를 존경하고 열심히 일하리라.

큰 생각이 큰 그릇을 만든다

제노믹스

김원환 지음 · 360쪽 · 현암사

『제노믹스』라는 책을 소개하기 전에 먼저 말머리를 다른 곳으로 돌려보자.

세계적인 컨설턴트 스티븐 코비 박사가 1999년 서울에 왔을 때다. 그는 서울 강남의 큼직한 호텔에서 조찬 강연회를 가졌다. 참가자 가운데에는 얼굴이 꽤 알려진 명사들이 수두룩했다.

'시원한 대머리'의 코비 박사는 "다른 사람이 아침마다 머리를 감느라 몇 분씩 시간을 보낼 때 나는 오늘 만날 분들에게 어떤 좋은 말을 해줄까 생각한다"라고 조크를 던지며 참석자들의 긴장을 풀어주었다. 이어 그는 참석자들에게 눈을 감으라고 말한 뒤 북쪽을 향해 손가락을 가리켜보라고 주문했다. 그리고 다시 눈을 뜨게 했다. 북쪽의 방향은 제각각이었다. 눈을 감고 호텔 안에서 북쪽이 어디인지 어떻게 알겠는가.

코비 박사는 "리더십은 바로 이런 것이다. 캄캄한 밤처럼 방향을 알 수 없을 때 갈 길을 바로잡아 주는 것 말이다. 리더는 제 방향을 가리켜주는 사람이다"라고 나지막이 말했다.

그렇다. 불확실성이 갈수록 높아지는 세상살이에서 갈 길, 즉 올바른 방향을 제시해주는 것만큼 중요한 일이 어디 있으랴.

어느 조직이든 리더의 역할은 막중하다. 리더가 제대로 리더십을 발휘해서 조직원들에게 동기부여를 하고 그들을 올바른 방향으로 이끈다면 그 조직은 엄청난 추진력으로 앞으로 나아갈 것이다. 기업에서는 최고경영자의 리더십이 기업 성쇠의 50~60%를 차지한다는 말이 있을 정도다.

군(軍)에서도 마찬가지다. 치밀한 작전과 리더십을 갖춘 부대는 병사들의 사기가 충천해서 장비가 뒤떨어지고 무기가 다소 부실해도 승리할 수 있을 것이다.

국가의 경우도 다를 바 없다. 국민들을 속이고도 얼굴색 하나 변하지 않는 뻔뻔스런 거짓말쟁이 정치인들이 검은돈을 떡 주무르듯 하는 나라가 잘될 수 있겠는가.

이렇듯 각 조직과 사회, 국가에서 진정한 리더의 중요성이 부각되고 있는 만큼 리더십에 대한 연구가 활발해지고 있다. 경영학이나 행정학에서 리더십에 관한 연구만도 봇물처럼 쏟아져 나오고 있다.

리더십에 관한 책도 수두룩하다. 국내 서적으로는 정통파 경영학 교과서인 『현대 리이더쉽론』(박내회 지음, 법문사)과 같은 교과서류를 비롯해 삼국지 리더십, 손자병법 리더십, 알렉산더 리더십, 나폴레옹 리더십 등 고전이나 영웅 이야기로 리더십을 분석한 책들이 많다. 예수, 석가, 공자의 리더십을 경영학 관점에서 정리한 것이나 엘리자베스 여왕, 간디, 카이사르 등 역사적인 인물들의 리더십을 탐구한 것도 적잖다.

이런 가운데 최근 출판된 『제노믹스』는 리더십 분야에서 새로운 경지를 개척한 책으로 보인다. 여러 책 가운데 하나(One of them)라기보다는 개성을 지닌 책이라는 면모가 비친다.

먼저 저자가 범상치 않은 이력을 갖고 있다. 연세대 행정대학원을 졸업하고, 10여 년간 유명 외국 회사에 다녔다. 그 뒤 20년째 선(禪) 수행에 빠져 있다고 한다. 현재 제노믹스 코리아 원장으로 제노믹스 리더십 이론을 창시하여 인재 감정 평가 및 창조성 교육 컨설팅에 임하고 있다고 책날개에 적혔다. 불교와 관련된 몇 권의 저서와 역서도 있다.

이런 경력으로 미루어 저자는 기업 근무 경력에다 선(禪) 체험을 결합시켜 'Zenomics'란 용어와 관련 이론을 '창시' 한 것으로 보인다. 'Zen' 과 'economics'를 합성한 용어다.

저자는 서문에서 "제노믹스 심이요법(zenomics xim−diet)은 개인과 조직은 물론 사회와 우주를 통찰하고 제어하는 근원적 존재의 길(tao)이 곧 마음(xim)이며, 이 마음의 길(xim tao)을 인간 이해의 리더십으로 보아 창조성과 문제 해법의 솔루션으로 제시하고자 하는 것이다"라고 강조한다.

이 책에는 한국과 중국의 유명한 선문답과 고사(古事)들이 숱하게 인용되어 있다. 현대인들이 재해석해 기업 경영이나 다른 조직 관리에 적용한다면 도움이 될 사례들이다.

이 책은 4부로 이뤄졌다. 제1부는 '마스터 멤버십 코스' 라는 이름이 붙었다. '될성부른 나무의 떡잎' 을 알아보는 관인법(觀人法)을 주로 다루었다.

중국 춘추전국시대에 제나라 민왕이 목에 커다란 혹이 달려 있는 여성을 왕비로 간택하는 이야기가 소개된다. 추녀였던 이 여인이 왕비가 될 수 있었던 것은 부덕(婦德)을 갖춘 사람으로 평가되었기 때문이다. '심부름 수법' 이나 '떠보기 수법' 등 갖가지 인재 관찰법을 알려준다.

이 책은 '떡잎'을 잘 골라야 한다고 주장한다. 또 선문답(zenterview)이 '최상의 고급 언어'라며 그 중요성을 강조한다. 선문답이란 깨달은 사람끼리는 전혀 이상한 말이 아니라는 것이다. 이 책은 선문답의 한 예를 다음과 같이 제시한다.

'낙하산 인사'라 지목되는 정부 투자 기관의 이사장을 어느 방송기자가 인터뷰하는 프로그램을 봤다. 기자가 그에게 마이크를 들이댔다.

"낙하산 인사라 생각하십니까?"

"아니지. 난…… 기자들이 만든 이름인데, 적절하지 않다 이거지. 걸어 다니는 낙하산 봤어?"

그러자 기자가 되물었다.

"1층부터 걸어오지 않으셨잖아요."

"걸어 올라갔어(1층 엘리베이터 로비를 가리키며). 여기부터 걸어 올라갔어."

기자도 집요했다. 장소는 사무실 현관.

"1층부터 단계를 거쳐 사장실로 올라오신 게 아니라……."

"아니 1층부터 16층까지 엘리베이터 타고 올라갔다니까."

그러면서 시커먼 승용차 문을 닫으며 황급히 사라졌다. 기자는 멍하니 바라볼 뿐이었다. 내가 기자였다면 마지막에 한마디 더했을 것이다.

"그럼, 걸어 다니는 낙하산이군요."

제노믹스에 의한 인재 평가 기준은 인간성, 창의력, 판단력, 순발력 등이다. 순발력의 사례로 든 이야기 하나.

고려 인종의 왕비 이씨는 세력가 이자겸의 딸이다. 이자겸은 난을 일으켜 인종을 독살하려 했다. 그는 딸 이씨를 시켜 독이 든 음식을 인종에게 갖고 가서 먹이라고 했다. 친정아버지의 말을 따르려니 남편이 죽고,

이를 어기면 불효가 되는 딜레마에 빠진 이씨. 결국 음식상을 들고 가다 일부러 넘어지면서 음식을 엎질러 곤경에서 벗어났다. 얼마 후 이자겸이 패하자 왕비 이씨도 역적의 딸이라 하여 폐비되었는데 그래도 인종은 음식상을 엎지른 공, 즉 복완지공(覆椀之功)이 있다 하여 뒤를 돌봐주었다고 한다.

이 책의 제2부는 '제갈량 벤처십 코스'다. 여기에서는 우선 제노믹스 인재를 참다운 리더십을 갖춘 사람으로 정의하고 있다. 솔로몬 대왕, 양무제 등 지혜와 통찰력을 갖춘 인물이 그런 전형(典型)으로 꼽혔다.

인재를 고를 때 외모로만 판단하지 말 것을 강조했다. "큰 생각이 큰 그릇을 만든다"라고 역설했다. 이 책은 '대권을 차지하는 비결'이라 하여 다음과 같이 밝혔다.

맹자가 양나라 왕을 만났다. 양왕이 "누가 천하를 통일할 수 있겠습니까?"라고 물었더니 맹자는 "사람 죽이길 좋아하지 않는 사람이 통일할 수 있습니다"라고 대답했다. 양왕이 "그럼 누가 그런 사람에게로 몰리겠습니까?"라 질문하자 맹자는 "세상 사람 중에 아무도 향하지 않을 자가 없을 것입니다"라 말했다. 선문답 같은 이 대답을 양왕이 이해하지 못했다. 맹자가 이어 자세히 설명했다.

"왕께선 곡식의 싹을 알겠지요. 7~8월 사이에 날이 가물면 싹이 말랐다가도, 하늘이 먹구름을 일으켜 흡족하게 비를 내리면 싹이 틉니다. 이와 같으면 누가 그것을 막을 수 있겠습니까. 오늘날 세상의 통치자 중 사람 죽이길 좋아하지 않는 자가 있다면 온 세상 사람이 목을 길게 늘여 그를 우러러볼 것입니다. 진실로 그렇게 된다면 백성의 돌아가는 것이 마치 물이 낮은 데로 흘러가는 것 같을 것이니 그 위세를 누가 막을 수 있겠습니까?"

이에 양왕이 알아듣고 부끄러워하는 기색을 보였다.

리더십을 위한 6가지 원칙

이 책은 맹자가 역설한 '대권 주자의 기준'을 오늘날 우리 정치 지도자에게 적용해도 무리가 없을 듯하다고 말한다.

글쎄……. 이처럼 인격만으로 정치 지도자가 될 수 있을지 의문이다. 인간의 치열한 정념과 욕망, 이를 조정해야 하는 정치인의 기능을 춘추전국시대 방식의 지도자상으로 설명할 수 있을지. 선문답처럼 전개되는 이 책의 장점이자 단점이 바로 이런 부분이다. 대권을 차지할 사람이 갖추어야 할 덕목이라 해놓고는 인자한 인간성만을 강조하고 있으니…….

이 책의 저자는 그렇다 해서 동양인의 혈연적 인간관계에 매달리는 관습을 지지하지는 않는다. 저자가 만든 도덕성 지수(MQ) 테스트를 보자. "당신과 친인척 관계에 있는 사람이 물품 견적서를 내면서 잘 봐달라고 하면 어떻게 처리하겠는가?"라고 묻고 있다. 저자는 다음과 같이 분류한다.

첫째, '경쟁사보다 나쁜 조건이라도 수용한다' 면 당신의 MQ는 실격(失格)이다.

둘째, '경쟁사와 같은 조건이면 수용한다' 면 하격(下格)이다.

셋째, '경쟁사와 같은 조건이라도 탈락시킨다' 면 중격(中格)이다.

넷째, '경쟁사보다 좋은 조건이라도 탈락시킨다' 면 상격(上格)이다.

즉, 자기 연고와 관계없이 모든 사람에게 사랑을 베푸는 묵자의 겸애설을 지지하는 것이다.

저자는 리더십을 위한 6가지 원칙을 제시하고 있다. ① 화합을 실천하는 '신화(身和)의 원칙' ② 커뮤니케이션의 조화를 강조하는 '구화(口和)의 원칙' ③ 목표와의 조화를 촉구하는 '의화(意和)의 원칙' ④ 규칙과의 조화에 중점을 두는 '규화(規和)의 원칙' ⑤ 생각의 조화가 중요하다는 '견화(見和)의 원칙' ⑥ 이익의 조화를 꾀하는 '이화(利和)의 원칙'이다.

이 책이 소개하는 마호메트의 일화는 주목할 만하다. 리더는 대중과 호흡할 줄 알아야 한다는 점을 강조한 것이다.

마호메트의 대중 설득과 리더십은 달인의 경지에 이르렀다 할 정도다. 그가 포교를 시작할 무렵, 아라비아인은 그가 신의 사도라고 하자 모세나 예수처럼 기적을 보이라고 했다. 마호메트는 그러한 짓은 신을 시험하는 것이라고 하며, 신의 노여움을 살 수 있다고 경고했지만 신도들은 막무가내였다. 마침내 마호메트가 '믿음의 산' 앞에 섰다.

"산아, 이리 오너라!"

그러나 산은 꿈쩍도 하지 않았다. 그러자 마호메트는 신도들을 향해 이렇게 말했다.

"여러분 갑자기 산이 이리로 오면 우리 모두는 파묻혀 죽습니다. 내가 산으로 가겠습니다."

이 책의 제3부는 '솔로몬 리더십 코스'다. 용심법(用心法), 용인법(用人法), 용무법(用務法), 용생법(用生法) 등 선(禪)의 세계에서 통하는 각종 노하우가 소개된다.

먼저 용심법. 대단한 비결이 있다기보다는 마음을 바로 쓰라는 메시지가 강조된다. 자비심과 호연지기를 가지라는 것이다. 또 배우고 익히며 느끼는 기쁨도 중요하다는 것이다. 남이 알아주지 않아도 노여워하지 않는 무심(無心)의 경지가 강조됐다. 이와 함께 버릴 줄 아는 마음, 즉 사심(捨心)이 갖추어져야 한다.

용인법은 인재를 알아보고 발탁하는 것이다. 인재에 대해서는 예의를 갖추어야 한다. 이 책은 한고조 유방의 인재관과 용인법을 소개했다. 유방의 말을 옮긴다.

"나는 나보다 훨씬 우수한 장량, 소하, 한신 등 세 사람의 인재들을 잘 부릴 수 있었습니다. 이것이야말로 천하를 얻은 비결이지요. 항우는 범증이라는 한 사람의 인재조차 잘 다루지 못했지요. 그래서 내 제물이 된 것입니다."

이 책의 제4부는 현대적으로 재해석하고 새로 꾸민 11편의 화두(話頭)와 약간의 힌트를 소개했다. 이를 풀고자 골몰하면 독자 스스로 이해력, 판단력, 순발력, 통찰력 등을 기를 수 있다는 것이다.

이 책의 가치는 읽는 사람의 눈의 크기에 따라 달리 보일 것이다. 고리타분한 옛이야기를 주로 나열했다고 보는 사람은 별 감동을 얻지 못할 것이다. 반면 역사적 사실과 야화에 담긴 인간의 지혜를 읽는 사람은 '제노믹스'의 참가치를 깨달을 것이다. 특히 선문답이 갖는 오묘한 철리(哲理)의 편린(片鱗)을 음미하는 독자는 리더십의 요체를 이해할 수 있을 것이다.

나는 어떤 사람인가?

나를 찾아가는 자기 경영
유민봉 지음 · 520쪽 · 미래경영개발연구원

서점에 온 손님들은 흔히 저자의 약력을 훑어보고 책을 살까 말까 망설인다. 대체로 대학교수가 지은 책은 내용이 좀 딱딱하고 신문기자의 책은 현장감이 생생한 편이다.

『나를 찾아가는 자기 경영』의 지은이는 성균관대 행정학과 유민봉 교수다. 프로필만 보면 미국 대학에서 행정학 박사 학위를 받고 대학에서 인사행정 분야를 가르치는 분이어서 여느 교수와 큰 차이가 없다. 행정고시에 합격한 경력이 약간 두드러진다고나 할까. 하지만 이 책을 휙휙 넘겨보면 '범상치 않음'을 금방 알 수 있다. 먼저 다양한 사진들이 눈길을 끈다. 가수 조영남, 골키퍼 이운재, 영화배우 리어나도 디캐프리오…….

내용을 찬찬히 살펴보자. 앞부분에 '에니어그램(enneagram)'이란 독특한 개념이 소개된다. 그리스어로 9를 뜻하는 '에니어(ennea)', 모양을 의미하는 '그라모스(grammos)'의 합성어다. 에니어그램은 1980년대부터 미국에서 주목받기 시작한 이론으로 사람의 성격을 9가지로 분류한 것이다.

결벽증에 가까울 정도로 자기 관리에 철저한 소설가 황순원 선생 같은 인물은 '원리 원칙형'이다. 지나칠 경우엔 자신에 대해 자학할 수 있고 남에겐 너무 엄격해 독선에 빠질 우려가 있다.

남을 끊임없이 돕는 테레사 수녀는 '도우미형'이다. 정도가 지나치면 상대방이 원하지 않는데도 돕고 남의 일에 참견하기도 한다.

'성취형'은 성공, 성취, 목표 달성, 우승 등에 집착하는 사람이다. 70세가 넘어서도 총선에 출마하는 정치 지망생들이 대부분 이런 유형.

'낭만적 개성주의형'은 예술가들에게 많은 성격으로 풍부한 감정이 돋보인다.

학자들은 주로 '지적(知的) 탐구형'이다.

'안전 지향 충직형'은 변화무쌍한 현실에 대한 두려움 때문에 안전을 희구하는 성격 유형. 안철수연구소의 안철수 사장이 대표적 인물로 꼽혔다. 안 사장의 저서에 자주 등장하는 단어는 걱정, 위험, 조심, 고민 등.

도올 김용옥 교수와 가수 조영남 씨는 '낙천적 열정형'으로 분류됐다.

'도전형'은 자기주장이 강한 인물로, 잭 웰치 미국 전 제너럴일렉트릭(GE) 회장 등이다.

'화합 추구 평온형'은 다른 사람과 갈등을 일으키지 않는다. 하지만 자기 주관이 없고 우유부단하다는 지적을 받기도 한다.

물론 사람 성격이란 게 워낙 복잡한 것이어서 이 9가지 가운데 어느 하나에 속한다고 확연하게 말할 수는 없다. 그래서 저자는 타고난 핵심 성격 이외에 후천적인 주변 성격이 가미되어 한 사람의 성격이 형성된다고 설명한다.

이 책의 부록엔 에니어그램 성격유형 검사 문답지가 있다. 이것으로 스스로 성격을 알아볼 수 있다. 각각의 성격에 따라 인생을 행복하게 살아가는 처방도 소개돼 있다.

저자는 이 책을 쓰기 위한 자양분을 여러 고승(高僧)들과 훌륭한 목사, 에니어그램의 권위자들로부터 얻었다고 밝혔다. 매우 재미있고 유익한 책이다.

소비자 마음을 읽는 노하우

마케팅

신화란 무엇인가?

신화의 힘
조셉 캠벨 · 빌 모이어스 대담, 이윤기 옮김 · 415쪽 · 이끌리오

근대 이후엔 '역사란 무엇인가' 가 중심된 화두였다면 탈(脫)근대를 말하는 오늘날엔 신화에 대한 관심이 급증하고 있다. 대형 서점에는 신화 서적 코너까지 따로 마련될 정도다. 이는 지나치게 기술화, 합리화돼 메마른 심성에 신화가 따뜻한 생명력을 부여해주기 때문이 아닌가 한다.

신화란 무엇인가? 학자에 따라 다양한 정의를 내리고 있으나 대체로 "상고 인류의 우주와 자연에 대한 인식과 이해를 담은 신성한 이야기"라고 한다. 신화는 당시 인류에게는 결코 허무맹랑한 것이 아니라 진지하게 받아들이는 생활 원리였다. 신화는 아득한 시절 인류 공통의 경험의 표현이므로 집단 무의식의 반영이라 볼 수 있다. 이에 따라 보편성 및 원형성을 지닌다 하겠다.

신화는 단순한 옛날이야기가 아니다. 여우가 사람이 되고 사람이 새가

되는 그야말로 ‘신화의 세계’이지만 그렇다고 개인이 창조한 동화나 소설과도 같지 않은, 집단의 산물이다. 그렇다면 신화는 과연 무질서한 인간 정신의 산물일까.

과학적 명징성을 금과옥조로 여기는 자연과학자, 사회과학자에게는 신화, 설화, 전설, 야담, 동화 따위는 황당무계한 이야기로 들릴 것이다. 어느 정도 논리적인 플롯을 갖춘 소설마저도 ‘소설 같은 이야기’로 치부된다. 삼천갑자 동방삭이 땅바닥을 한 번 구르면 60년을 더 산다는 이야기나 구렁이가 아름다운 아가씨로 바뀐다는 전설 따위는 허구에 불과하다고 여긴다. 그러나 합리성을 유독 중시하는 과학자도 자신이 크리스천일 경우엔 노아의 방주, 모세의 기적 같은 종교적 사건은 팩트라 믿는다.

비이성적인 체계를 부정하는 사람도 비 오는 밤에 공동묘지에 가면 귀신이 나오는 장면을 연상해 벌벌 떤다. 인간의 사고와 행동을 이성적인 체계로만 설명할 수 없다. 그래서 신화의 영역이 존재하는 것 아닐까.

이 책은 ‘20세기 최고의 신화 해설자’라 불린 비교신화학자 조셉 캠벨과 인터뷰 전문 저널리스트인 빌 모이어스가 신화에 대해 나눈 대담을 정리한 것이다. 캠벨은 그리스 신화뿐 아니라 아메리칸인디언 신화, 인도 신화, 불교 사상, 중국의 노장사상은 물론 영화 〈스타 워즈〉까지 활용하면서 신화의 본질과 그 속에 녹아 있는 큰 지혜를 들추어낸다. 그는 현대 인간사 모든 문제를 신화의 테두리에 빗대어 “신화란 결국 우리가 궁극적으로 걸어야 할 ‘내면의 길’에 대한 안내자”라 강조한다.

신화에 대한 다양한 논의와 궁금증을 명쾌하게 정리한 이 책을 읽으면 독자의 두뇌 상상력 엔진은 활기차게 돌아갈 것이다. 번역자는 신화 전문 작가 이윤기 씨다. 그의 유려한 문장이 독서의 기쁨을 배가시킨다. 앞부분 16쪽에 걸쳐 실린 화려한 컬러 사진과 중간 중간에 삽입된 다양한 자료 사진은 눈을 즐겁게 해준다.

이 책은 8개 챕터로 나뉘었다. 대화체이므로 희곡을 읽는 듯한 묘미를 느낄 수 있다. 주로 빌 모이어스가 질문을 하고 조셉 캠벨이 대답하는 형식이다.

저자 조셉 캠벨은 소년 시절에 아메리칸인디언에 관한 책을 즐겨 읽었는데 인디언 신화와 아서 왕 전설이 놀랄 만큼 비슷하다는 사실을 발견했다. 뉴욕 맨해튼에 있는 자연사박물관에 들락거리며 한구석에 있는 토템 기둥에 매료됐다. 컬럼비아대에서 학사, 석사 학위를 받았고 프랑스 파리대에서 중세 프랑스어를, 독일 뮌헨대에서 산스크리트어를 공부했다.

미국 캘리포니아에 머물 때는 소설가 존 스타인벡과 생물학자 에드 리켓츠와 친교했다. 사라로렌스대학의 문학부에서 교수 생활을 오래 지내며 세계 전역의 신화를 두루 연구했다. 방대한 자료를 훑은 후 『신의 가면』이란 4권짜리 역저를 냈다. 『천의 얼굴을 가진 영웅』, 『신화와 함께 살기』, 『신화의 세계』 등의 저서를 내며 왕성한 지적 활동을 펼치다 1987년 타계했다.

빌 모이어스는 미국 CBS, PBS(사회교육방송) 등에서 활동한 저널리스트다. 당대 석학들을 인터뷰해 대중에게 그들의 삶과 학문 성과를 쉽게 소개하는 데 독보적인 역량을 보였다. 이 책 『신화의 힘』은 1985년 이루어진 대담을 정리한 것이지만 단지 그 인터뷰 시간만 살필 게 아니다. 모이어스와 캠벨 교수가 8년이나 교유한 결과물이기 때문이다.

번역자인 이윤기 작가는 캠벨 교수의 초기 저서 『천의 얼굴을 가진 영웅』을 1985년에 한국어로 번역했다. 원저가 나온 지 50년이 지난 후의 일이다. 한국에서는 그만큼 신화학에 대한 관심이 뒤늦게 싹텄다.

『신화의 힘』은 1992년에 한국어로 번역 출판됐다. 한국에서도 신화학에 대한 대중의 관심이 부쩍 높아졌다. 이윤기 작가의 그리스 로마 신화 이야기책들이 스테디셀러로 자리 잡았다. 10년 후인 2002년에 이윤기 작가는 『신화의 힘』을 다시 번역해 개정판을 내놓았다.

캠벨 교수의 원숙한 학문 세계를 일목요연하게 보여주는 명저다. 과연 명불허전(名不虛傳)이라 느낀다. 아쉬운 점은 각 지역의 신화를 아우르지만 저자가 한국의 신화에는 미처 관심을 가지지 않았다는 것이다.

창조 경영에 대한 새로운 접근

르네상스 창조 경영
최선미 · 김상근 지음 · 260쪽 · 21세기북스

'창조' 라는 단어 앞에는 왠지 경건해진다. 창조주(創造主)의 고유 영역이라는 선입견이 떠오르기 때문이리라. 인간은 오랫동안 "인간이 창조를 꿈꾸는 것 자체가 독신(瀆神)"이라는 지배 이데올로기에 가위눌렸다. 유일신 숭배 전통이 깊은 시대에는 '창의성', '상상력' 같은 개념이 제대로 없었고 이를 추구하는 선각자들은 이단자로 몰렸다. 히브리어의 동사 '창조하다'의 주어에는 '야훼'만이 쓰일 수 있다. 화가와 조각가들은 자연의 아름다운 자태를 재현하는 것으로 만족해야 했다. 상상력의 산물인 추상화가 등장한 것은 100여 년밖에 되지 않는다.

그리스 문명이 화려한 꽃을 피운 것은 인간의 창의성이 발현된 덕분이다. 그리스인들은 제우스, 헤라, 아프로디테 등 수많은 신(神)을 상상력으로 만들어냈다. 신이 인간을 빚어냈다기보다는 인간이 인간 모습을 닮은 신을 창조할 정도였다.

그리스 문명의 속성은 르네상스 때 다시 살아난다. 당시의 천재들은 엄격한 교회 질서의 굴레에서 벗어나 창의력을 발휘했다. 근대 이후에도 인간의 상상력은 빛을 뿜는다. 비행기를 예로 들어보자. 과거에는 인간이 하늘을 나는 것이 가능하다고 누가 믿었겠는가. 라이트 형제의 상상력과 추진력 덕분에 비행기가 발명됐다. 20세기에 과학 기술 문명이 폭발적으로 성장하면서 창조 비슷한 일들이 줄지어 일어나기 시작했다. 1980년대에만 해도 지구 상에 존재하지 않던 노트북 컴퓨터가 창조되지 않았는가. 생명체를 만드는 도전도 시도되고 있다.

창조는 경영에서도 중요한 개념이 되었다. 워낙 경쟁이 치열하다 보니 '개선', '혁신'보다 강도가 높은 '창조'가 필요해지는 것이다. 21세기에 접어들어서는 더욱 강조되는 것으로 보아 앞으로 오랫동안 지속될 흐름인 듯하다. 2007년 이후 한국 재계에서도 '창조 경영'이 화두로 자리 잡고 있다. 창조 경영의 선구자 조지프 슘페터(1883~1950) 전 하버드대 교수는 기술혁신으로 낡은 것을 없애고 새로운 변혁을 일으키는 '창조적 파괴(creative destruction)'가 기업 경제의 원동력이라고 갈파한 바 있다.

어떻게 하면 창조 경영이 가능할까? 여러 경영인과 학자들이 그 노하우를 찾으려 고심한다. 그들은 숙고 끝에 저마다 비결을 제시한다. 『르네상스 창조 경영』은 그 비결 가운데 하나다. 르네상스 시대의 거장들이 이룬 성과를 분석해 창조 경영의 비밀을 밝힌 책이다.

저자들의 프로필을 보니 시너지 효과를 낼 수 있는 파트너인 듯하다. 경영학 지식을 제공한 최선미 연세대 경영학과 교수는 미국 코넬대에서 호텔경영학으로 박사 학위를 받고 코넬대, 펜실베이니아대 등에서 교수 생활을 했다. 현재 연세대에서 서비스 오퍼레이션 분야를 강의한다.

인문학 분야를 집필한 김상근 연세대 신과대 교수는 미국 프린스턴신

학대학원에서 박사 학위를 받고 신학 분야와 르네상스 미술을 연구하고 있다. 저자들은 부부 사이다. 저자 가족이 이탈리아의 르네상스 중심지를 여러 차례 찾은 경험을 정리했기에 성실한 발품, 전문성에 바탕을 둔 통찰력이 한데 어우러진 책이다. 멋진 사진과 그림이 사이사이에 있어 '읽는 책'과 '보는 책' 양수겸장이기도 하다.

저자들은 "아마 5천 년 인류 역사 가운데 가장 강렬한 '창조성'의 기운이 분출했던 시기는 14~16세기 이탈리아와 유럽 전역에 나타났던 르네상스 시대일 것"이라며 "100년에 한 번 나올까 말까 한 천재들이 4~5년 단위로 줄줄이 태어나 문학, 예술, 과학의 새로운 패러다임을 창출한 시기"라고 강조했다. 이 책은 '시스템화가 불가능'한 창조 경영의 '예술적 시스템화'를 꾀했다.

미켈란젤로가 13세 소년인 1488년 때다. 화가 견습생이었던 그는 천재 화가 마사초(1401~1428)가 그린 〈세례를 베푸는 성 베드로〉라는 그림을 보고 경악했다. 추운 겨울에 벌거벗고 찬물을 맞으며 세례를 받는 신자가 벌벌 떨며 베드로를 째려보는 장면이었다. 거룩한 의식을 모독하는 표정이었다. 그러나 그것이 인간의 본질 아닌가. 매우 평범한 진리이지만 다른 사람들은 그것을 깨닫지 못했다. 이 책은 미켈란젤로의 이 발견을 르네상스의 출발이라고 설명한다.

오늘날 최고의 창조 경영자로 꼽히는 스티브 잡스는 자신이 창업한 애플에서 쫓겨난 후 절치부심한 끝에 아이팟을 개발해 화려하게 부활했다. 그가 '사물의 본질'을 꿰뚫어 보는 직관력을 창조 경영에 적용시킨 결과다. 이 책은 사물의 본질을 파악하는 능력을 키우기 위해 ●남들이 읽지 않는 책 읽기 ●무작정 싸움 걸기 ●실패의 위험 무릅쓰기 등을 시도하면 좋다고 추천한다.

　이 책은 르네상스 시대에서 발견한 '창조 경영의 10가지 법칙'을 정리했다. 미켈란젤로처럼 사물의 본질을 파악하는 법칙을 비롯해 ●천재들의 창조력을 후원해라(메디치 가문의 사례) ●창의적 인재를 발견해라(엘 그레코를 놓친 펠리페 2세) ●다양성을 인정해라(베네치아를 이끈 개방적인 사고와 문화) 등이다. 과거의 성공 사례를 분석한 것과 함께 오늘날 당장 실천할 수 있는 구체적인 노하우를 여러 개 제시한 점이 돋보인다. 예를 들면 ●유튜브 사이트를 방문해 브라질 리우데자네이루 축제 장면을 찾아본다 ●직원들과 함께 홍익대 근처로 가서 인디 밴드 콘서트에 참여해 본다 ●직원들과 함께 니코스 카잔차키스의 『그리스인 조르바』를 읽고 토론한다 등이다.

소비자와 공감대를 형성해라

실패한 마케팅에서 배우는 12가지 교훈
조원익 지음 · 256쪽 · 위즈덤하우스

'마케팅이란' 무엇인가' 란 주관식 문제를 시험 때마다 내는 경영학 교수가 있었다. 어느 해엔 조교가 흑판에 문제를 쓰면서 '도' 자(字)로 시작하자 학생들은 놀랐다. 드디어 다른 게 나오다 보다……. 다 쓰고 보니 역시 같았다. '도대체 마케팅이란 무엇인가' 였으니…….

인터넷에 떠도는 우스개에도 소개된 내용이다. 이는 어느 대학에서 있었던 실화다. 곰곰 생각해보면 궁금하긴 하다. 도대체 마케팅이란 무엇이기에 기업들이 여기에 사활을 거는 것일까? 소비자의 마음을 정확하게 읽는 것 아닐까? 마음 읽기가 어디 쉬운가?

마케팅 실무를 20년 넘게 맡아온 저자가 현장에서 쌓은 내공을 토해놓은 것이 이 책이다. 저자는 그동안 숱한 성공을 경험했겠지만 이보다는 실패 사례를 중점적으로 다루었다. "실패 사례를 꼼꼼히 분석하면 실패하지 않는 방법뿐 아니라 성공하는 법까지 알아내 현실적으로 많은 도움을 받을 수 있기 때문"이라고 밝힌다.

한국에서 2002년 한 해에 음료·제과·제지·미용 생활용품·세제·양념류 등 6개 산업 제품군에서만 3783개의 신제품이 나왔다고 한다. 하루 평균 100개 이상이다. 이 가운데 실패하는 것이 80%가 넘는단다. 그러니 실패를 줄이는 것이 곧 성공의 길인 셈이다.

브랜드 이름을 잘못 붙여 실패한 사례를 보자. 1999년 '미(米)소주'가 선보였다. 쌀 원액을 사용한 이 제품은 하얀 병에 담겨 있었다. 그러나 얼마 가지 못하고 사라졌다. '미'가 무얼 뜻하는지 전달되지 않았고 하얀 병도 어색했기 때문이었다.

한국 최초의 대형 서점인 종로서적의 도산 원인은 무엇일까? 교보문고, 영풍문고 등 대형 서점이 인근에서 개점했지만 대응책을 마련하지 못했다. 매장 내 이벤트 행사도 부족했고 종합 쇼핑센터로 변신하지 못하고 책 판매에만 매달렸다. 온라인 서점 등장에 맞서는 전략도 세우지 못했다.

'넥스'라는 맥주 브랜드를 기억하는 이는 거의 없으리라. 제품 콘셉트가 자주 바뀌는 바람에 시선을 끌지 못해 결국 사라진 것이다. 삼진제약의 진통제 '게보린'이 줄기차게 "맞다, 게보린"을 외쳐 성공한 것과 대조되는 사례다.

시대 흐름보다 너무 앞서는 제품도 실패한다. 1979년에 선보인 고급 단백질 비누는 품질이 좋은데도 곧 생산이 중단됐다. 값이 비싼 데다 쉬 물러지는 특성 탓이었다. 당시는 상당수 소비자들이 비누를 오래 쓰려 한 면에 은박지를 붙이던 시절이어서 딱딱한 비누를 좋아했다.

제품 시판 전에 실시하는 소비자 조사를 맹신해도 곤란하다. 실제 소비 행위와 다를 수 있기 때문이다. 먹어도 인체에 무해하다는 주방 세제를 개발한 뒤 소비자 조사를 했더니 85%가 구입하겠다고 응답했다. 이에 따라 1999년 야채·과일 전용 세제가 시판됐으나 소비자들의 반응은 차가웠다. 이 책을 독파하면 '마케팅이란 무엇인가'를 감각으로 깨닫게 될 것이다.

경쟁에서 살아남기

천재 경영, 이것이 급소다
홍승표 지음 · 324쪽 · 해와달

생선회의 참맛은 어디에서 오는가? 싱싱한 횟감에서 비롯되는 게 아닐까? 노련한 칼 솜씨를 지닌 요리사가 화려한 모양새로 썰어놓아도 물이 간 생선이라면 감칠맛이 나지 않는다.

『천재 경영, 이것이 급소다』란 책을 읽으면 싱싱한 회 맛을 느낄 수 있다. 아마추어 저술가가 자신의 체험을 바탕으로 쓴 내용이기에 소개된 사례들은 펄떡펄떡 뛰는 생선처럼 생동감을 준다.

저자는 저술가로서는 아마추어지만 직장인으로서는 프로다. 삼성전자에서 17년간, SK텔레콤에서 4년 동안 주로 마케팅 업무를 맡았다. 요즘은 SK텔레콤 대리점을 직접 운영하며 여러 경영 이론을 실험하고 있다고 한다.

이 책의 1장인 '경쟁에서 살아남기'를 펼치면 고객 한 사람이 얼마나 중요한지를 알 수 있다.

삼성전자 사장실에서의 에피소드 하나. 사장이 마케팅실 간부인 저자를 불렀다. 가보니 직속 상사 2명이 먼저 와 있었다. 스피커가 따로 떨어진 신제품 TV를 출고하면서 각각 포장하는 바람에 사장의 친구에게 스피커가 배달되지 않은 사고가 발생한 것. 사장은 그 경위를 따지고 있었다. 사장이 일선 실무자에게 전화를 걸어 이것저것 묻는데 상대방이 제대로 대답하지 못했다. 물류 업무가 지나치게 복잡해 그런 사고가 난 것으로 결론짓고 단순화를 추진키로 했다.

3장 '불타는 조직을 만들자!' 에서 소개된 사례 하나. 간부가 영업 대책 회의를 주재하다가 직원에게 지갑 안에 돈이 얼마나 들어 있는지 물었다. 직원은 5만 4천 원인데 1만 원권 5장, 천 원권 3장, 500원짜리 동전 1개, 100원짜리 동전 5개라고 대답했다. 개인 빚이 얼마인지 물어보니 빚 300만 원을 모두 갚고 지금은 저축을 조금 해두었다는 대답이었다. 그에게 대리점들로부터 받을 돈은 얼마이고 줄 돈은 얼마인지 물었더니 얼굴이 벌게지면서 대답을 못 했다. 간부는 "개인 것은 그렇게 철저히 파악하고 있으면서 회사 것은 왜 그리 모르느냐"라고 질타했다.

4장 '이것이 마케팅의 급소다!' 에서는 저자가 관할 대리점 사장을 만난 체험담을 들려준다. 본사에 대해 온갖 것을 요구하는 그를 다른 간부들은 귀찮아하며 접촉하기를 꺼렸다. 저자는 인내심을 갖고 무려 5시간이나 그의 얘기를 들었다. 그는 처음엔 격한 어투로 이야기하더니 나중엔 스스로 안정을 찾고 "하소연을 다 들어주어서 고맙다"라면서 조용히 가더라는 것이다. 남의 말을 듣는 것이 중요하다는 교훈을 일깨워 준다.

저자의 직장 상사였던 서정욱 전 과학기술부 장관은 추천사에서 "그의 글에는 이것저것 남의 이론을 소개하는 서적에서는 찾아볼 수 없는 생동감이 있고 현장을 경험한 사람만이 갖는 독창성이 있다"라고 썼다. 이상현 삼성전자 중국 총괄 사장도 "그가 보여주는 경험과 생각들은 마치 손만 뻗으면 잡힐 듯이 가까이 있다"라면서 적극 추천했다.

저자의 옛 직장 상사들도 비서실 직원의 도움 없이 직접 추천사를 쓴 것 같아 상큼한 향기를 풍긴다.

한국에서도 실제 일어난 사례에서 지혜를 찾는 이런 종류의 책이 많이 나와야 한다. 전국의 수많은 직장인이여, 자신의 체험을 진솔하게 정리하기만 해도 멋진 책이 된다는 사실을 깨달으시길…….

매력적인 시장, 러시아를 공략해라

러시아 비즈니스

윤성학 지음 · 362쪽 · 아라크네

러시아 도시를 방문하는 한국인은 깜짝 놀란다. 모스크바, 상트페테르부르크 등 대도시에서 삼성전자, LG전자, 현대자동차, 팬택 광고판이 자주 보이기 때문이다. 특히 가전제품 부문에서는 삼성과 LG의 점유율이 50%를 넘는다. 한국 기업이 벌이는 민간외교 활동도 활기차다.

이 책은 러시아와의 비즈니스에 필요한 온갖 최신 정보를 담은 자그마한 백과사전 같은 모양을 갖추었다. 저자의 이력을 훑어봐도 책에 대한 믿음이 간다. 고려대에서 러시아문학을 전공했고 연세대에서 러시아 석유 산업에 관한 논문으로 박사 학위를 받았다.

이 책은 소설처럼 재밌게 읽히는 말랑말랑한 부분과 통계 수치 등이 나열된 다소 딱딱한 이론 부분이 잘 어우러져 있다.

먼저 흥미진진한 부분을 보자. 러시아에서 고급 접대는 '바냐' 라는 사우나에서 이뤄진다. 자작나무 가지로 몸을 두드리는 마사지를 받고 나면 묵은 피로가 풀린다. 그런 다음 보드카를 마시며 비즈니스 이야기를 하면 꼬였던 것이 술술 풀린다고 한다. 맥주에 보드카를 섞어 마시는 러시아식 폭탄주는 '요르쉬'라 불린다.

러시아인들을 사무실로 초청해서 상담을 벌일 경우 충분한 음료수, 차, 커피, 과자 등을 회의장 테이블 위에 놓아둬야 한다. 간식거리가 없으면 손님을 별로 중요하지 않게 여긴다는 인상을 준다는 것이다. 보드카 술병은 마개를 따면 다 마셔야 한다. 남기면 재앙을 남긴다는 뜻이란다.

러시아는 인구 1억 5천만 명, 옛 소련권을 포함하면 3억 명의 거대한 시장이다. 요즘 연평균 7%의 고도성장을 구가하고 있다. 이에 따라 구매력도 급증하고 있어 한국 기업들의 황금 시장으로 떠오르고 있다. 소비재 제조 기반이 취약해 외국 물건 수입을 늘릴 수밖에 없다.

러시아 소비 전문 잡지에 따르면 러시아 중산층은 여유 소득분으로 의류, 신발, 가구, 가전제품 순으로 구입한다고 한다. 자동차와 건축자재도 한국 기업이 주요 수출품으로 노려야 할 품목. 한국산 초코파이와 오복간장은 러시아인들의 입맛을 사로잡고 있다.

저자는 이 책이 "러시아 하면 연상되는 마피아 문제, 무지막지한 세무 문제, 절대적인 행정 권력, 복잡한 유통시장 문제 등을 풀어나가는 데 도움이 될 것"이라 강조했다.

비즈니스 노하우로 소개된 '부정적 선입견과 막연한 기대를 버려라', '러시아 경찰과 부딪치지 마라', '마피아보다 더 무서운 세무서', '러시아 은행 제도와 이용 방법', '어느 날 마피아가 찾아온다면' 등도 유용한 내용이다.

저자는 머리말에서 "지난 수 세기 동안 권위적 집단주의에 물들었던 러시아인들이 근대화된 합리적 개인으로 거듭나고 있으며 세계 속에서 러시아적 가치와 존재 의미를 찾고 있다"라면서 "러시아 시장의 매력은 무엇보다 소비자의 구매력이 하루가 다르게 커나가고 있다는 점"이라 밝혔다.

이 책을 추천한 문정인 연세대 교수는 "러시아는 21세기 세계 경제를 이끌어가는 성장 엔진인 한·중·일 국가들에게 필수적인 에너지, 비철 금속 등의 원자재를 제공하고 있으며, 이와 동시에 이들 국가가 생산한 제품의 거대한 소비 시장으로 떠오르고 있다"라고 강조했다.

파워 브랜드 구축을 위한 전략

브랜드 아이덴티티
손일권 지음 · 532쪽 · 경영정신

"코카콜라는 뭘 파는 회사일까요?"

대학 경영학과에서 가르치는 '마케팅 원론'이란 과목의 강의에서 교수는 가끔 이런 질문을 던진다. 일부 학생들은 황당해하면서도 "콜라요, 콜라……"라고 용감하게 대답한다. 이런 뻔한 답을 기대하고 물었겠는가? 교수는 빙그레 웃으며 말한다.

"브랜드(brand)를 팔지요. 코카콜라란 음료가 아닌 브랜드를……."

알 듯 말 듯 한 설명이다. 도대체 브랜드가 뭐기에.

궁금한 분은 이 책을 읽으면 된다. 500쪽이 넘는 이 두툼한 책은 브랜드에 관한 온갖 것을 담고 있다. 먼저 브랜드에 대한 다양한 정의(定意)가 나오는데 "다른 제품과 구별하도록 하는 이름이나 상표"로 요약할 수 있겠다.

코카콜라와 거의 비슷한 맛을 내는 값싼 음료가 있다 하더라도 많은 소비자가 굳이 코카콜라를 찾는 것은 그 상품에 익숙해져 있기 때문이다. 이게 브랜드 효과다.

명품 브랜드를 보자. 값이 엄청나게 비싼데도 손님들은 지갑을 연다. 프랑스의 에르메스 스카프는 1장에 238유로나 하는데도 지금까지 1500만 장이나 팔렸다고 한다(2003년 기준). 특히 크리스마스 시즌엔 전 세계에서 20초에 1장꼴로 팔린다는 것.

이 책은 '100년 기업을 넘어서는 브랜드 커뮤니케이션 전략'이란 부제를 달고 있다. 기업 가치를 높이려면 소비자들의 머릿속에 브랜드를 잘 정착시켜야 하고 이를 위해서는 주먹구구 대신에 치밀한 전략이 필요함을 역설한다.

품질이 좋은 제품이나 서비스를 저렴한 가격에 공급하는 기업은 번성할까? 과거에는 많은 사람이 그렇게 믿었다. 그러나 반드시 그렇지만은 않다는 사실을 기업 흥망사를 통해 알 수 있다. 품질이 좋아도 남이 알아주지 않으면 소용이 없다. 백지 위에 볼펜으로 선을 하나 그어도 피카소가 했다면 값이 나간다. '피카소'란 브랜드 가치 덕분이다.

품질 향상에는 신경 쓰지 않고 브랜드 알리기에만 급급하면 성공할까? 아니다. 브랜드는 기업에 대한 신뢰이자 정서적 유대감이므로 이를 제대로 관리하기 위해서는 성실성을 바탕으로 해야 한다.

이 책은 이론서 성격이 강하지만 브랜드 전략에 성공한 기업들의 다양한 사례를 소개해놓아 실용서로서의 씀씀이도 괜찮다. 광고, 소비자 프로모션, 사회 공헌 활동 등 다양한 실행 기법이 제시돼 있다.

요즘 경영이 어렵게 느껴지는 경영자는 경기 탓, 정부 탓만 하지 말고 이 책을 통해 돌파구를 찾아보라고 권하고 싶다. 자기 회사에 적용할 아이디어가 적어도 서너 가지는 떠오르리라.

브랜드스톡(www.brandstock.co.kr)에서 브랜드 강좌를 맡고 있는 저자는 브랜드 연구로 석사 학위를 받았고 이 분야 컨설팅 업무를 다년간 맡으면서 내공을 쌓아왔다.

브랜드의 중요성을 다시 강조하기 위해 퀴즈를 내본다. '삼성전자의 브랜드 가치는 얼마로 평가될까?' 정답은 21조 원(2009년 현재).

천 년 넘게 이어오는 오사카의 상인 정신

오사카 상인들
홍하상 지음 · 323쪽 · 효형출판

장사꾼……. 이 말을 들으면 당사자들은 가슴이 아리고 눈시울이 뜨거워지리라. 깔보는 듯한 뉘앙스가 담겨 있지 않은가.

상인(商人)이라 해도 마찬가지다. 사농공상(士農工商)의 오랜 관념 탓에 상업으로 먹고사는 사람들은 업신여김을 당하지 않았는가.

지금도 한국에는 상인들이 수백만 명이나 되고 이들의 역할이 엄청나게 중요한데도 제 대접을 받지 못하고 있다. 이들의 가슴에 맺힌 응어리를 조금이나마 풀어줄 책이 『오사카 상인들』이다.

오사카는 일본 경제의 중심 도시. 몇백 년 전통을 가진 점포들이 수두룩하다. 그 가게들 가운데 번듯한 기업으로 발전한 곳도 적잖다. 곤고구미(金剛組)란 건축 회사는 578년에 문을 연 세계 최고(最古)의 기업. 이들 가게와 기업을 이끌어가는 사람들이 바로 창의성과 추진력이 뛰어난 오사카 상인들이다.

오사카란 도시에 매료된 저자가 14년 동안 오사카를 수십 번 방문하면서 보고 들은 것을 정리한 책이다. 뒷골목의 조그만 점포에 대한 풍경도 생생하게 묘사돼 있어 읽는 재미가 쏠쏠하다.

전통 깊은 일본 가게 앞에는 상호가 그려진 '노렌(暖簾)'이란 무명천이 치렁치렁 걸려 있다. 노렌은 신용과 자부심의 상징이다. 오사카 상인들은 "하늘이 두 쪽 나도 노렌은 지킨다"라고 다짐한다. 자신이 만든 음식이나 상품에 대해서는 목숨을 걸고 품질을 지킨다는 뜻이다.

오사카에서는 과거에 상사농공(商士農工)의 순으로 상인이 무사 위에 있었다고 한다. 지방 제후인 번주(藩主)들은 상인들에게서 거액을 빌리는 경우가 많았는데 제때 갚지 않으면 추가 자금은 한 푼도 빌려주지 않았다. 번주는 상인에게 사과하고 잔치를 베풀어 아량을 구하곤 했단다. "상인이 화를 내면 천하의 제후도 놀란다"라는 말이 있을 정도였다.

오사카 상인들의 특징을 요약하면 뛰어난 원가 계산 능력, 고객 중심의 서비스 정신, 근검절약, 평소의 꾸준한 공부 등이다.

1724년에 세워진 상인 학교 '회덕당'은 실용성 높은 지식을 가르쳤다. 회덕당 졸업생 가운데 대학자로 성장한 이들도 수두룩했다. 지금은 오사카대학교 문학부의 '회덕당센터'가 그 정신을 이어가고 있다.

오사카 상인의 간판 인물은 마쓰시타그룹의 창업자인 마쓰시타 고노스케(1894~1989). 그는 17세 때 전등 회사 직공으로 들어가 기술을 익힌 뒤 공장을 차려 성공의 씨앗을 심었다. '경영의 신(神)'으로 불리는 그는 성공 비결에 대해 이렇게 털어놓았다.

"가난했기에 직공 등으로 경험을 쌓을 수 있었고, 몸이 약했기에 운동을 부지런히 해 건강해졌고, 초등학교도 졸업하지 못했기에 세상 사람들을 모두 스승으로 여기며 언제나 공부했다."

약점을 장점으로 만든 대표적 사례다. 그는 일본인들이 존경하는 정신적 지주의 한 사람이다.

이 책을 읽으면 오사카 상인이 갖는 긍지가 대단함을 알 수 있다.

한국의 상인들과 기업인들이여, 자부심을 가지시라. 귀하들은 상품과 서비스를 소비자들에게 제공하는 산타클로스가 아닌가. 물론 공짜로 주는 건 아니지만…….

'경쟁'에서 '협력'으로

콜래보 경제학
데본 리 지음 · 232쪽 · 흐름출판

미국 레이건 대통령이 내세운 경제 정책을 '레이거노믹스(Reaganomics)'라 불렀다. 레이건의 이름에다 economics(경제학)란 말을 갖다 붙인 신조어였다. 그 후 이와 비슷한 말이 많이 생겼다. 이명박 대통령의 경제 정책도 '엠비노믹스(MBnomics)'라 불린다. 한국에서 '괴짜 경제학'이라 번역된 『Freakonomics』란 책도 이런 맥락에서 붙은 제목이다.

'Collabonomics'란 단어도 눈길을 끈다. 협력(collaboration)과 경제학의 합성어 아니겠는가. 『콜래보 경제학』은 이 분야를 집중적으로 다룬 책이다. 표지에 영어가 많아 언뜻 보면 번역서 같다. 더욱이 저자 이름으로 봐서 저자가 한국인인지, 외국인인지 불분명하다.

저자 프로필을 보니 미국 와튼스쿨에서 경영학 석사(MBA) 학위를 받고 한국에 와서 브랜드 관리 및 소비 심리에 관한 컨설팅 활동을 벌인 것으로 소개돼 있다. 현재 미국 뉴욕시립대에서 ‘콜래보레이션’을 주제로 박사 논문을 쓰고 있다고 한다. 또 뉴욕시립대에서 ‘소비자 행동론’과 ‘마케팅 전략’을 강의하고 있다는데 정식 교수는 아니고 박사과정 학생으로 초보 강의 경험을 가진 듯하다. 저자의 경력을 다소 부풀린 것 같아 눈에 거슬린다. 그러나 책 내용은 생생한 마케팅 사례를 바탕으로 정리했기에 흥미진진하고 유익하다.

‘새로운 부와 네트워크를 창출하는 콜래보레이션 성공 전략’이란 부제를 가진 이 책의 핵심은 가치 체계가 다른 기업과 협력해서 더 큰 가치를 창출하자는 것. 저자는 “요즘 소비자의 욕구가 워낙 다양하므로 혼자만의 힘으로 이를 충족하지 못할 경우 나에게 없는 능력을 가진 파트너라면 적(敵)이라도 당당히, 영리하게 손을 잡아야 한다”라고 주장한다. LG전자와 명품 브랜드 업체인 프라다의 협력품인 ‘프라다폰’을 대표적인 성공 사례로 소개했다. LG전자가 프라다라는 다른 시장의 참가자를 게임에 끌어들임으로써 휴대전화 시장의 화두를 ‘터치’, ‘패션에 민감한’ 등에 집중시켰다.

이 책은 5가지 전략적 협력 방안을 제시했다. 이 가운데 ‘아트 콜래보레이션’ 기법이 두드러진다. 요즘의 전 세계적 트렌드 가운데 하나는 스낵 과자를 끊임없이 먹는 것처럼 짧은 시간에 간편하게 무언가를 즐기는 ‘스낵 컬처’다. 이 흐름에 따라 소비 행태도 바뀐다. 스낵 컬처의 첨병이라 불리는 브랜드 자라(ZARA)나 H&M 등은 재빠른 제품 출시, 저렴한 가격을 무기로 소비자들이 패스트 패션에 익숙하도록 한다.

‘명품＝소장 가치’라는 가치가 흔들린다. 대비책으로는 자주 팔면서도 소장 가치를 높이는 방안이 있다. 루이비통의 스테디셀러인 ‘모노그램 스피디 30’이라는 핸드백이 그 성공 사례다. 상품 이름은 유지하되 매년 다른 디자이너의 작품을 새로 선보이는 것이다. 2003년엔 무라카미 다카시, 2004년엔 스테판 스프라우스가 디자인한 제품을 냈다. 이처럼 예술성과 결합하면 스낵 컬처의 흐름에 맞출 수 있다.

스토리를 파는 기업들

5가지만 알면 나도 스토리텔링 전문가
리처드 맥스웰 · 로버트 딕먼 지음, 전행선 옮김 · 312쪽 · 지식노마드

고급 중국 음식점에 가면 '불도장(佛跳墙)'이란 요리를 판다. 상어지느러미, 해삼, 전복, 송이버섯 등 20여 가지 재료를 넣어 푹 끓여 만든 것이다. 여러 진귀한 보양 재료가 들어가는 만큼 값이 꽤 비싸다. 음식 값이 비싸도 괜찮은 '비즈니스 접대' 때 초청자는 호쾌하게 불도장을 주문한다. 요리가 식탁에 오르면 초청자는 모시는 손님에게 으레 불도장의 의미를 설명해준다. "요리 냄새가 너무 좋아 불도를 닦던 스님이 담장을 넘어 먹으러 갔다는 데서 이름이 유래됐다"라고. 손님은 다른 요리 이름은 잊어도 이 불도장만큼은 오래 기억한다.

'동파육(東坡肉)'이란 요리도 유래가 흥미롭다. 당송팔대가 가운데 한 사람인 소동파(蘇東坡, 1036~1101)의 이름에서 비롯됐다. 소동파는 「적벽부(赤壁賦)」란 명시를 남긴 문호다. 어느 날 그는 음식점에서 돼지고기와 술을 주문했다. 그런데 주문을 받은 종업원이 잘못 알아들어 돼

지고기에 술을 넣고 삶은 요리를 갖고 왔다. 먹어보니 맛이 기가 막히게 좋았다. 그 이후 돼지고기 요리를 그렇게 만들고 이름을 '동파육'이라 붙였다. 음식을 먹기 전 이 이야기를 들은 사람은 요리 이름을 잘 잊지 않는다.

이렇듯 흥미진진한 사연을 담은 스토리는 사람의 마음을 끈다. 이것은 '힘'이다. 이런 힘을 마케팅에 활용하면 어떨까. 당연히 좋은 결과가 나올 것이다. 물건을 만들어놓고 그냥 불쑥 내놓는 것과 그 물건에 얽힌 스토리를 소개하는 것은 천양지차가 있다. 스토리는 손님의 눈길을 사로잡는 산뜻한 포장지 역할을 하는 셈이다.

『해리포터』 이야기를 쓰기 전의 조앤 롤링을 생각해보자. 가난에 시달리는 이혼녀였다. 그녀는 참담한 상태에서 벗어나기 위해 창작에 매달렸다. 마침내 성공했다. 세계인의 마음을 사로잡은 결과 그 이야기책은 놀라운 베스트셀러로 자리 잡았다. 그녀는 2008년 6월 5일 미국 하버드대학교에서 명예 문학 박사 학위를 받으며 감동적인 연설을 했다.

"세상을 바꾸는 데 마법은 필요 없습니다. 우리 자신은 이미 이보다 나은 상상력이라는 힘을 가졌습니다."

조앤 롤링의 성공 사례에서 보듯이 사람들은 이야기를 좋아한다. 지어낸 이야기이든 실제로 있었던 사실이든 말이다.

『5가지만 알면 나도 스토리텔링 전문가』는 이야기를 기업 경영에 어떻게 활용하는지를 일깨워 주는 안내서다.

대표적인 사례로 1984년 미국에서 방영된 매킨토시 컴퓨터 광고가 꼽힌다. 그해 미국 슈퍼볼 경기의 3쿼터 시작 전에 60초 동안 방영된 그 CF는 두고두고 화제가 되었다. 광고는 회색 옷차림의 남자들이 넋 나간 표정으로 좁은 길을 따라 행진하는 장면에서 시작한다. 그때 갑자기 붉은 운동복 반바지를 입은 금발 여성이 올림픽 투포환 경기에 쓸 법한 큼직한 해머를 들고 달려 나오고 헬멧을 쓴 경찰이 그 뒤를 쫓는다. 행진하던 남자들은 널찍한 방 안으로 들어서는데 그 안에는 비슷한 모습을 한 수백 명이 공허한 눈으로 대형 스크린을 바라보고 있다. 화면에 비친 것은 빅브라더의 거만한 모습이다. 곧 금발 여성이 방에 들어서서 두 바퀴를 회전하더니 해머를 던진다. 공중으로 날아간 해머는 비디오 화면을 박살내고 화면이 폭발하면서 뿜어져 나오는 빛이 남자들의 놀란 얼굴 위로 흩어진다. 그리고 해방을 상징하는 이 감격스런 장면 위로 다음과 같은 자막이 나타난다.

"1월 24일 애플컴퓨터가 매킨토시를 선보입니다. 그러면 귀하는 1984가 왜 (조지 오웰의)1984와 다른지 알게 될 것입니다."

광고의 반응은 놀라웠다. 1주일 만에 미국 전역의 모든 상점에 진열된 매킨토시가 매진됐다. 주문이 밀렸고 새로운 상품 카테고리가 생겨났다. 이 한 편의 광고로 존폐 기로에 섰던 애플은 기적같이 살아났다. 광고 속에 담긴 이야기에 소비자가 뜨거운 호응을 보인 결과였다.

이야기가 있는 기업

이 책은 잘 짜인 이야기는 5가지 요소를 가진 것으로 분석했다. ① 사람들에게 동기를 부여하는 열정 ② 청중의 공감대를 이끌어낼 영웅 ③ 영웅이 맞서 싸워야 하는 악당 ④ 영웅을 성장하게 만드는 깨달음의 순간 ⑤ 이런 모든 과정을 거친 후 일어나는 영웅과 세상의 변화 등이다. 이들 요소를 골고루 갖추면 이야기를 접하는 사람에게 감동을 주고 오래 기억

된다는 것.

저자인 리처드 맥스웰은 시나리오 작가 경력을 바탕으로 경영 커뮤니케이션을 전문적으로 조언하는 컨설팅 회사 퍼스트보이스를 세웠다. 미국 할리우드 영화판에서 영화 시나리오를 수정하는 컨설턴트로도 활약한다. 공동 저자인 로버트 딕먼은 이 회사의 수석 코치로 기업 커뮤니케이션과 관련한 스토리텔링 전략을 지도하고 있다. 일본에서 승려 생활을 한 경력이 있는 딕먼은 영화배우들에게 연기를 가르치기도 한다. 저자들은 기업에서 스토리텔링이 필요한 이유에 대해 "소비자들에게 이야기를 하고, 그들의 이야기를 들어주고, 또 그 이야기에 반응하는 것이 상품과 서비스를 홍보하는 최고의 방법이기 때문"이라면서 "인간은 누구나 이야기를 좋아하는 본능이 있다"라고 주장한다.

이 책을 추천한 조일현 이화여대 교육공학과 교수는 "열정, 영웅, 악당, 깨달음, 변화라는 스토리텔링의 제조 공정을 명료하게 제시하고 그 과학적 근거를 제시하는 솜씨가 탁월하다"라면서 "갈피마다 만나는 역사학과 서사학의 지식, 인지심리학의 첨단 이론들을 살피는 것도 잊지 말기를 바란다"라고 말했다.

디지털 스토리텔링 분야 연구에 천착하는 최혜실 경희대 국어국문학과 교수는 "지금까지 경영이나 처세를 다룬 실용서들은 대부분 구체적인 상황, 전략에 치중한 나머지 그 근본에 대한 성찰이 부족했다"라고 전제, "이 책은 이야기가 감성적으로 세계를 인식하고 이해하는 방식이라는 진실을 우리 삶의 전 분야에 연결시킨 점이 탁월하다"라고 평가했다.

비즈니스 전문 격주간지 《비즈니스 리뷰》(동아일보사) 2008년도 10호는 스페셜 리포트로 '스토리텔링'을 다루었다. 이 잡지는 스토리텔링의 필요성을 먼저 강조한다. 품질이나 기술, 가격 경쟁력만으로는 제품 차별화가 어렵다. 이에 따라 기업들은 스토리를 통해 고객들에게 '감동'이나 '재미'를 알려 차별화를 꾀한다. 또 내부 임직원들에게도 조직 안의 감동적인 스토리로 기업 이념과 비전을 전파한다. 창업자나 뛰어난 임직원의 이야기, 고객의 사연, 제품 탄생의 비화 등을 적극 발굴해 소개한다.

기업의 '건국 신화' 격인 창업자 이야기는 더없이 좋은 글감이다. 뭇 여성의 마음을 사로잡은 샤넬 향수의 창립자 가브리엘 샤넬, 제너럴일렉트릭(GE)을 설립한 발명왕 토머스 에디슨, 허름한 창고에서 컴퓨터 회사 애플을 창업한 스티브 잡스 등의 '창업 신화'는 지금도 끊임없이 인구에 회자된다. 한국에도 있다. 현대중공업의 울산 조선소를 완공하기 전에 500원짜리 지폐에 그려진 거북선 그림을 선주에게 보여주며 26만 톤급 초대형 유조선 2척을 수주한 '정주영 신화'는 언제 들어도 감동을 준다.

기업의 핵심 스토리를 만드는 노하우에 대해 황신웅 비즈니스스토리텔링연구소장은 ① 기업이 사라졌을 때 신문에 어떤 기사가 날지 가상으로 작성해보는 등의 차별성 확인하기 ② 기업의 비전 찾기, 직원들의 이야기 찾기 등 내부 리서치 ③ 시장 흐름, 오피니언 리더들을 파악하는 외부 리서치 ④ 드라마틱한 흥미 요소를 담은 스토리 만들기 ⑤ 스토리를 통해 청중의 마음을 움직였는지를 알아보는 테스트 등의 5개 과정을 소개했다. '비즈니스 스토리텔링'이란 진실된 대상에 새로운 관점과 가치를 부여하는 작업이라고 한다. 이 작업이 성공하면 부(富)가 창출된다는 것.

김종명 설득 리더십 컨설턴트는 「진실의 힘, 구두쇠의 지갑도 연다」라는 제목의 기고문에서 "진실한 스토리텔링은 기업 특유의 차별적 정체성을 드러낸다"라면서 "휴머니즘 스토리가 꽃피는 곳에서 조직 구성원과 소비자의 충성도가 높아진다"라고 설명했다.

톡 쏘는 물맛으로 유명한 페리에 생수의 성공 이야기가 눈길을 끈다.

이 잡지가 소개한 스토리에 따르면 프랑스 남부의 건조한 산악 지대에서 몸에 좋은 미네랄 성분을 함유한 샘물이 발견됐다. 로마 제국 시절에 카이사르의 병사들은 이 물을 마시고 갈증을 풀었고 병을 치료하고자 샘에서 몸을 씻었다. 세월이 흐른 뒤 샘을 다시 발견한 프랑스인 의사 페리에는 화산활동으로 암반수의 가스 함량이 높아져 샘물에 거품이 생기는 것을 보고 감탄했다. 페리에는 샘물에 질병 치유 성분이 있을 것으로 믿고 병에 담아 팔기로 했다. 녹색 병에 담긴 페리에 생수는 미네랄워터 시장에서 명품이 됐다. 생수 업체 페리에는 창업 스토리를 들려줌으로써 아무도 모방할 수 없는 독특함을 강조한다. 페리에 브랜드는 이성뿐만 아니라 감성에 호소하므로 소비자들은 페리에 물을 사는 데 더 많은 돈을 기꺼이 지불한다.

일본 기업들은 어떻게
마케팅 활동을 할까?

일본 기업 일본 마케팅
김현철 지음 · 214쪽 · 법문사

일본에 관한 책은 한국에 수두룩하다. 『일본은 없다』란 책도 있고 『일본은 있다』란 제목도 눈에 띈다. 대형 서점에 가면 책꽂이 두세 칸을 차지할 정도로 다양하다. 그러나 일본 마케팅에 관한 전문 서적은 매우 드물다.

일본 기업들은 어떻게 마케팅 활동을 할까? 이런 의문을 풀어줄 『일본 기업 일본 마케팅』이란 책이 나왔다.

책 뒤편을 먼저 보자. 저술에 참고한 문헌 목록이 붙어 있다. 일본어 문헌이 80여 종, 영문 문헌이 20여 종……. 저자는 무려 100여 종의 자료에서 자양분을 뽑은 것이다. 그렇더라도 이 자료들을 얼기설기 엮어만 놓은 게 아니다. 10여 년간 일본에서 공부한 저자의 현장 감각과 경영학자로서의 날카로운 분석력이 내용 곳곳에 녹아 있다.

저자는 일본 게이오대학교에서 경영학 박사 학위를 받고 쓰쿠바대학교 부교수를 지냈으며 현재는 서울대학교 국제대학원 교수로 활약한다. 약력을 보니 신일본제철, 닛산자동차, 아사히맥주 등 여러 일본 기업체에서 마케팅 교육 및 자문 활동을 한 바 있다.

일본 소비자들은 생선과 채소를 살 때 신선도를 중시한다. 주말에 1주일치 식품을 한꺼번에 사들이는 미국 가정주부와는 달리 일본 주부는 1주일에 서너 번 슈퍼마켓을 들락거린다.

이런 구매 습관이 공산품에도 적용된다. 신제품을 선호하는 것이다. 이 때문에 일본 기업들은 끊임없이 새 모델 개발에 골몰한다.

세이코시계가 처음 미국에 진출했을 때 좀처럼 팔리지 않았다. 그런 가운데서도 세이코는 시계에도 신선도를 중요시해 팔리지 않은 제품은 거둬 가고 '싱싱한' 새 시계를 선보였다.

미국 소비자들은 눈여겨봐 둔 모델이 다음에 가면 사라지므로 "세이코는 빨리 사지 않으면 금방 팔려버린다"라는 인식을 갖기 시작했다. 그리하여 세이코시계는 마침내 미국 진출에 성공했다. 일본 자동차 생산 업체들은 미국 업체에 비해 평균 2배 가까운 제품 모델을 갖고 있다. 이것도 신선도 개념으로 설명할 수 있다.

일본의 광고는 흥미를 중시한다. 인쇄 매체 광고는 야한 사진이나 강렬한 그림 등으로 소비자의 눈길을 끈다. TV 광고에서는 우스꽝스런 노래가 나오거나 재미있는 애니메이션이 등장한다. 이 때문에 정작 무슨 제품을 광고하는지 모르는 경우가 많을 정도다.

미국 기업들은 가격 할인으로 손님을 끄는 판촉 전략을 많이 쓰는 반면 일본 기업들은 비가격 판촉 전략을 좋아하는 편이다. 이 가운데 두드러진 것이 단골 고객들의 모임을 조직하는 것. 화장품 업체 시세이도는 1937년에 '화춘회'라는 고객 모임을 결성해 전성기이던 1965년에 회원

수가 500만 명에 이르렀다. 회원에게 기념품을 주고 화장술 교습 등 서비스도 제공했다.

일본에서의 효과적인 판매 촉진 전략은 구전(口傳)이다. 소니의 '워크맨'은 구전 효과로 성공한 제품. 요요기 공원에서 젊은 아르바이트생들이 워크맨을 허리띠에 차고 활보하도록 했는데 그 장면이 화제가 됐다. 입소문이 퍼지면서 워크맨의 존재가 널리 알려졌다.

일본에서 입소문의 주역은 '조시코세이'라 불리는 여고생들이다. 도쿄권의 '끼 있는' 여고생들이 여대생, 직장 여성에 앞서 유행을 주도하는 것. 이 때문에 이들은 일본의 사회 문화 연구에서 주요 대상이 되기도 한다.

이 책은 일본 기업의 브랜드 전략, 가격 정책, 유통 관리망 등도 소개했다. 일본 기업과 거래하는 한국 업체 관련자들은 이 책 덕분에 대응책을 마련하는 데 한결 수월해지리라.

경제 원리에서 경영 해법 찾기

경제학

합리성과 효율성

경제를 보는 눈

홍은주 지음 · 270쪽 · 개마고원

"경제……, 제대로 알려면 어떤 책을 읽어야 하나요?"

자주 받는 질문이다. 이럴 때마다 난감해진다. 질문자의 속내를 몰라서다. '돈벌이'에 도움이 될 책을 소개받고 싶은데 노골적으로 내비치면 속물로 비칠까 봐 '경제'를 들먹이는 분이 대부분일 것이고, 경제가 삶에 어떤 영향을 미치는지를 알고 싶은 학구파도 있으리라.

재테크를 위해서라면 이 책은 썩 적합하지는 않다. 돈 버는 요령을 가르쳐주지 않기 때문이다. 경제학 박사에다 문화방송 경제부장 출신(현재는 iMBC 사장)인 저자 자신도 서울 강북의 같은 동네, 같은 집에 20년째 살고 있을 정도로 재테크 실전엔 재주가 없단다.

학구파에겐 이 책을 강력히 추천하고 싶다. 경제 원리를 이처럼 쉽게, 재미있게 설명한 서적이 드물어서다. 전문 학자가 대중을 위해 눈높이를 크게 낮춰 평이하게 썼다는 경제학 개론서는 대체로 집필 의도와는 달리

까다로운 문장, 읽기 어려운 그래프 때문에 2, 30쪽을 넘기려면 적잖은 끈기가 필요하다.

흔히 경제학은 '사회과학의 꽃'이라 불린다. 경제학 원리를 이해하면 사회를 바라보는 눈이 크게 넓어지고 현실 문제의 해결책을 찾아낼 수 있기 때문이다. 경제학이 강조하는 2가지 핵심 개념은 '합리성'과 '효율성'이다. 허황된 공리공론에서 벗어나 현실에 뿌리를 둔 사고를 하려면 경제학 개념을 익히는 게 좋다.

이 책은 이기심에 대해 '창조와 파멸의 두 얼굴'이라 설명한다. 욕망과 이기심은 경제의 동력이다. 멋진 옷, 맛있는 음식, 쾌적한 집, 여유로운 레저 생활 등을 누리기 위해 열심히 일하는 게 경제 인간(homo economicus)의 모습이다. 그러나 욕망과 이기심이 지나치면 무엇이든 삼켜버리는 거대한 괴물로 돌변하기도 한다.

이 세상에서는 원하는 모든 것을 가질 수는 없다. 그래서 '합리성'을 바탕으로 욕망을 억제해야 한다. 자신의 모든 선택에는 비용이 든다는 사실을 알아야 한다. 세상에 공짜 점심은 없다.

빵 가게 주인이 빵 값을 내리는 것은 그가 박애주의자여서가 아니다. 박리다매(薄利多賣)로 이익을 더 많이 내기 위해서다. 뜨거운 경쟁이 벌어지는 시장에서 빵 가게 주인은 자신에게 유리한 합리적인 가격 정책을 선택한 것이다.

반칙을 일삼는 선수가 날뛰면 질서가 어지러워진다. 시장에서도 그렇다. '시장의 실패'가 나타난다. 그렇다 해서 심판(정부)이 너무 설쳐 선수들의 손발을 묶어놓으면 경제는 얼어붙는다. '정부의 실패'다.

모든 사람이 평등하게 잘살 수 있을까. 이런 이상(理想)을 실현하려는 것이 사회주의다. 절대적 평등은 절대적으로 실패한다는 게 역사적으로

증명됐다. 저자는 분배 정책을 효율적으로 추진하려면 '따뜻한 가슴' 보
다는 '차가운 이성과 방법론' 으로 해야 한다고 지적했다. 그러면서도 저
자는 경제학이 인간의 따스한 체온을 가진 학문이 되기를 기대한다고 밝
혔다.

자유주의 시장경제의 발전

자유주의 경제학 입문
윤석범 · 김학은 지음 · 845쪽 · 세경사

주로 수식을 써서 경제 이론을 설명하는 경제학자 대부분은 문장력이 달리는 편이다. 문과 재능보다 이과 재능이 발달했기 때문인 듯하다.

고급 경제학 논문을 보면 글보다는 수식(數式)이 더 많다. 계량경제학 논문은 거의 수식으로만 이뤄져 수학 논문을 방불케 한다. 문장으로 쓰면 장황하게 서술해야 할 내용이 수식이나 그래프로는 일목요연하게 요약된다. 유려한 문장을 구사하는 경제학자를 찾기가 매우 어려운 정황이 이해되지 않는가.

연세대 상경대에서 경제학을 가르치는 윤석범 명예교수와 김학은 교수는 문장가로 예우받는 학자들이다. 두 교수 모두 역사, 종교, 철학, 문학 등 인문학에도 조예가 깊다. 윤 교수는 화가로서도 활약한다. 시야가 넓고 상상력이 풍부한 학자임을 알 수 있다.

계량경제학을 전공한 윤 교수는 『경제 사상의 흐름 : 그 시대, 그 사람, 그 학설』(세경사)이란 저서에서 절제된 문장의 진수를 보여주었다. 화폐금융론이 전공 분야인 김 교수는 『폰지게임과 베짓처방』(전통과현대)에서 현란한 비유법을 구사했다.

호방한 성격의 이들 교수는 멋진 경제학 서적을 함께 쓰기로 의기투합했다. 그 첫 결실이 『새 거시경제학』(세경사)이다. 이 책은 경제학의 흐름을 명료하게 설명했다. 계량 연구 방식에 정통한 저자들의 서술 솜씨가 돋보인다. 경제학 이론을 설명하는 데 초점을 맞추었으므로 문장의 멋을 나타낼 여유는 없다.

저자들은 『자유주의 경제학 입문』이란 846쪽짜리의 두툼한 책을 냈다. '자유주의'란 말이 붙은 이유는 머리말에 잘 나타나 있다. 자유주의를 근간으로 해서 경제를 발전시켜야 국민들은 격앙가를 부르며 편안하게 산다는 논리다. 이 머리말은 경제학의 중요성을 강조하는 격문 같은 분위기를 풍긴다.

국가는 여전히 영토를 벗어날 수 없지만 시장은 전 세계를 영토로 삼고 있다. 교회가 전 세계에 성경 하나를 들고 하나님의 가르침을 전파하듯이 시장은 상품 하나를 들고 전 세계를 찾아간다. 전에는 국가와 교회의 역할을 제대로 이해한 국가가 선진 강국이 되었듯이 앞으로는 '국가와 시장'의 역할을 제대로 이해하는 국가와 국민이 선진 강국이 될 것이다. 국가와 교회의 시절에는 신학이 중심이었듯이 국가와 시장의 시대에는 경제학이 중심이 될 것이다.

이 책에서 저자들은 인문학 소양을 충분히 발휘했다. 곳곳에 세계사

에피소드, 철학 이야기, 문학적 비유가 나타난다. "제1차 세계대전 이전 독일 제국주의 마지막 단계에서 아프리카 식민지의 22개 코코아 대농장 중 4곳만이 배당금을 지불할 수 있었고, 58개 고무 대농장 가운데 8곳만이 배당금을 지불할 수 있었다"라는 사실을 소개했다. 미국의 시인 칼 샌드버그의 시도 인용했다. 이 책을 찬찬히 읽으면 다양한 지식을 익힐 수 있다.

이 책은 오랜 세월의 숙성 기간을 거쳐 탄생했다. 윤석범 교수는 소장 학자 시절부터 경제학 입문서를 저술하고 싶었으나 스승 최호진 교수의 저서가 있었기에 중복되는 책을 쓸 엄두를 내지 못했다고 한다. 그 후 집필을 시도하려다 원로 스승 김상겸 교수가 입문서를 쓴다는 사실을 알고 또 포기했다. 윤 교수는 이 책의 맨 앞 페이지에 "고 김상겸 교수님을 추모하며"라고 썼다.

경제학의 기본 원리

맨큐의 경제학
N. 그레고리 맨큐 지음, 김경환 · 김종석 옮김 · 1084쪽 · 교보문고

바야흐로 '경제 만능 시대' 다. 이명박 대통령은 "경제를 살리겠다"라는 슬로건을 집요하게 내세워 당선됐다. 동창회 모임에선 펀드 투자 이야기가 주요 화제다. 중학생 정도면 친구들끼리 "너희 아빠는 연봉이 얼마냐?"라고 묻는다. 서점의 경제 · 경영 서적 코너는 남녀노소로 북적거린다.

대학에서도 경영학 과목은 인기가 최고다. 수강 인원이 제한돼 있으므로 인터넷 수강 신청에서 성공하려면 운수가 좋아야 한다. 경영학을 부전공, 복수전공 하려는 대학생들이 급증하고 있다. 최소한의 경제 · 경영학 지식이라도 알아야겠다고 작심한 학생이 수두룩하다. 이공계 전공 학생들도 경영학 강의실을 기웃거린다. 음악, 미술, 체육 등 예체능계 전공자들도 예술 경영, 스포츠 마케팅에 관심이 많다며 경영 · 경제학 강의에 관심을 보인다.

고려대 철학과에서 있었던 일이다. 철학과 전공과목에서 줄줄이 A+ 학점을 받는 우수 학생들이 늘었다. 지도 교수는 "인문학이 위기를 맞았다지만 학생들이 이렇게 열심히 공부하니 그 진단이 잘못된 것 아닌가" 하며 흐뭇해했다. 그러나 그 교수는 최우수 학생을 불러 격려하다 심한 허탈감을 느꼈다. "경영학을 부전공으로 신청하려면 학점이 좋아야 하므로 철학 공부에 몰두했다"라는 학생의 답변을 들어서다.

한국 대학에서만 그런 게 아니다. 선진국 대학에서도 경영학 강좌와 경제학 기초 과목은 큰 인기를 끈다. 미국 하버드대에서는 경제학 원론 강의에 학생들이 몰려들어 40개 강좌를 개설했다. 호주 멜버른대 교직원은 경제학 원론 기말고사의 응시생 천여 명을 한꺼번에 수용하는 대형 강당을 물색하느라 곤욕을 치른다.

그레고리 맨큐 하버드대 경제학과 교수가 쓴 『맨큐의 경제학』은 전 세계 경제학도에게 바이블처럼 읽힌다. 중국어, 체코어, 프랑스어, 독일어, 그루지야어, 러시아어, 인도네시아어, 일본어 등 여러 언어로 번역됐다. 『맨큐의 경제학』의 위력은 글로벌 시대를 맞아, 1960년대에 선풍을 일으킨 '위대한 경제학자' 폴 새뮤얼슨 교수의 저서 『이코노믹스』보다 훨씬 센 영향력을 행사한다.

최근 대기업 임원인 A 씨는 건축공학을 전공하는 대학생 아들의 책상 위에 놓인 이 책을 발견하고 놀랐다. 표지 디자인이 화려하기 때문이었다. 내용을 훑어보니 컬러 사진과 그래픽이 그득하다. 어느 명문대 경영학과를 졸업한 A 씨는 요즘도 손때 묻은 『경제학 원론』을 가끔 들춰본다. 청년 시절에 경제학에 대한 눈을 뜨게 해준 소중한 길라잡이였고 여전히 유용하기 때문이다. 1974년 당시 조순 서울대 교수가 저술한 이 책은 다양한 사례와 깔끔한 편집으로 출판되자마자 경제학 서적 분야를 평정했다. 그 후 20여 년간 유사 서적의 추종을 불허했다. 영어 참고서 분야에서 『성문 종합 영어』가 누린 지위와 비슷했다.

A 씨는 30여 년 전에 출판된 그 책 초판과 맨큐 책을 나란히 놓고 비교했다. 세상이 크게 변했음을 실감했다. A 씨도 『맨큐의 경제학』을 샀다. 아들 것은 3판이지만 자신의 것은 2007년 1월에 나온 4판이다. 회사 사무실에 갖다 놓고 틈틈이 읽는다. 『맨큐의 경제학 연습문제 풀이』도 사서 새 학기가 시작하는 3월부터는 복습문제와 응용문제를 풀어 해답집과 비교하며 공부할 작정이다. A 씨는 회사 직원 몇 명에게도 이 책을 선물로 주었다.

맨큐 교수의 저서가 경제학 입문서로 왕좌를 차지한 이유는 무엇일까? 우선 그의 화려한 학력부터 눈길을 끈다. 프린스턴대와 매사추세츠공대(MIT)를 졸업하고 하버드대 경제학과에 몸담고 있으니…… 그는 소장 교수 시절부터 학생들을 지루하지 않게 잘 가르쳐 '베스트티칭상'을 여러 번 받았다. 그의 강의를 정리한 노트가 다른 학교에서도 인기를 끌었다.

그는 출판사로부터 거액의 선금을 받고 경제학 입문서를 집필하기 시작했다. 책이 나오자 경제학계와 언론계로부터 화려한 스포트라이트를 받았다. "경제 이론을 나열하는 데 그치지 않고 풍부한 사례와 비유를 사용해 경제학의 기본 원리를 잘 설명했다"라는 호평을 얻었다. 예를 들어 임금 차별에 대해 설명할 때 농구 선수 샤킬 오닐과 영화배우 짐 캐리가 고소득을 얻는 이유를 사례로 들었다. "야구 선수 베이브 루스가 1931년에 받은 연봉 8만 달러는 요즘 선수의 연봉과 비교해서 많은 편인가?"라는 질문을 던져 물가 수준과 화폐가치를 설명한다.

한국어 번역판은 매끄럽게 잘 정리됐다. 여러 신문에서 칼럼니스트로 활약하며 문장력을 인정받은 김경환 서강대 교수와 김종석 홍익대 교수가 심혈을 기울여 번역한 결과인 듯하다. 공동 번역자는 처남 매부 사이인 데다 미국 프린스턴대 동문이기도 해서 호흡이 잘 맞았다. 김종석 교수는 딱딱한 경제학 이론을 재미있고 쉽게 풀이하는 것으로 이름나 있다. 그는 "교수 생활을 시작할 때부터 언젠가 좋은 경제학 입문서를 쓰려고 마음먹었는데 맨큐 교수의 책을 보니 그럴 필요가 없다는 생각이 들었다"라고 털어놓았다.

경제학, 좀 더 쉽게 이해하기

경제학 원론

이준구 · 이창용 지음 · 814쪽 · 법문사

조순 교수의 『경제학 원론』은 법문사에서 2000년까지 출판됐다. 그 후 율곡출판사로 판권이 넘어가 개정판이 나왔다. 초판이 나온 1974년 3월 저자는 서문에서 "다섯 수제자의 도움을 받았다"라며 그들의 실명을 밝혔다. 당시 20대 청년이었던 다섯 수재는 모두 역량 있는 경제학자로 성장했다. 이명박 정부에서 경제 수석으로 발탁된 김중수 박사와 노무현 정부 초기에 청와대 수석으로 활동했던 이정우 교수 등이 그들이다. 법문사에서 4판을 찍을 때는 정운찬 전 서울대 총장(현 국무총리)이 공저자로 참여했다.

법문사는 조순 · 정운찬 공저 『경제학 원론』의 후속 편을 마련했다. 책 제목도 똑같은 『경제학 원론』이다.

이 책은 『맨큐의 경제학』에 자극받아 저술된 것으로 보인다. 한국인 경제학자의 시각에서 쓴 새로운 차원의 경제학 입문서가 필요하기도 했다.

이 책이 좋은 반응을 얻자 저자들은 『경제학 들어가기』(법문사)를 썼다. 경제 원리를 더욱 쉽게 설명한 책이다. 저자인 이준구 서울대 경제학부 교수는 서울대 경제학과를 나와 프린스턴대에서 박사 학위를 받았다. 이창용 서울대 경제학부 교수는 서울대 경제학과를 졸업하고 하버드대에서 경제학 박사 학위를 땄다. 학력으로도 맨큐 교수에게 뒤질 것 없다는 자부심을 가질 만하다.

저자들은 『경제학 들어가기』 개정 2판 머리말에서 "외국 경제학 책을 재미있게 읽었다는 사람들을 보면서 우리 경제학자들이 얼마나 재미없는 책을 썼기에 그런 말이 나오나 하는 생각이 들었다"라면서 "외국의 사례를 들어 외국 사람의 사고방식에 맞는 방법으로 설명한 책은 어차피 한계를 가질 수밖에 없다"라고 지적했다. 저자들은 또 "그런데도 그렇게 큰 인기를 끌고 있다는 것은 우리가 해야 할 일이 아주 많다는 뜻"이라면서 "이제는 외국 책으로 경제학에 입문할 필요가 없다는 말이 나왔으면 좋겠다"라고 밝혔다.

이 책은 실제로 재미있고, 한국인 사고방식에 맞게 집필됐다. 문장에 군더더기가 없다. 토씨 하나도 적확하게 쓰려고 노력한 흔적이 보인다. 화려한 컬러 사진이나 세련된 그래픽은 맨큐 저서를 능가한다. 곳곳에 '생각해봅시다' 란 작은 박스형 글을 실어 생활 주변에서 일어나는 사례를 소개함으로써 경제 원리를 쉽게 설명했다. 읽을거리 글로 '좋은 음식점을 고르는 방법', '다이어트 열풍', '놀아야 경기가 살아난다' 등을 곁들였다. 흥미진진하게 읽다 보면 어느덧 경제 원리를 깨우치게 된다. 『경제학 들어가기 연습문제와 해답』(이준구 · 이창용 지음, 법문사)이란 자습서를 옆에 놓고 보면 적잖은 도움을 얻는다. 제대로 책을 이해했는지를 스스로 점검할 수 있다.

과학으로 읽는 경영 이야기

경영, 과학에게 길을 묻다
유정식 지음 · 387쪽 · 위즈덤하우스

지식의 융합을 꾀한 책이다. '과학의 시선으로 풀어보는 경영 이야기'라는 부제를 달고 경영인에게 과학 기술 지식을 활용하는 노하우를 소개한다.

저자의 다채로운 프로필에서 이 책의 탄생 배경이 엿보인다. 포스텍(포항공대) 산업경영공학과와 연세대 경영대학원을 나와 기아자동차, LG CNS, 아서앤더슨 등의 직장에서 근무했다. 현재 전략 및 인사 분야 컨설팅을 전문으로 하는 인퓨처컨설팅의 대표로 활동한다. 저자는 "예술, 자연과학, 인류학, 사회학 등 우리가 흔히 경영학과 전혀 상관없다고 치부해버리는 학문의 관점에서 경영의 의미를 탐구하자"라면서 "문과와 이과의 구분은 우리나라 교육의 최대 맹점이며 시대착오적"이라 지적했다.

저자는 과학 원리를 경영에 적용하면 복잡하게만 보이던 해법이 나타난다고 주장한다. 수리적인 감각, 문제를 모델링하여 풀어나가는 접근

방식 등이 그렇다. 경영과 과학 사이에는 유사성으로 가득하다는 것. 유사성이란 닮지 않은 사물 사이의 '기능적인 닮음'이다. 음악으로부터 양자론을 유추하고 떨어지는 사과를 보고 중력 법칙을 깨달은 것처럼 말이다.

벤치마킹에 대한 수학적 설명이 흥미롭다. 미국의 수학자 마틴 가드너는 어느 남자의 이야기로 확률에 대한 보통 사람들의 무지를 꼬집었다. 비행기를 자주 타는 그 남자는 누군가가 폭탄을 갖고 탑승할지 모른다는 불안감 때문에 자신도 뇌관을 제거한 폭탄을 가방에 넣어 다녔다고 한다. 폭탄을 가진 승객이 2명이나 같은 비행기에 탄다는 것은 확률상 매우 낮을 것이란 생각에서다. 그의 아이디어가 그럴듯한가, 아니면 우스꽝스러운가? 자신의 행위와 다른 사람이 폭탄을 가지고 탑승하는 것은 전혀 관련이 없는 '독립적인' 일이다. 두 사건은 별개 사안일 뿐이다.

벤치마킹도 그렇다. 타사의 성공 사례는 그 회사의 상황에서 나온 것이다. 우리가 시도하면 엄연히 '독립적인' 상황이다. 재현되지 않는다. 경영인이 벤치마킹을 선호하는 이유는 사업 영역이 비슷한 타사가 먼저 경험한 사례를 참고하면 위험을 상당히 줄일 수 있다는 믿음 때문이다. 그대로 따라 해서 성공한다는 보장은 없다.

이 책은 중간 중간에 '과학과 경영'이라는 읽을거리 칼럼을 실었다. 그 가운데 '주관적 평가는 과연 나쁜가?'라는 부분이 눈길을 끈다. 인사 평가 또는 성과 평가를 할 때 벌어지는 논란이다. 평가자에게는 '주관적 평가를 배제하고 객관적인 실적으로 평가하라'는 지침이 강조된다. 하이젠베르크, 아인슈타인 등 물리학 석학들은 사물을 관측할 때 관측자의 시각에 따라 사물이 달리 보이므로 정확히 측정할 수 없다고 밝힌 바 있다. 그러니 사람이 사람을 평가하는 일에 온전한 객관성이 존재할 수 있으랴.

387쪽으로 제법 두꺼운 이 책은 물리학, 생물학, 통계학 등 다양한 자연과학 지식을 짜임새 있게 정리해 여느 책 3~4권 분량의 정보를 담고 있다. 외국 저자의 책을 비싼 로열티를 주고 번역한 엉성한 자기 계발서보다는 영양가가 훨씬 높다. 아니, 이 책을 영어로 번역하면 외국 독서 시장에서도 주목을 받을 듯하다.

생활 속 경제 이야기

스타벅스에서는 그란데를 사라
요시모토 요시오 지음, 홍성민 옮김 · 317쪽 · 동아일보사

이 책은 일본 아마존 경제 분야에서 베스트셀러 1위를 차지한 적이 있는 책이다. 주위에서 쉽게 눈에 띄는 스타벅스 커피, 페트병 음료, 영화 DVD 등의 가격을 꼼꼼히 따져 소개함으로써 독자들이 저절로 경제학 원리를 터득하도록 한다.

스미토모은행에 다니다 그만두고 대학에서 생활경제학, 국제금융론 등을 강의하고 활발한 저술 활동을 펼치는 저자는 쉽게 읽히는 글을 통해 경제학 원리를 깨우치게 하는 데 탁월한 능력을 발휘한다. 스타벅스에서 파는 다양한 종류, 다양한 용량의 커피 가운데 그란데를 사면 소비자에게 유리하다는 이유를 저자는 다음과 같이 설명했다.

스타벅스 커피 용량은 S(쇼트), T(톨), G(그란데) 등 3가지다. '그란데(Grande)'는 스페인어로 '크다'라는 뜻의 뜻의 형용사다. S 사이즈와 G 사이즈를 고를 수 있는 음료에서 그 둘의 가격 차이는 100엔이다. S가

280엔짜리 커피이든, 380엔짜리 프리미엄 핫초코이든 G는 S보다 100엔 비싸다.(2007년 5월 말 기준)

S 사이즈(240cc) 가격이 280엔짜리인 음료와 380엔짜리인 음료는 각각의 내용물이 다른데도 G 사이즈(480cc)로 주문하면 추가량 240cc에 대한 추가 금액이 둘 다 100엔이다. 추가량 240cc에 주목하면 가치가 다른 음료를 같은 가격(100엔)에 살 수 있다는 얘기다. 280엔 또는 380엔짜리 상품이 사이즈가 갑절이 되어도 똑같이 100엔이 추가되는 가격 체제는 소비자에게 유리하다.

저자는 음식점에 가서 원가를 어림잡아 보는 습관이 있다고 한다. 하루 매출, 재료비, 인건비, 광열비 등을 마음속으로 계산해보고 메뉴판의 음식 값이 적정한지를 따진다는 것이다. 경제학, 경제 원리가 어렵다고 느끼는 사람이 이런 습관을 들이면 경제구조를 쉽게 이해할 수 있다고 한다.

이 책과 비슷한 내용과 형식의 또 다른 서적이 있다.『커피 한 잔으로 배우는 경제학』(조 지무쇼 지음, 이정환 옮김, 에이지21)은 생활 주변에서 찾을 수 있는 경제학 지식을 잘 정리해놓았다.

이 책의 첫 장인 '커피 한 잔으로 간단하게 알 수 있는 경제 기초'에는 수요, 공급, 가격 등 경제학의 주요 개념이 들어 있다. 커피 한 잔의 가격에는 이익과 원가가 포함되는데 너무 비싸면 손님이 외면하므로 적정 수준에서 가격이 결정된다. 번화가의 고급 커피숍의 커피 값이 비싼 이유는 이를 감수하는 수요가 있기 때문이다.

둘째 장 '초밥집의 재료로 알 수 있는 국제무역'에는 무역에 관한 이야기가 담겼다. 수산 강국인 일본도 어패류의 40%를 수입에 의존한다고 한다. 무역을 하면 쌍방이 유리하다는 논리를 설명한다. 무역자유화는 전

쟁에 대한 반성으로 진행됐는데 제2차 세계대전이 발생한 요인 중 하나
는 블록경제였다는 것이다.

뿌린 대로 거둔다

경제는 거짓말을 하지 않는다
기 소르망 지음, 조정훈 · 이효숙 · 전혜정 옮김 · 397쪽 · 문학세계사

석학(碩學)과 천재. 이런 인물 이야기를 들으면 옷깃을 여미게 된다. 비범한 두뇌와 재능을 가진 그들에 대한 외경심이 솟아서다. 기자 직업이 좋은 점, 가끔 현존하는 석학과 천재를 인터뷰하는 일이다. 그들의 웅숭깊은 내공을 직접 확인할 수 있으니 환희를 느낄 만하지 않으랴. 그러나 그런 기회는 흔치 않다. 석학과 천재로 불리는 인물 가운데 상당수는 과장됐다. 잡다한 지식을 많이 안다 해서 석학이라 부를 수 없다. 어린 나이에 대학에 입학하거나 경쟁률이 치열한 시험에서 수석 합격했다 해서 천재라 부르면 곤란하다. 석학은 새로운 학문 패러다임을 창시한 학자에게, 천재는 하늘이 내려준 재능으로 범인이 접근하지 못하는 높은 경지에 오른 사람에게 붙여야 한다는 생각이다.

『경제는 거짓말을 하지 않는다』의 저자 기 소르망 박사는 한국에서는 흔히 '세계적인 석학'으로 불린다. 이 번역서는 저자에 관해 "세계적 석

학이자 21세기의 몇 안 되는 지성으로 불리는 기 소르망은 문명비평가이자 문화충돌 진단 전문가일 뿐만 아니라 행정가이기도 하고 사업가이기도 하다"라고 소개했다. 그가 행정가라니? 아마 불로뉴 비양쿠르 부시장 자리에 앉았던 경력 때문인 듯하다. 파리에 인접한 소도시에서 명예직 비슷한 역할을 맡은 이력의 소유자를 이렇게 부르면 난감해진다. 사업가라 하지만 직원 몇 명 거느린 소규모 컨설팅 회사를 경영할 뿐이다.

프랑스 불로뉴 비양쿠르라는 곳에서 3년 8개월간 살면서 특파원으로 활동한 적이 있는 나는 기 소르망 선생과 프랑스에서, 한국에서 몇 차례 만났다. 그에게 "귀하는 한국에서 '석학'으로 불리는데 그 호칭에 만족하는가"라고 질문했다. 그는 난처한 표정을 지으며 "나는 저널리스트일 뿐이지 결코 석학이 아니다"라고 겸손함을 보이면서 "석학은 클로드 레비스트로스 같은 대가에게나 붙이는 존칭"이라 대답했다.

프랑스의 문명비평가 자크 아탈리, 미국의 미래학자 앨빈 토플러와 존 나이스비트 등도 마찬가지다. 석학이라지만 이들은 전문 학자가 아니므로 저술가라는 타이틀이 더 어울린다. 이들의 공통점은 미래를 꿰뚫어 보는 통찰력이 돋보인다는 것. 이들은 세계 각지를 여행하며 현지의 다양한 전문가들을 만나 따끈따끈한 고급 정보를 습득했기에 지구촌 곳곳의 사정에 대해 해박하다는 평가를 받는다. 예견력의 확대 재생산 구조를 구축한 셈이다.

기 소르망의 이번 저서를 한국어로 옮긴 전문 번역가 조정훈 씨는 "어떨 때는 우리나라 사람도 아닌데 어떻게 우리보다 더 깊이 대한민국을 통찰할 수 있는지 감탄하게 된다"라면서 "우리나라뿐만이 아니라 세계 주요 나라의 역사와 문화, 제도, 경제 상황 등 다방면에서 그는 놀라운 지식과 이해를 가지고 있다"라고 밝혔다.

기 소르망은 한국에 오면 사공일 박사 같은 경제 전문가와 만나 현안을 논의한다. 그러니 그는 한국 사정을 쉽게 파악할 수 있다. 기 소르망의 능력을 폄훼하려는 게 아니다. 오히려 그 반대다. 현실 문제의 핵심을 꿰뚫어 보며 적절한 해결책을 내놓는 전문가 역량을 상찬하고 싶다.

이 책은 제목처럼 '경제는 씨를 뿌려 잘 가꾸는 만큼 거둔다' 는 시장경제 원칙을 강조한다. 글로벌 경제 환경을 맞아 세계화된 시장을 겨냥해야 번영한다는 지론을 역설했다. 경제학의 목적은 '좋은 정책' 과 '나쁜 정책' 을 구분하는 것이며 1920년대 러시아, 1950년대 중국, 1960년대 탄자니아 등에서 '나쁜 정책' 때문에 농민들이 굶주렸다고 지적했다. '좋은 정책' 으로 성공한 나라는 일본, 한국, 터키 등이다. 소련이 붕괴된 이후 사실상 자유시장경제 체제라는 하나의 경제 모델만 남게 되었다.

기 소르망은 '두 개의 한국, 살아 있는 경제의 교훈' 이라는 한국어판 서문에서 "북한의 옳지 못한 정책은 민중을 가난에 빠지게 했고 남한의 좋은 정치는 상대적으로 짧은 기간 내에 같은 민족을 선진국 대열에 서게 했다"라면서 "두 한국을 비교하는 것만으로도 경제학에 관한 오랜 수수께끼에 답하기에 충분하다"라고 설명했다. 대학 교육에 관해서는 경쟁 시스템이 활발한 미국이 단연 우위에 있다고 강조했다.

경제를 바라보는 눈을 키워라

속담으로 풀어보는 이야기 경제학
김상규 지음 · 320쪽 · 오늘의책

5공 시절 경제 수석을 지냈던 김재익 박사는 경제에 대해 남이 알아듣기 쉽게 설명하는 능력이 뛰어났다. 외국 경제 전문가 사이에선 "한국에 가면 김 박사에게서 브리핑을 들어라. 한국 경제 전체가 금방 눈에 들어온다"라는 평이 났다. 전두환 당시 대통령도 김 박사 강의를 몇 번 듣고는 물가 안정의 중요성을 깨달은 것으로 알려졌다.

경제 현상은 복잡하므로 어렵지 않게 이해시키는 글을 쓰려면 대단한 내공이 필요하다. 적절한 비유와 명쾌한 문장, 읽는 재미 등을 골고루 갖춰야 한다. 쉽게 읽히도록 쓰는 게 이렇게 어려울 줄이야……

대구교육대 김상규 교수가 쓴 이 책은 이 같은 요구 조건을 모두 갖추었다. 경제학의 핵심 개념 61가지를 소개하기 위해 이와 잘 어울리는 속담을 골라 짝을 지었다. 속담에 담긴 교훈은 이미 잘 알고 있으니 절반은 이해하고 시작하는 셈.

경제학의 기본 개념인 '희소성'은 "바다는 메워도 사람 욕심은 못 메운다"라는 속담과 연결하면 머리에 얼른 들어오지 않겠는가. '기회비용'도 "산토끼 잡으려다 집토끼 놓친다"와 짝지으면 무릎을 칠 만큼 잘 어울린다.

'수요'와 '공급'도 장황한 설명보다는 한마디 속담으로 해결할 수 있다. "개똥도 약에 쓰려면 없다"와 "자식도 많으면 천하다"가 각각 길라잡이 역할을 한다.

'매몰 비용'을 이해시키려면 대체로 여러 사례를 들어야 하는데 속담 비법을 쓰면 그럴 필요가 없다. "놓친 고기가 더 커 보인다"라는 속담 하나로 해결되기 때문이다.

'비교 우위'는 "산중 놈은 도끼질, 야지 놈은 괭이질"이란 속담이, '도덕적 해이'는 "염불에는 맘이 없고 젯밥에만 관심이 간다"라는 속담이 이해의 열쇠다.

'경제적 유인(誘因)'과 관련, "전어 굽는 냄새에 집 나갔던 며느리가 돌아온다"라는 속담만큼 핵심을 찌르는 비유가 있을까.

이 책을 읽으면 속담에서 우러나오는 구수한 맛을 느끼며 현대 경제학의 기본 원리를 소화할 수 있다. 아마도 저자는 속담 사전 한두 권이 닳을 만큼 숱하게 펼치고 닫았으리라. 20여 년간 경제학을 가르치며 쉽게 이해시키기 위해 고민해왔다는 저자는 "속담은 촌철살인(寸鐵殺人)의 지혜가 있어 교육에 응용하기 안성맞춤"이라 역설했다.

경제학의 주요 개념인 ① 자본 ② 주인과 대리인 문제 ③ 수요의 가격 탄력성 ④ 한계효용 체감의 법칙 ⑤ 소비 행위의 상호 의존성 등에 알맞은 속담은 무엇일까?

저자는 ① 돈이 돈을 번다 ② 행랑이 몸채 노릇 한다 ③ 아주머니 떡도 싸야 사 먹지 ④ 맛있는 음식도 늘 먹으면 싫다 ⑤ 남이 장에 간다고 하니 거름 지고 나선다 등과 연결했다.

외부경제, 공공재, 정부 규제, 보호무역, 국제수지, 생산성 등에 어울리는 속담이 무엇인지 궁금하지 않은가? 속담 사전을 뒤지고 나름대로 정답을 찾은 뒤 이 책을 펼쳐보시라. 한국어 어휘 실력과 경제학 지식이 함께 늘어나는 일석이조 효과를 거두리라.

한국 산업의 기술혁신 전략

기술혁신의 경제학
이원영 지음 · 262쪽 · 생능출판사

문과와 이과, 묘한 이분법이다. 고교 때 이렇게 나뉘는 바람에 문과 학생들은 국문과, 철학과, 정치외교학과, 경영학과, 예체능계 등에 진학한다. 그들은 기업에 들어가서도 주로 관리직, 영업직에 근무한다. 이과 학생들은 공대, 자연대, 의대 등 이른바 이공계를 졸업하고 기술직에 주로 종사한다. 문과 전공자들은 흔히 "기술자는 '1+1=2'만 아는 편협한 사람"이라 깎아내린다. 자연과학 지식인들은 반대로 "문과계 전공자는 실체도 없는 신화에 사로잡혀 입으로만 떠드는 사람"이라 비판한다.

이런 갈등은 부질없다. 복잡다단한 세상 이치를 깨달으려면 문과, 이과 지식을 골고루 알아야 한다. 학문 사이엔 통섭, 융합 붐이 더욱 활기차게 일어나야 한다. 그런 면에서는 대체로 문과 사람들의 시야가 더 좁다. 과학 기술 성과에 대해 무지하기 때문이다. 그러고도 별로 부끄러워하지 않는 게 더욱 심각한 문제다. 고교를 졸업하면 수학이나 과학 책과는 결별한다.

『기술혁신의 경제학』은 문과계 출신들에게 세상이 어떻게 급변하는지를 일목요연하게 설명해주는 도우미 같은 존재다. 기술과 경제가 어떤 상관관계를 지녔는지를 알려준다는 점에서 이공계 전공자들에게도 무척 유용하겠다. 이 책의 핵심 콘텐츠는 '기술혁신(innovation)'이다. 기술혁신이 기업의 흥망성쇠에 얼마나 중요하고, 소비생활에 어떤 영향을 미치며, 사회를 어떻게 바꾸는지를 설명한다. 국가 수준을 높이려면 기술 정책을 어떻게 펼쳐야 할 것인가에 대한 풍부한 아이디어도 제시한다.

저자가 이 분야 저술의 적격자임은 그의 프로필에서 확인할 수 있다. 서울대 물리학과를 나와 미국 미시간대에서 경제학 박사 학위를 받고 한국개발연구원(KDI) 연구위원으로 10년간 근무했다. 과학 기술 정책 수립에 직접 관여한 경험을 가졌고 서울대 공대 기술경영대학원에서 강의했다. 현재 경기개발연구원 수석 연구위원으로 활동하고 있다.

저자는 서울대에서 강의한 내용을 바탕으로 집필했다. 저자는 "이 책을 소설이라 가정한다면 주인공은 기술혁신이며 조연은 경제(economics)와 사회제도(social institution)"라면서 "이 책에서는 이들이 상호작용하면서 일어나는 여러 가지 현상과 사건을 설명하는 이론들을 정리하고 이런 이론들의 기업 경영 측면이나 국가 정책 측면에서의 시사점을 논의한다"라고 밝혔다.

비행기 동체를 만들던 삼성항공이 항공기 부착 부품인 야시경을 생산하면서 이것이 카메라와 비슷하다는 점에 착안, 카메라 생산에 본격적으로 뛰어든 사례가 흥미진진하다. 초기에는 외국 선두 업체로부터 기술을 이전받았으나 차츰 독자적인 기술을 쌓아갔다.

결론 부분에서 한국 과학 기술이 풀어야 할 과제를 제시해 눈길을 끈다. 반도체, 정보 통신, 자동차 등 주력 산업에서 핵심 기술에 대한 대외 의존도가 여전히 높은 점, 기초과학 및 원천 기술 역량이 전반적으로 낮은 점이 그것이다.

시스템 사고의 필요성과 방법론

차이의 경영으로의 초대

유재언 지음 · 162쪽 · 삼성경제연구소

경영학과 철학. 뭔가 서로 어울리지 않는다는 느낌이 들지 않는가.

경영학도와 철학도가 말다툼을 치열하게 벌이는 광경을 본 적이 있다. 싸움은 철학도가 먼저 걸었다. 신성한 상아탑 안에서 증권투자론이니 재무관리니 하며 돈벌이 테크닉을 가르치다니 개탄스러운 일 아니냐, 그걸 배우는 학생은 속물 아니냐……. 철학도의 지적이었다.

경영학도는 철학도에게 "공허한 이론을 추구하는 철학은 도대체 현실세계에서 누구에게, 무슨 도움을 주느냐"라며 따졌다.

아서라, 학생들이여. 열기를 가라앉히고 『차이의 경영으로의 초대』란 책을 읽어봐라. 두 학문이 절묘한 조화를 이뤘음을 알 것이니…….

이 책은 프랑스 후기구조주의 철학자 미셸 푸코와 질 들뢰즈의 사상을 경영에 응용하는 방법을 소개했다. 이들 학자의 이름이 생소한 4, 50대

비즈니스맨은 2, 30대 직장 후배와 가끔 고담준론을 나누기 위해서라도 읽는 게 바람직하다. 똑똑한 젊은이들 사이에 이들 철학자는 아주 유명하다. 이들을 모르고 '데칸쇼(데카르트, 칸트, 쇼펜하우어)'만 들먹이다간 케케묵은 '꼰대'라 손가락질 받을 것이다.

푸코가 주장하는 철학의 키워드는 '문제의 틀 짜기(problematization)'다. 어떤 골칫거리가 생겼을 때 과거의 좁은 틀에서 벗어나 넓은 눈으로 바라보면 해결책이 보인다는 뜻이다.

들뢰즈의 키워드는 '차이(difference)'다. 사물을 바라볼 때 한 가지 방법만 있는 게 아니라는 주장이다.

세상이 워낙 빠른 속도로 변하다 보니 '1+1=2'라는 전통적 정답이 성립될 수 없는 경우가 흔하다. '1+1=3' 또는 '1+1=100'이 정답일 수도 있는 게 요즘 세상이다. 전자는 모더니즘, 후자는 포스트모더니즘의 세계다.

포스트모더니즘 세계의 특징은 불확실성, 불안, 예측 불가능성 등이다. 이런 세계에서는 다양한 시각을 바탕으로 한 '시스템 사고(system thinking)'가 필요하다.

연극 무대를 보자. 과거엔 정해진 대본대로만 잘 연기하면 성공했다. 공연 도중에 갑자기 만취한 관객이 무대에 올라와 난장판을 만든다면 어떨까? 과거 기준으론 큰 실패다.

경영 환경을 연극 무대라 가정해보자. 요즘엔 대본대로 공연할 수가 없는 고약한 상황이 잦다. 하지만 그 취객도 연극의 일부로 포용해야 한다. 대본엔 없지만 배우들은 그 취객과 애드리브를 주고받으며 재치 있게 극을 이끌어야 한다.

'즉흥적인 드라마 경영'을 이룰 수 있게 하는 유연한 사고가 바로 시스템 사고인 것이다. 이런 경영을 실천하면 고객이 진정 원하는 제품과 서비스를 제공할 수 있게 되고 그 기업은 성공한다.

영국에서 경영학 박사 학위를 받은 저자는 인문학 소양이 탄탄한 듯하다. 이 책을 읽으면 사고의 지평이 넓어지고 그만큼 복잡다단한 세상사를 해결할 수 있는 지혜가 생기리라. 또 주위 사람들에게서 '제법 유식한 사람' 이란 대접을 받을 것이다.

이 책의 단점이라면 책 제목이 일본어 번역 투여서 머리에 얼른 들어오지 않는다는 점이다. '차이의 경영에 초대합니다' 라고 붙였더라면 베스트셀러 대열에 들어가기가 더욱 쉬웠을 텐데…….

Chapter 05

국내외 경제 흐름 읽기

경제 동향

한국 경제를 살리려면

새 한국형 경제 운용 시스템을 찾아서
정문건 · 손민중 지음 · 118쪽 · 삼성경제연구소

'99, 88' 이란 덕담이 유행하고 있다. 99세까지 팔팔하게 살라는 뜻이다.

행복하게 장수하려면 건강과 함께 적당한 부(富)도 있어야 한다. 이 조건에 맞는 사람은 그리 많지 않다. 더욱이 요즘 경제가 어려우니 앞으로 수십 년을 살아야 할 사람들은 걱정이 태산 같다. 중 · 장년층 상당수는 어렵사리 자녀들을 대학까지 졸업시켰건만 백수로 빈둥거리는 것을 보고 한숨을 쉰다.

한국 경제, 무엇 때문에 활기를 잃었는가? 어떻게 하면 살릴 수 있을까?

이런 물음에 대한 해답을 이 책에서 찾을 수 있다. 나라 경제 전체를 조감하는 시야가 넓은 것으로 정평이 난 정문건 박사의 만만찮은 내공이 배어 있는 책이다. 노동시장 흐름을 살피는 데 일가견을 지닌 손민중 삼성경제연구소 연구원의 전문성도 담겨 있다.

한국 경제가 늘어진 스프링처럼 탄력을 잃은 한 원인은 기업가 정신이 쇠퇴했기 때문이라는 것. 외환 위기 이후 국제통화기금(IMF)의 요구대로 영미식 기업 제도를 도입하면서 기업 오너와 최고경영자의 권한은 줄고 책임은 늘었다. 사외이사가 경영에 관여함에 따라 투명성은 높아졌지만 이것저것 간섭하는 바람에 의사 결정 속도가 늦어지는 단점도 드러났다. 기업가가 신바람 나게 일할 수 있는 분위기가 사라져가고 있다.

흔히 기업과 금융을 경제라는 수레를 이끄는 두 바퀴라고 한다. 양자(兩者)가 조화를 이루며 잘 돌아가야 경제 흐름이 좋아진다. 한국에서는 외환 위기 이후 이들 두 바퀴의 회전속도가 달라 수레가 제대로 굴러가지 못하고 있다.

이제 한국 경제는 장기 불황을 걱정해야 할 상황에 이르렀다. 투자를 촉진하기 위해 금리를 아무리 내려도 그 효과가 나타나지 않는 '유동성 함정' 현상마저 보인다.

한국 경제를 살리는 방안으로 저자들은 먼저 한국형 기업 제도를 확립해서 기업가 정신을 북돋워야 한다고 주장한다. 귤을 북쪽에 심으면 탱자가 된다는 '남귤북지(南橘北枳)'란 말처럼 영미식 기업 제도를 한국에 그대로 도입하면 부작용이 크다는 것.

정부 기능도 중요하다. 국가 능력 배양과 미래 선도 산업을 창출하는 혁신자 역할을 수행해야 한다. 낡은 관치(官治) 행태는 버려야 한다. 그래야 정부와 시장이 조화를 이룬 한국형 자본주의가 제대로 정착될 수 있다는 것이다.

경제에 윤기가 돌아 희망찬 목소리로 '99, 88'을 외치길 기대한다. 경제가 나빠 '88, 99'(88세까지 구구하게 산다는 뜻) 신세가 되면 곤란하지 않은가.

경제성장론의 허와 실

한국 경제의 도전

김광수경제연구소 지음 · 282쪽 · Human&Books

『한국 경제의 도전』을 펼치면서 혹시 한국 경제에 대한 청신호를 발견할 수 있지 않을까 하는 기대감을 가졌다. 부제로는 '위기의 한국 경제에 대한 진단과 처방'이 붙었다.

이 책을 주목하는 것은 대표 저자인 김광수경제연구소의 김광수 소장이 내공 깊은 경제 정책 전문가라는 점 때문이다. 김 소장은 서울대 경영학과를 나와 한국 경제 전체를 보는 눈을 키워왔다. 그는 컨설팅, 저술 활동 등을 통해 '김광수'라는 브랜드의 가치를 쌓았다. 그는 이헌재 전 경제 부총리에게서 경제를 예견하는 능력을 인정받았다. 정부 용역을 받아 정책 개발에 참여했고 『현실과 이론의 한국 경제』라는 두툼한 보고서를 출판하기도 했다.

그는 대중적인 지명도가 높은 전문가는 아니지만 경제 관료, 금융계, 대기업 기획조정실 등 경제 전문가 그룹에서는 유명하다. 그는 핵심 연구원 4~5명과 함께 연구소를 운영한다. 그는 '재야 고수' 대접을 받는 인물이다.

저자는 지식과 통찰력은 하루아침에 얻어지는 것은 아니라면서 "특히 통찰력은 단순히 지식을 습득하는 것만으로 저절로 생겨나는 것은 더욱 아니다"라고 강조한다. 현실에 대한 끊임없는 관찰과 이론에 대한 쉴 새 없는 탐구, 그리고 이론과 현실의 상호 관계에 대한 넘쳐나는 지적 호기심 없이는 통찰력이 생기지 않는다고 역설한다.

책을 펼쳐 드니 청신호보다는 적신호가 주로 보인다. "앞으로 1~2년 내에 한국 경제가 위기에 빠질 가능성이 높아지고 있다"라는 경고등이 번쩍거린다. 그 징후는 은행의 심각한 자금 부족과 금리 급등에서 나타난다고 한다. 한국 경제 전체로 투기성 자금이 여전히 과잉 상태인데 이를 제대로 흡수하지 못해 거꾸로 자금 부족이라는 기현상이 빚어진다는 것.

책이 나온 시점이 2008년 3월이니 그 후 저자의 예측은 상당 부분 맞았다.

저자는 한국 경제의 위기를 막기 위해서는 부풀어 오른 '풍선'의 바람을 빼야 한다고 제언한다. 그 방안의 하나로 은행은 투기적 다주택 소유자에게 빌려준 대출을 적극적으로 회수해 투기성 자금을 줄여야 한다는 것. 투기 자금이 부동산과 주식시장을 오가는 악순환이 반복되면 그런 버블은 반드시 붕괴되기 마련이다.

이 책은 미국의 금융시장, 일본의 사회보장 개혁 등 경제 현안에 대해서도 자세히 설명하고 있다. 선진국 경제에 한국이 큰 영향을 받으므로 외국 상황을 잘 파악하는 게 필요하다.

이 책은 일반 단행본과는 달리 편집 작업을 매킨토시로 하지 않아 겉보기로는 조금 조잡하다. 저자는 이에 대해 "매킨토시 편집의 경우 호환성이 부족하여 통계자료를 확인하는 절차를 거치면 따끈따끈한 음식을 상에 차릴 수 없는 단점이 있어 약간의 미적인 고려를 포기하면서 이런 편집 시스템을 채택했다”라고 밝혔다.

한국 경제의 앞날에 대해 걱정하는 『국제수지 분석을 통해 본 위기의 한국 경제』(미쓰하시 다카아키 지음, 조진구 옮김, 전략과문화)도 눈여겨볼 만하다. 국제수지 분석을 통해 한국 경제의 실상을 파헤친 이 책은 한국 경제의 미래에 천둥이 몰아칠 것이라 경고한다. 국제수지가 악화되고 있어 한국 경제는 번지르르한 겉모습과는 달리 속으로 썩어가고 있다는 지적이다.

중소기업진단사인 저자는 거시경제지표와 기업 재무분석 자료를 종합하여 각국 경제를 분석하는 작업을 한다. 저자는 한국의 외환 보유액 2600억 달러 가운데 상당액이 해외 차입금이므로 언제 갑자기 줄어들지 모른다고 주장한다. 특히 ‘엔 캐리’ 자금이 적지 않을 것이라 분석했다.

저자는 2007년 4월 18일 유엔 아태경제사회이사회(ESCAP)가 10년 전 외환 위기를 경험한 아시아 국가 가운데 한국, 인도네시아, 태국, 필리핀 등 네 나라에 다시 외환 위기가 찾아올 가능성이 있다고 경고한 점을 주목했다. 한국이 가장 취약하다는 것이다. 저자는 그 논거로 한국 경제의 악순환 고리를 들먹였다. 즉, ‘수출 기업 부진 → 경상수지 적자화 → 국내 자금 부족 → 단기 외채 급증 → 자본수지 흑자 증가 → 원화 가치 강세 → 수출 기업 부진’ 등의 과정을 겪는다는 것.

저자는 한국이 경상수지, 자본수지, 재정, 가계, 기업, 중앙은행 등 6개 부문에서 적자를 안고 있다는 데 우려를 나타냈다. 이는 총체적 부실로 위기를 겪고 있거나 위기를 눈앞에 둔 상태라는 분석이다.

금융 전문가 최성환 박사(대한생명경제연구원 상무)는 “이 책의 진가는 그간 단편적·산발적으로 지적돼왔던, 그러면서도 우리가 외면해왔던 문제점들을 종합적으로 정리하고 풀어 쓴 데 있다"라면서 "큰 흐름으로 보면 저자의 우려와는 다른 부분도 있을 뿐 아니라 건실한 부분도 많다"라고 지적했다. 한국은행에 근무하다 조선일보 경제 전문 기자로 활동하기도 한 최 박사는 "어찌 되었든 저자의 접근 방법은 참신하며 어려운 경제학 개념을 통해 설명하는 것보다 훨씬 이해하기 쉽다"라면서 "뼈에 사무칠 정도로 아프지만 경청할 만한 가치가 있다"라고 평가했다.

일본에서 나오는 한국 관련 서적 가운데 상당수는 '흠집 내기'에 초점을 맞춘다. 내용이 조잡하고 독설이 그득하다. 삼류 작가들이 멋대로 쓴 내용이 대부분이다. 그런 종류의 무책임한 책들과는 달리 이 책은 진지한 자세를 견지했다는 점이 돋보인다.

정부부터 혁신해야 한다

최종찬의 신(新)국가 개조론
최종찬 지음 · 271쪽 · 매일경제신문사

'한국병(病)'은 무엇일까? 진단 결과는 다양할 것이다. 그 가운데 '과도한 정부 규제'가 아마도 상위 랭킹을 차지하리라. '삼류 실무자 관료'가 인허가권자라는 우월적 지위를 믿고 '일류 글로벌 기업'의 발목을 잡는 사례가 수두룩하다. 이래서는 나라 전체의 효율에 금이 간다. 선진국이 되기 어렵다. 이제 정부 역할을 줄이고 시장경제 시스템이 작동하도록 해야 한다. 이런 목소리를 담은 저서를 경제 장관 출신이 펼쳐내 이목을 집중시킨다. 『최종찬의 신(新)국가 개조론』이 그것이다.

저자는 정통파 경제 관료의 산실인 옛 경제기획원에서 잔뼈가 굵었다. 재정경제원 경제정책국장, 건설교통부 차관, 기획예산처 차관, 건설교통부 장관 등을 거쳤다. 관료 시절에 합리적인 사고와 서번트 리더십을 나타내 후배 관료들에게서 존경을 받았다. 소신파 공무원이라는 평도 들었다. 그가 경제정책가로서 쌓은 내공의 힘으로 각종 경제 정책 대안을 제시한 것이 이 책이다. '침체 한국 경제를 위한 정통 관료의 대제안' 이라는 부제가 붙었다.

저자는 정부 조직이 비효율적인 원인으로 공무원들의 주인 정신 결여를 꼽았다. 회사원이 열심히 일하는 것은 공무원보다 도덕적으로 훌륭해서가 아니라 일에 매달리도록 누군가가 챙기는 힘이 정부보다 강하기 때문이란다. 민간 기업은 주인이 있어 이익 극대화를 위해 불철주야 챙기지만 장관, 도지사, 시장, 공기업 사장은 공무원들을 챙기는 면에서 기업 오너보다 느슨하다는 것. 기업주는 밥값을 못 하는 직원은 그대로 두지 않으려 한다. 과잉 인력을 정리하면 기업주에게 이익이 되므로 열심히 감독한다. 그러나 공조직 수장은 조금 한가한 공무원이 있더라도 굳이 이들을 정리하려 하지 않는다. 직원 인건비가 줄어도 자기 봉급이 올라가는 게 아니기 때문에 정리 과정에서 인심만 잃을 일은 하지 않는 것이다.

저자는 '교육 개혁에 우리의 미래가 달려 있다' 라는 장(章)을 따로 마련할 정도로 교육 문제에 지대한 관심을 보였다. 공교육을 강화해야 사교육비가 줄어들고 창조적 인재가 길러진다는 소신을 피력했다. 자립형 사립고 증설, 수준별 학습 실시, 영어 교육에 과감한 투자 등을 주장한다. 이 밖에 부동산 가격을 안정시키려면 공급 증대와 같은 시장 원리로 풀어야 하며 여성 근로자 보호 비용은 국가에서 부담해야 한다는 등의 정책안을 제시했다.

윤리 경영이 곧 경쟁력이다

윤리 경영이 온다

허승호 외 지음 · 292쪽 · 동아일보사

윤리 경영, 신뢰 경영……. 뭔가 좀 딱딱한 인상을 풍기는 어휘다. 하지만 이를 쉽게 풀이하자면 "멀리 보고, 큰 이익을 꾀하는 경영"이라 할까. 즉, '잔머리 굴리지 않는 경영'을 일컫는다. 정도(正道)를 걷는 경영인 셈이다.

그런 기업의 모습을 그려보자. 우선 경영진은 비전을 갖고 주주의 이익이 커지도록 헌신적으로 일한다. 경영진은 자기 보수를 많이 챙기려 머리를 굴리는 스타일이 아니다. 주주의 이익을 키우다 보니 결과적으로 경영진에 대한 보상도 커진다. 경영진은 종업원을 믿고 종업원은 경영진을 존경해 상호 신뢰 관계가 두텁다. 임직원은 소비자에게 더 좋은 제품과 서비스를 제공하기 위해 열정을 불태운다. 특히 소비자를 속이는 일은 철저히 배격한다. 그런 기업을 소비자는 외면하지 않는다. 기업은 번성하고 그 기업과 연관을 맺는 이해(利害)관계자는 행복해진다.

이것이 윤리 경영의 선(善)순환 구조다. 그렇다면 윤리 경영, 신뢰 경영, 정도 경영은 별 어렵지 않은 개념이다. 어디 이를 조금이나마 모르는 사람이 있으랴. 하지만 정작 중요한 것은 어떻게 실천하느냐다. 주주와 소비자, 종업원, 지역사회에 제구실을 하는 것이 기업의 사회적 책임 아니겠는가.

윤리 경영에 대해 이 같은 큰 틀을 갖고 동아일보 경제부 기자들이 심층 취재해 〈동아일보〉에 60여 회 연재했다. 그 연재물을 더욱 보완하여 엮은 것이 이 책이다. 윤리 경영이라면 너무 막연하므로 이를 제대로 실천하는 선진국 기업들을 탐방했다. 국내 기업 가운데서도 우수한 기업들을 찾았다. 사례를 통해 구체적으로 어떻게 실천하는지를 소개하기 위해서다.

윤리 경영만 한다 해서 반드시 성공한다는 보장이 없다. 예를 들어 가공식품 제조 업체인 A 기업은 지배 구조가 투명하고 경영진도 양심적이다. 품질이 좋은 재료를 사들여 위생적으로 식품을 만든다. 종업원 대우도 좋다. 엄격한 정부 환경기준도 철저히 지킨다. 윤리 경영을 실천하는 자부심이 대단하다. 영양이 풍부한 가공식품을 여러 종류 내놓았으니 잘 팔릴 것으로 기대한다.

하지만 아무리 A 기업이 이처럼 윤리 경영, 신뢰 경영을 실천한다 해도 맛없는 제품이어서 잘 팔리지 않으면 별 소용이 없다. 소비자의 입맛을 제대로 파악하지 못한 것이 치명적인 결함이다. 물건이 창고에 그득하다. 오래 버티지 못하고 도산하면 기업의 존재 의미가 사라지고 만다.

윤리 경영을 실천하되 경영이 잘 이뤄지는 회사가 훌륭한 기업이다. 위대한 기업과 존경받는 기업인이 많이 나타나야 선진국이 된다. 이 책이 그 작은 등불 역할을 하기를 기대한다.

저자 대표인 허승호 동아일보 부국장은 "안타깝게도 아직 국내에는 윤리 경영 문제에 대해 참고할 만한 책자나 정리된 자료가 많지 않다"라면서 "비록 부족하지만 이 책이 윤리 경영이라는 주제에 대한 국내외의 접근과 고뇌를 탐색하는 데 첫 안내자로서의 소임이나마 하게 되기를 기대해본다"라고 밝혔다.

이 책은 기업 연수원 등에서 윤리 경영에 관한 교과서처럼 쓰이고 있다.

시장경제와 정부의 역할

케인즈 & 하이에크, 시장경제를 위한 진실게임

박종현 지음 · 241쪽 · 김영사

세계적인 금융 위기로 지구촌이 온통 뒤숭숭하다. 일각에서는 '30년 신자유주의의 종언'이라고 부른다. 몇몇 국내 신문에서도 1면 머리기사로 이를 다루었다. 정부가 시장에 자유를 너무 많이 주다 보니 시장경제 체제가 방종에 휩싸여 마침내 붕괴될 조짐을 보인다는 논리다. "세계 금융의 메카인 미국의 월 스트리트에 탐욕의 광풍이 휘몰아치는데도 정부 규제가 작동되지 않았다"라고 꼬집는 목소리도 나온다. 반면 이번 사태를 모두 신자유주의 탓으로 돌리면 매우 위험한 발상이라는 지적도 나온다. 시장주의자들은 "국가주의자들이 금융 위기를 기화로 자기 논리를 강변한다"라는 반론을 펼친다.

『케인즈 & 하이에크, 시장경제를 위한 진실게임』은 이런 논쟁이 벌어지는 상황에서 출간돼 눈길을 끈다. 이 책은 경제학 분야의 석학인 케인즈(1883~1946)와 하이에크(1899~1992)가 시장경제를 놓고 벌인 치열한 공방전을 정리했다.

"시장이란 모든 이에게 자유와 물질적 번영을 보장하는 최상의 분배 기구인가?"라는 물음에 대한 답변을 보자. 케인즈는 "이리 떼의 자유가 양 떼에게는 죽음을 뜻하듯 경제적 자유의 이름으로 벌어지는 약육강식의 무제한적 경쟁은 승자의 탐욕과 패자의 굶주림으로 양극화될 뿐"이라 갈파한 바 있다. 이에 맞서는 하이에크는 "자연적으로 발생한 시장에 대한 통제는 인간을 노예의 길로 몰고 갈 뿐"이라 반박했다.

영국인 경제학자 케인즈는 정부의 적극적인 재정 정책으로 경제를 살려야 한다는 이론을 주장했다. 미국과 영국은 제2차 세계대전 이후 케인즈 이론을 바탕으로 정부와 시장을 두 축으로 삼아 경제 황금기를 구가했다. 그러나 그 후 정부의 누적 재정 적자와 공기업의 방만한 경영 등으로 케인즈 이론의 문제점이 드러났다. 이에 따라 "경쟁과 자기 책임을 통해 효율을 올리는 시장주의가 해결책"이라는 하이에크 이론이 설득력을 얻었다. 영국에서는 대처 총리가, 미국에서는 레이건 대통령이 하이에크의 제자 역할을 해 번영의 발판을 마련했다. 그러다 이제 또 하이에크 이론의 문제점이 불거진 것이다.

이 책은 경제학계의 맞수를 대비하여 이런 역사적인 흐름을 설명한다. 진주산업대에서 화폐금융론을 강의하는 저자는 소설 읽기가 취미라고 한다. 그래서인지 문장이 부드럽고 이해하기 쉽다. 경제 이론에 대한 전문 지식을 갖추고 대중 독자를 위한 책을 쓰는 경제학자가 매우 부족한 한국적 현실에서 저자의 활약상은 돋보인다. 저자의 작가적 상상력은 책 말미에 붙은 가상 대화에서 잘 나타나 있다. 사회자로는 경제학의 아버지인 애덤 스미스가 등장하고 토론 참가자는 마르크스, 케인즈, 하이에크, 슘페터 등이다. 시민 논객인 폴 크루그먼(미국 프린스턴대 경제학 교수)

과 무라카미 류(일본 소설가)도 등장해 한마디 거든다.

저자는 케인즈와 하이에크 사이에서 냉정한 자세로 심판을 보다가 막판에 가서는 시장만능론의 위험성을 적시하며 케인즈의 손을 들어주는 듯하다. 펀드 투자로 거금을 벌어 '희대의 금융 투기꾼'이라는 힐난을 받기도 한 조지 소로스의 "경제 영역 이외로까지 시장 이데올로기가 침투하면 사회 전반에 파괴적인 결과가 생길 가능성이 높다"라는 발언이 저자의 심경을 대변하는 것 같다.

부록으로 지식인 계보, 키워드 모음, 깊이 읽기 책 목록 등을 실어 독자에게 편의를 제공하려는 편집자의 노력이 돋보인다.

열정과 고뇌의
한국 경제 30년에 대한 보고서

현장에서 본 한국 경제 30년
강만수 지음 · 593쪽 · 삼성경제연구소

요즘 회고록은 대체로 몇 가지 특징이 있다. 즉, ① 자화자찬 일색 ② 선거를 앞두고 훌륭한 인물로 띄우기 위해 급조 출판 ③ 연설문 또는 언론 보도 짜깁기 ④ 제삼자의 대필(代筆) 등이다.

한국에서는 이런 특징이 없는 회고록을 찾아보기 어려울 정도다. 좋은 회고록이란 저자의 회한(悔恨)과 반성도 고백함으로써 교훈을 주는 것이어야 한다. 사료(史料)로서의 가치와 함께 읽는 재미도 곁들이면 더욱 좋다.

강만수 전 재정경제부 장관이 재경부 차관을 마친 후 야인 시절에 6년간의 각고 끝에 탈고했다는 『현장에서 본 한국 경제 30년』은 생명력 있는 회고록이 갖추어야 할 장점을 두루 담고 있다.

한국 경제에 대한 큰 그림을 이해하는 데 도움을 주는 책이다. 2005년 5월에 첫 출간된 이 책은 그해 7500권이 팔렸다. 회고록 형식의 경제 서적으로서는 상당히 좋은 반응을 얻은 편이다. 주 독자층은 과천의 경제 관료다. 경제 정책의 새 사령탑은 어떤 생각을 가졌는가를 알기 위해 그의 저서를 읽는 것. 과천 정부종합청사 후생관 서점에서 근무하는 박영천 씨는 "단체로 몇십 권씩 구입해 가는 경우가 많다"라고 밝혔다. 재계, 금융계에서도 강 장관 내정자의 성향을 파악하기 위해서 단체로 구입하는 사례가 적지 않다.

저자의 아호는 청설(聽雪)이다. 그는 "영혼의 귀로 눈(雪) 내리는 소리를 들으며 이 책을 썼다"라고 고백한 바 있다. 공직 생활 28년을 되돌아보며, 삶의 의미를 되새기며, 궁형을 받은 사마천이 『사기(史記)』를 쓰듯 비장한 각오로 집필했다. 고위 공무원 출신이 즐기는 대필 저술이 아니라 토씨 하나까지 직접 썼다.

그는 경제 관료로서는 드물게 보이는 '사유(思惟)하는 인간'이다. 사유의 바탕에는 박람강기(博覽强記)한 재능, 풍부한 문학적 감수성, 삶에 대한 경건한 자세 등이 깔려 있다. 성장률, 국제수지, 물가 따위의 경제 지표만 따지는 전형적인 경제 관료와는 다르다.

이 책을 집어 들면 먼저 두툼한 볼륨감이 손에 닿는다. '부가세에서 IMF까지'란 부제가 붙어 있듯이 30년 가까운 세월 동안 경제 정책 결정 과정에서 일어난 갖가지 영욕의 역사가 기술돼 있다.

사료로서의 가치와 함께 고백록, 일화집 등 종합적인 성격을 띠고 있는 두꺼운 책이지만 군더더기가 없어 '종이 절약형'이라 할 수 있겠다. 자화자찬류 회고록과는 달리 이 책엔 곳곳에 회한(悔恨)과 반성이 있다. 회고록으로서의 덕목을 갖추었다. 게다가 재미있는 여러 에피소드를 소개했다.

머리말과 프롤로그부터 눈길을 끈다. 경주 세무서 총무과장으로 공직을 시작한 20대 젊은이가 느낀 당혹감과 고뇌는 개발 연대의 모순을 극명하게 보여준다. 한 달 하숙비가 1만 8천 원인데 사무관 봉급이 2만 원이라니……. 첫 월급날 친구와 술을 마시며 회포를 풀었는데 봉급을 다 털어 넣고도 돈이 모자라 친구가 나머지 술값을 냈단다. 자장면 한 그릇 값이 140원이었는데 하루 출장비가 150원 정도였고 전화료, 우편 요금, 고지서 용지 구입비 등을 모두 담당자가 알아서 마련해야 했다.

이 책은 크게 1부 '재정', 2부 '금융', 3부 '국제금융', 4부 '1997 경제 위기' 등으로 구성됐다. 각 부는 더 작은 주제로 나뉜다. 1부에서는 1970년대에 부가가치세(VAT) 도입의 실무 지휘자였던 저자의 심경과 작업 과정이 소상히 나타나 있다. 당시로서는 획기적인 세제(稅制)였다. 안정적인 세수 확보를 위해 납세 의무자가 부가가치를 창출하면 거기에다 세금을 물리는 원리다. 납세자의 저항이 만만찮았다.

저자가 관세청장으로 부임했을 때다. 관세청 로고가 미국 것과 너무 비슷해서 외국 세관과 기념패를 교환하기가 부끄러웠다. 직원들의 아이디어와 오리엔트시계 디자이너의 공동 노력으로 새로운 것을 만들었다.

2부에서 저자는 재무부 이재국장 시절의 고뇌를 고백했다. 고전의 연속이었단다. 가을 체육대회에서 축구를 우승한 것이 가장 보람되고 기억하고픈 일이라고……. 이재국장 발령을 받은 직후 어느 지인이 이재국장 전화는 항상 감청당하니 중요한 일은 감청을 피하기 위해 교환 전화로 하라고 귀띔했다고 한다.

3부에서 저자는 주미 대사관 재무관, 국제금융국장 시절을 회고했다. 한국 증권의 뉴욕 증시 상장, 뉴욕 금융시장 동향 파악, 현지 금융기관에 대한 지원과 감독, 외채의 조기 상환 등이 주요 업무였다.

4부인 '1997 경제 위기'엔 긴장감이 흐른다. 부도 위기에 몰린 한국 경제에 관한 저자의 절실한 체험담이 담겼다. 전년도인 1996년만 해도 정책 당국자들은 안일함에 빠져 있었다. 저자는 "우리의 행적들을 추적해보면 행동과 리더십은 실종되고 헛소리와 헛발질이 난무한 빗나간 정책들의 행진이었다. 눈앞에 위기가 다가오고 있는데도 우리는 그랬다"라고 반성했다. 1997년 3월 저자는 재정경제원 차관으로 부임했다. 그해 말 외환 위기가 터졌을 때 온몸으로 막으려 했지만 도도한 물결을 막을 수는 없었다.

저자가 요약한 외환 위기의 원인을 열거하자면 한보철강, 기아자동차 등 대기업의 연이은 부도, 제2금융권의 무차별적인 자금 회수, 부실채권의 급증과 대외신인도 급락, 외국 금융기관의 급속한 자금 회수, 총체적 리더십 결여 등이다.

신(新)국부론

카론의 동전 한 닢
정갑영 지음 · 166쪽 · 삼성경제연구소

애덤 스미스(1723~1790)가 불후의 명저 『국부론』을 낸 이후 『신(新)국부론』이란 이름의 저술들이 여러 나라에서 여러 권 나왔다.

'신국부론' 이라는 단어가 풍기는 뉘앙스는 무엇일까? 이런 책이 나올 즈음엔 그 나라가 뭔가 새로운 돌파구를 마련해야 할 때임을 짐작할 수 있지 않을까? 정체성 상실과 혼돈 상황에서 새 지향점을 제시하는 것이 이런 종류의 책이라 할 수 있다. 즉, 옛 껍질을 벗고 새로운 틀을 갖자는 강력한 욕구가 생길 때 선구자적 시각을 가진 사람이 분연히 일어서 집필하게 된다.

2005년 8월, 한여름 더위를 무릅쓰고 정갑영 연세대 경제학과 교수가 그 대임(大任)을 맡고 일어섰다. '정갑영의 新국부론' 이란 부제가 붙은 『카론의 동전 한 닢』이란 책을 낸 것이다.

오늘날 한국은 어떤가? 잠재성장률은 점차 떨어지고 있으며 성장 엔진의 강력한 가동 음향도 낮아지고 있다.

단지 성장률만 떨어지는 게 아니라 기업가 정신이 허약해지고 있으며 기업 전반에 활력이 사라지고 있음을 절감할 수 있다. 창업자의 2세, 3세들은 온실 속에서 자라 오너십을 물려받아도 제 몫을 하지 못하는 경우가 흔하다. 치열한 창업 정신을 가진 젊은이들도 별로 보이지 않는다. 일부 청년 창업자들은 '벤처 광풍'이 불 때 머니게임에 몰두한 나머지 제대로 된 창업 문화를 이 땅에 심지 못했다.

각 계층 사이에 심각한 갈등이 생기고 있는 것도 발전에 걸림돌이 되고 있다. 사람 사는 사회에 동서고금을 통해 계층 간 갈등이 없었던 때가 있으랴. 하지만 최근 한국 사회가 겪는 갈등의 수준은 위험수위를 넘나들기에 문제의 심각성이 있다. 빈부 계층끼리의 반목, 여전한 지역 갈등, 세대 간의 불신…….

세대 간의 불신을 나타낸 두 단어를 보자. '꼰대'와 '철부지'다. 젊은 층은 중·장년층을 '꼰대'란 속어로 부르며 존경심을 갖지 않는다. 그 기저에는 자신의 선배들을 부정부패로 축재한 기득권층이라 여기는 선입견이 있다. 반면 중·장년층은 청년들을 세상 물정을 모르는 철부지들이 사회에 기여한 것도 없으면서 요구 수준은 너무 높은 데다 무능하다고 깔보고 있다.

이 같은 상황에서 한국은 어느 방향으로 나아가 나라를 부강하게 만들어야 하나? 더욱이 언젠가 남북통일을 이루었을 때 그 엄청난 '통일 비용'을 마련하려면 국부를 어떻게 축적해야 하나?

이 물음에 대한 해결책을 시원하게 밝혀주는 책이 바로 정갑영 교수의 이 저서다. 그동안 읽기 쉬운 대중용 경제학 서적인 『열보다 더 큰 아홉』, 『나무 뒤에 숨은 사람』 등을 펴낸 정 교수가 쓴 또 하나의 역작이다. 어려운 경제 이론을 읽기 쉽게, 흥미진진하게 쓴다는 것은 예삿일이 아니다. 저자의 깊은 내공이 없어서는 이루기 힘든 일이다. 그렇기에 대중용 경제 서적을 쓰는 것은 경제학자 가운데서도 상당한 내공을 쌓은 분들이 시도하는 일이다. 이는 한국뿐 아니라 다른 선진국에서도 그렇다.

이 책은 얇아서 금방 읽을 수 있다. 그러나 곱씹어 읽을수록 내용의 중요성을 다시 한 번 절감하게 된다. 한 번 읽고 덮어둘 책이 아니라 밑줄을 그어가며 두고두고 의미를 되새겨야 할 그런 종류의 양서다. 경제에 대해 잘 모르는 분을 위한 안내서 역할을 하기에도 적합하다.

책 제목부터 풀이해보자. 카론(Charon)은 그리스 신화에 나오는 저승길의 늙은 뱃사공 이름이다. 그는 바닥이 없는 소가죽 배로 혼령들을 저세상으로 실어 나른다. 그 작업은 매우 어렵다. 그래서 동전 한 닢이라도 받지 않으면 배를 태워주지 않았다. 이 때문에 고대 그리스인들은 망자(亡者)의 입에 동전을 물렸다고 한다. '세상에 공짜는 없다'는 뜻이다. 이것이 '시장경제 원리'이기도 하다.

저자는 한국 정치인들에 대해 비판적이다. 기업을 정치자금 금고로 생각하고 돈을 요구하는 불법 행태를 수십 년 동안 반복하고 있다는 것. 이런 부패 구조를 청산하지 않으면 한국은 선진국이 될 수 없다고 지적한다. 부패가 적은 선진국에서는 기업들이 정부 규제를 덜 받는 점도 강조된다.

"정부가 각종 사업에 인허가 권한을 많이 가질수록 기업은 정치인에게 더 많은 로비를 한다. 그래야 기존의 독과점적 구조를 유지할 수 있기 때문이다. 정경유착을 뿌리 뽑으려면 규제를 과감히 풀어야 한다. 그러면 '정부의 보이는 손'이 없어도 경제는 소리 없이 시장에서 움직인다. 경제 선진국일수록 부패가 적은 이유는 소득 수준이 높아서가 아니라 기업에 대한 규제가 적기 때문이다.”

저자는 정치 후보자에 대한 ‘경제적 검증’ 세 가지를 실시해야 한다고 주장한다.

첫째, 무책임한 인기 영합적 공약으로 도덕적 해이를 불러오는 후보자를 낙선시켜야 한다. 부채를 탕감하고, 신용 불량을 정부 예산으로 정상화시켜 개인의 짐을 정부가 덜어주겠다고 공약하는 사람이 그들이다. 그 부담은 결국 개인에게 돌아오게 마련이다.

둘째, 시장 친화적인 정책을 외면하고 경제를 법과 명령으로 움직일 수 있다고 믿는 사람이다. 그런 사람은 또 기업을 이익 추구 경제단위로 여기지 않고, 법과 명령으로 움직일 수 있는 사회 공익 기관이라고 생각한다.

셋째, 글로벌 경제에 대한 감각이 없는 후보자는 더 말할 나위가 없다. FTA(자유무역협정)를 체결하지 않고 어떻게 한국 경제의 역동성이 살아나기를 기대하겠는가.

저자는 정치 논리에 의해 흔들리지 않은 대표적인 인물로 미국의 폴 볼커 FRB(연방준비제도이사회) 의장을 꼽았다. 1979년 10월 볼커 의장은 금리를 20% 수준으로 전격 인상했다. 15%대의 고질적인 물가 상승률을 잡기 위해서였다. 그 결과 주택 건설은 얼어붙고 소비는 급감했다. 농민들은 썩은 야채를 FRB 건물 앞에 쌓아놓고 시위를 벌였다. 볼커 의장의 초상화는 불태워졌다. 선거를 앞둔 레이건 대통령과 의회는 볼커를 신랄하게 추궁했다. 돈을 풀어 경기를 살리고 실업을 해소하라고 윽박질렀다. 그래도 그는 정치 논리에 굴하지 않았다. 그런 충격요법만이 미국 경제의 고질을 고칠 수 있다고 확신했기 때문. 마침내 미국에서는 인플레이션이 가라앉았고 1990년대 미국 경제 호황의 기틀이 마련됐다.

21세기 부강한 나라 만들기

기업과 정부 규제, 이 둘의 상관관계를 보자. 규제가 많을수록 기업 활동은 위축된다. 기업의 창의성이 줄어들면 그만큼 효율성이 떨어진다. 더욱이 투자 지역은 글로벌화되어가므로 한국에서 규제가 많으면 투자자들의 발길은 외국으로 나간다.

자동차 부품 생산 업체 사장에게서 저자가 직접 들은 규제 사례가 소개됐다. 그 업체는 중국과 경기도에 동시에 각각 700평 규모의 공장을 증설하려 했다. 중국에서는 일이 4개월 만에 일사천리로 진행됐는데 한국에서는 허가, 건축 심의, 환경 규제에 이르기까지 산 넘어 산이었다. 마지막 단계에서는 부지 안에 있는 은행나무 11그루 때문에 진통을 겪었다. 이 나무들을 반드시 그대로 둬야 한다는 것이었다. 나무를 좋아하는 사장은 어차피 공장 조경을 위해 더 좋은 나무를 심을 계획인데 당국에서는 용납하지 않더라는 것이다.

은행나무가 아니더라도 기업 규제에 관한 일화는 헤아릴 수 없다. 교육용 소프트웨어를 개발하여 판매하려면 교육인적자원부, 정보통신부와 과학기술부, 때로는 산업자원부에도 들러야 한다. 수도권이라는 이유로 규제하고, 특정 업종이라는 이유로 또 규제하며, 기업 규모에 따른 규제도 많다. 기업인들은 규제가 너무 많아 투자는 엄두를 못 낼 지경이라고 한다. 적절한 이유야 많겠지만 각종 규제와 인허가 조항들로 인해 투자 의욕이 말이 아니다. 기업하기 좋은 나라와는 거꾸로 가는 것일까?

한국은 갈수록 투자 매력이 떨어지는 나라가 되어가고 있는 것인가?

조기 유학을 떠나는 학생들이 줄을 이을 정도로 교육의 질이 낮은 나라로 전락했는가? 취업난, 경제 전망 불투명 등의 이유로 해외 이민을 떠나는 사람들도 수두룩하다. 왜 그런가? 저자의 시각으로 곰곰 살펴보자.

'탈(脫)코리아' 의 원인은 미래에 대한 불안, 개개인의 다양한 특성을 수용하지 못하는 사회 정서, 자율성과 창의성을 억제하는 과다한 규제 정책에서 비롯되고 있다. 물론 글로벌 경제에서 어쩔 수 없는 일시적인 현상으로 치부할 수도 있다. 그러나 이것이 구조적으로 고착되면 곤란하다. 그러기 전에 한국을 '매력 있는 나라' 로 탈바꿈시켜야 한다.

오랫동안 대학교수를 지내 대학의 사정을 잘 아는 저자는 "대학을 숨 쉬게 하자"라고 외치고 있다. 대학을 옥죄는 규제와 편견이 너무도 많아 한국의 대학은 한계 상황에 봉착하고 있다는 것. "만약 대학이 경제 논리에 따라 산업처럼 움직인다면, 이미 존립의 근거조차 찾아보기 힘든 상태"란다. 이에 대해 저자는 다음 4가지로 요약한다.

첫째, 한국의 대학은 스스로 필요한 인재를 자유롭게 선발하지 못하고 있다. 수능시험과 내신은 평준화 정책에 밀려 지원자의 학문적 수월성을 판단하는 자료로 미흡하기 짝이 없다. 정부 규제에 묶여 사립대도 본고사를 치를 수 없다.

둘째, 정부 규제 탓에 대학 재정이 매우 취약하다. 등록금은 선진국 대학의 3분의 1도 안 되는데 성과는 선진국 수준으로 요구한다. 등록금을 조금이라도 올리려면 학생들의 '등록금 투쟁' 을 극복해야 하고 기여 입학은 아예 금지되어 있다. 차라리 기여 입학을 허용하는 편이 훨씬 효율적이다. 정원 외로 제한적으로 운용한다면 아무도 손해 보지 않는 정책이 될 것이다. 오히려 개인의 부(富)를 사회로 선순환시킬 수 있는데도 남이 혜택을 보는 '꼴' 을 참지 못하는 정서 때문에 실현되지 못하고 있다.

셋째, 지원자의 감소 추세가 대학의 위기를 가속화하고 있다. 인구 감소에다 중산층 이상 자녀들의 해외 유학이 붐을 이루고 있기 때문이다.

넷째, 유능한 교수들이 한국을 등지고 있다. 미국의 유수한 대학에 재직 중인 한국인 교수는 보수가 낮고 자녀 교육 환경이 나쁜 한국으로 옮기기를 꺼린다.

저자는 "자원이라고는 사람밖에 없는 우리 현실에서 보면 인재의 중요성은 더욱 절실한데 교육을 통해 경쟁력 있는 인재를 키워야 한다"라고 역설한다.

기여 입학제는 상당한 논란을 일으킬 수 있다. 내심으로는 이를 지지하지만 글을 통해 적극적으로 도입 타당성을 주장하기 어려운 것인데 저자는 용기 있게 찬성 소신을 밝혔다. 기여 입학제가 실시되면 수혜 대상자는 소수의 부잣집 범재 아이와 다수의 가난하지만 총명한 아이가 될 것이다. 1명이 낸 기여 입학금으로 수백 명의 가난한 수재들이 장학금을 받을 수 있기에……. 대다수 범재 학생들은 수혜 대상자가 아니므로 기를 쓰고 반대할 것이고 이는 정의(正義)를 내세운 명분 싸움 형태를 띨 것이므로 한국 사회에서 기여 입학제는 성사되기 어려울 것이다.

저자는 '21세기 부강한 나라'의 공통점 4가지를 제시했다. 즉, ① 인센티브를 중시하는 시장 친화 분위기가 정착돼야 하고 ② 정부 정책이 일관성 있게, 효율적으로 추진돼야 하며 ③ 시장을 국제적으로 개방해 경쟁력을 키워야 하며 ④ 생산성이 지속적으로 증가해야 한다는 것.

한국이 선진국으로 도약하려면 6, 70년대처럼 자본이나 노동력을 동원한 외연적인 성장이 아니라 효율성 제고를 통한 내연적 발전을 추구해야 한다는 것. 노동 생산성을 높이고 여성 인력과 세계 최강이라는 IT(정보 통신) 인프라도 적극 활용해야 할 것으로 지적했다.

저자는 에필로그 소제(小題)를 '우리도 다시 날아오를 수 있다'로 정했다. 40년 전 동쪽 끝의 무명의 나라가 지금은 세계시장을 지배하는 초일류 기업과 상품을 탄생시켰으니 희망이 있다는 것이다. 폐쇄적이고 부정적인 우려를 떨쳐버리고 열린 마음으로 글로벌 경쟁력을 길러낸다면…….

옳은 지적이다. 한국은 지금 중요한 국면을 맞고 있다. 성쇠의 기로(岐路)에 섰다고 할까. 근거 없는 낙관론만 믿고 미래를 대비하지 않으면 곤란하다. 반대로 막연한 비관론 때문에 현재와 미래에 대해 과도하게 걱정하면 정말로 쇠락의 길을 걸을 수 있다.

이 책을 읽으며 미래에 대비한 밝은 비전과 구체적인 대안을 찾는다면 개인이나 국가를 위해 유익한 일이 되리라.

신자유주의 경제학의 진실

나쁜 사마리아인들
장하준 지음, 이순희 옮김 · 383쪽 · 부키

한국인이 이 책을 펼친다면 프롤로그에서부터 눈길을 떼기 어려우리라. 한국의 생생한 사례가 흥미진진한 에피소드와 함께 줄줄이 나오기 때문이다.

영국 케임브리지대학교에 재직하는 저자 장하준 교수가 자신의 프라이버시를 공개하는 데서부터 이야기는 전개된다. 저자는 1963년 10월 7일 '세계에서 손꼽힐 정도로 가난한 나라' 한국에서 태어났다고 밝힌다.

그 무렵에 한국이 얼마나 가난했기에 그런 표현이 나왔을까. 1961년 한국의 연간 1인당 소득은 82달러였다. 아프리카 가나의 1인당 소득 179달러의 절반에도 못 미쳤다.

저자가 어린 시절에 살던 서울 북서쪽 변두리 집은 방이 2개인 조그만 시멘트벽돌 가옥이었단다. 주변의 낡은 집에 비해 모양이 번듯했다. 정부의 노후 가옥 개량 정책에 따라 외국 원조 자금으로 지어진 현대식 집이었다. 그래도 난방이 제대로 되지 않아 기온이 영하 15~20도로 내려가면 몹시 추웠다. 변기도 수세식이 아니었다고 한다.

저자의 아버지는 산업자원부 장관, 국회의원, 주택은행장 등 요직을 두루 거친 장재식 선생이다.

저자가 어린 시절에 아버지는 미국 하버드대학교에서 1년간 유학을 마치고 귀국하면서 흑백 TV와 냉장고를 마련해 왔다. 알뜰하게 모은 장학금으로 구입한 소중한 물건이었다. TV에서 생중계하는 스포츠 경기를 보려고 이웃 주민들이 집에 자주 놀러 왔다.

저자는 1970년에 초등학교에 입학했는데 한 학급 학생 수가 65명이나 되었다. 학생들을 통제하기 위해 체벌이 횡행했고 주입식 교육이 불가피했다.

1961년 쿠데타로 집권한 박정희 대통령은 경제 개발에 앞장섰다. 정부 주도로 여러 산업 정책이 수행됐다. 외화를 벌어들이는 수출은 신앙과 같은 개념이었다. 가히 '수출 전쟁'이 '산업 역군'에 의해 벌어졌다.

박 대통령은 1973년 이후엔 제철, 조선 등 중화학공업에 역점을 두었다. 한국의 국내외 전문가들은 무모한 정책이라고 비판했다. 그러나 놀라운 성과가 나타나며 고속 성장이 이어졌다. 1972~1979년 사이에 한국의 1인당 국민소득은 5배가 넘게 증가했다. 수출은 9배로 늘어났다. 세계에서 유례가 없는 속도였다. '한강의 기적'이라는 평이 나왔다.

저자가 살아온 45년 사이에 한국이 이룬 경제성장과 이로 인한 사회적 변화는 놀랄 만하다. 한국은 최빈국에서 출발해 1인당 소득이 포르투갈과 맞먹는 나라로 자랐다. 주요 수출품으로는 텅스텐, 가발 등에서 이제는 이동전화기, 평면 TV, 자동차 등으로 고도화되었다.

한국의 성공 비결은 무엇인가? 대부분의 경제학자들은 "자유 시장 원칙을 따랐기 때문"이라고 분석한다. 그들은 "한국은 안정된 통화가치와 작은 정부를 갖추고 민영기업과 자유무역을 토대로 경제를 운영하며 외국인 투자에 대해 우호적인 태도를 견지해왔다"라고 보충 설명을 한다.

이런 견해는 애덤 스미스와 그의 추종자들의 자유주의 경제학을 현대적 관점에서 해석한 것으로 흔히 '신자유주의 경제학'으로 알려져 있다.

저자가 이 책을 저술한 의도는 신자유주의 경제학의 허구를 파헤치자는 것이다. 겉보기에는 그럴듯하지만 속을 들여다보면 음험한 권모술수가 담겨 있다는 것이다. 저자는 이 책을 집필할 때 '냉철한 머리' 뿐만 아니라 '뜨거운 가슴' 까지 동원한 듯하다.

먼저 일본 도요타자동차 사례가 소개된다.

도요타가 미국에 자동차를 처음 수출한 때가 1958년이었다. 미국 소비자 눈으로 당시의 도요타자동차는 "바퀴 4개에 재떨이 하나"라고 불러도 될 만큼 조잡한 싸구려 제품이었다. 미국인들은 이를 외면했다.

충격을 받은 일본에서는 논쟁이 벌어졌다. 자동차 수출 반대론자들은 "우리가 경쟁력을 갖추지 못한 곳에 돈을 쏟아부어 자동차를 만드는 것은 어리석은 짓"이라며 "방직기나 만들면 될 것이지 과욕을 부리면 나라를 망친다"라고 주장했다.

실제로 일본 정부는 도요타를 살리기 위해 특혜 금융을 지원했으며 수입 자동차에 대해 높은 관세를 물렸다.

세월이 흐른 지금은 어떤가? 도요타의 렉서스는 고급 승용차의 상징 브랜드 아닌가. 일본은 자동차 강국으로 부상하지 않았나.

저자는 "일본 정부가 1960년대 초 자유무역을 주장하는 학자들의 말을 따랐다면 렉서스는 존재하지 않았을 것"이라 지적한다. 일본 정부가 의지를 갖고 일정 부분 시장에 개입한 결과라는 것이다.

일본이 당시에 '글로벌 스탠더드'에 충실했다면 지금 여전히 삼류 산업 국가로, 칠레나 남아프리카공화국과 비슷한 소득 수준에 머물렀을 것이란 분석이다. 글로벌 스탠더드는 선진국들이 후발 개도국에게 강요하는 기준이라는 게 저자의 주장이다.

저자는 신자유주의에 대해 강렬하게 비판한다. 자유경쟁, 글로벌 스탠더드를 강조하는 신자유주의는 선진 강국의 편의에 따라 만들어진 기준이라는 것이다. 영국, 미국도 보호무역 장벽을 높이 쌓았다가 자국 산업이 경쟁력을 갖추자 자유무역의 기치를 높이 든 역사가 있다. 일본, 독일도 마찬가지다.

저자는 '세계화의 진실'을 살펴보면 강대국의 이익을 좇는 방향으로 세계화가 진전되었다고 설명한다. 부자 나라들은 약소국들에게 자유무역을 강요하면서도 다른 한편 스스로는 매우 높은 관세를 유지하는 사례가 많다는 것이다. 영국과 미국이 대표적인 국가다. 흔히 보호무역의 본가처럼 알려진 프랑스, 독일, 일본이 사실상 영국과 미국보다 관세장벽이 낮았다.

보호무역을 통해 부를 쌓은 나라들은 자신들이 강대국 반열에 오른 다음에는 강대국에 오르는 데 필요한 사다리를 걷어찬다고 말한다. 저자는 이 개념을 『사다리 걷어차기』라는 저서에서 이미 소개한 바 있다.

만원 버스에 탄 손님은 버스가 얼른 떠나기를 바란다. 그러나 버스 밖에 있는 사람은 기를 쓰며 타려고 한다. 자신이 어디에 있는지에 따라 심경이 다르다. 나라끼리의 입장도 마찬가지다. 선진 부국은 버스에 탄 손님과 같다. 다른 승객이 타면 혹시 자리를 뺏길까 걱정스럽기도 하다. 출발하는 버스에 겨우 올라탄 손님도 조금 전과는 마음이 바뀐다. 다른 사람의 탑승을 바라지 않는다.

신자유주의 조류에 대한 반박

저자는 부자 나라들을 '나쁜 사마리아인(Bad Samaritans)'에 비유한다. 남을 위해 헌신하는 착한 사마리아인과 다르다는 것이다. 남의 사정은 아랑곳하지 않는단다. 6세 어린이에게 어른의 규칙을 강요한다는 것. 그 규칙이 바로 신자유주의요, 글로벌 스탠더드다.

이들은 개발도상국들에 자유무역을 권장하면서 "우리는 완전한 자유무역에 가깝게 실천하고 있다"라고 강조한다는 것.

자유주의 신봉자들은 흔히 국영기업, 공기업을 비효율 덩어리라고 폄훼한다. 그러면서 소련 등 사회주의 체제가 붕괴한 것은 국영기업의 비효율 때문이라고 지적한다.

저자는 이에 대해서도 반론을 펼친다. 경우에 따라 다르다는 것이다.

싱가포르항공의 사례를 보자. 이 기업은 효율적이고 친절하다는 점에서 세계 정상급이다. 35년 동안 단 한 해도 적자를 내지 않았다. 싱가포르항공은 국영기업인데도 성공했다.

싱가포르에서는 정부 관련 회사들이 전화, 전력, 운송 등 공익 부문뿐만 아니라 반도체, 조선, 엔지니어링, 해운, 은행 등 민간 부문까지 진출해 좋은 성과를 낸다.

한국에서도 포스코가 국영기업으로 출발해 성공 신화를 이뤄냈다. 1960년대 말, 한국 정부는 현대적인 제철 공장을 짓는다며 세계은행에 융자를 신청했다. 세계은행은 "이 사업 계획은 실현 불가능하다고 사료된다"라며 거절했다. 한국에는 제철에 필수 원료인 철광도 태부족했고 가까운 중국에서 수입할 수도 없었다. 머나먼 호주에서 철광석을 수입한다니 성공 가능성이 보였겠는가. 우여곡절 끝에 1973년 조업을 시작한 포스코는 10년도 채 지나지 않아 세계적으로 손꼽히는 우량 제철 회사로 부상했다.

시장이 너무 확대되면 부정부패가 생기기 쉽다고 저자는 주장한다. 자유주의자들은 흔히 "부정부패를 억제하려면 민간 부문을 늘리고 공공 부문에 시장 기능을 확대해야 한다"라고 역설한다.

저자는 공공 부문에 민간의 입김을 늘리면 뇌물 수수가 이뤄질 기회가 늘어난다고 지적한다. 민간과 공공 부문의 인적 교류는 더욱 위험하다는 것이다. 명분은 그럴듯하지만 유착 관계가 심화될 수 있다는 것이다.

저자는 "부정부패는 대개 시장의 힘이 약해서가 아니라 지나치게 크기 때문에 존재한다"라며 "신자유주의 정통파가 줄기차게 밀어붙이는 규제 완화를 통해 시장 기능을 확대하면 상황은 더욱 악화될 수 있다"라고 경고한다.

'나쁜 사마리아인' 들은 자신들이 부르짖는 자유무역, 민영화 등이 실패할 수 있다는 생각을 추호도 하지 않는다고 저자는 꼬집는다. 실패한다면 비(非)정책적인 요인, 즉 정치와 문화에서 찾는다는 것이다.

저자는 경제 발전에 확실하게 좋거나 확실하게 나쁜 문화는 존재하지 않는다고 믿는다. 단지 그 문화권에 속한 사람들이 문화 안에 든 '원자재' 로 무엇을 하느냐에 따라 결과가 달라진다는 것이다.

일본이 가난한 나라였을 때는 유교라는 문화 전통 때문이라 했으나 부자가 된 이후엔 협동을 중시하는 일본 유교 문화가 성공 요인으로 꼽힌다는 것이다.

저자는 국제통화기금(IMF), 세계은행(IBRD), 세계무역기구(WTO) 등 3대 국제기구를 '사악한 삼총사' 라 규정했다. 개발도상국에게 끊임없이 부당한 기준을 강요한다는 것이다. 이들 기구는 '나쁜 사마리아인' 의 충실한

하수인이라는 것.

이 책을 추천한 인사들의 면면을 봐도 이 책의 성격을 짐작할 수 있다. 놈 촘스키가 선봉에 섰다. 언어학의 석학이었던 그는 중년 이후엔 사회운동가로 활동한다. 그는 장하준의 책에 대해 "탄탄한 경제학 이론과 역사적 증거에 기반해 세계 경제를 어떻게 하면 지금보다 훨씬 인간적이고 문명화된 형태로 개조할 수 있는지에 대한 방법을 제안한다"라고 극찬했다.

노벨경제학상 수상자이자 저자의 스승이기도 한 조지프 스티글리츠 박사도 "세계화를 바라보는 우리의 시각을 새롭게 만들어주는 책"이라 상찬했다.

장하준 교수의 이 책은 버스를 타지 못한 사람의 논리에 바탕을 두었다. 한국의 세계화 현주소는 어떤가? 이미 버스를 탄 승객이다. 한국으로서는 WTO 원칙에 따라 자유무역주의가 확산되어야 유리하다.

장하준 교수의 다른 저서 『쾌도난마 한국 경제』처럼 『나쁜 사마리아인들』도 읽을 때는 속이 후련하며 공감하지만 그의 주장을 선뜻 실현하기 어려운 것은 한국 경제가 이미 선진국 질서에 편입돼 있기 때문일 것이다.

트렌드로 미래와 소통해라

트렌드 워칭
김경훈 지음 · 256쪽 · 한국트렌드연구소

경제·경영 서적을 즐겨 읽는 분이라면 '김경훈'이라는 저자가 낯설지 않으리라. 『세상을 바꾼 경제학』 등 쉽고 재미있게 읽히는 관련 서적을 여러 권 썼기 때문이다. 공병호, 구본형, 곽해선, 김경준, 홍하상 등 이 분야 전문 저자들과 함께 이름 석 자만으로도 수천, 수만 명의 독자를 끌어들이는 브랜드 파워를 가졌다.

1994년 『한국인 트렌드』란 책을 내놓은 저자는 그 후 '트렌드'란 화두에 매달렸다. 세상의 흐름을 읽어내는 일에 몰두한 것이다. 트렌드는 막연한 미래와는 다르다. 거의 틀림없이 찾아올 미래가 바로 트렌드다. 왜냐하면 트렌드는 현재 이미 변화가 시작됐고 그것이 미래로 이어지는 과정이기 때문이다.

일본의 이토추종합상사의 세지마 류조 기획 담당 임원은 1973년 오일 쇼크를 정확하게 예측해 세계를 놀라게 했다. 그는 신문 기사를 유심히 읽고 스크랩했다. 그랬더니 '중동 지역 전쟁 발발 가능성'이라는 트렌드가 보였다. 그의 건의에 따라 이토추상사는 원유를 비축하기 시작했고 마침내 전쟁 직후 엄청난 이익을 올렸다.

이 책은 트렌드를 읽는 '트렌드 워칭(trend watching)'에 관한 9가지 노하우를 가르쳐준다. 저자가 이 분야의 여러 국내외 서적을 섭렵하고 저자 자신의 통찰력을 바탕으로 정리한 것이다.

노하우 가운데 하나인 '피할 수 없는 필연적 미래를 찾아라'를 보자. 인구통계를 살펴보면 0~4세 어린이들의 인구 비중이 갈수록 낮아짐을 알 수 있다. 유아 관련 비즈니스가 위축될 수밖에 없다. 이들이 초등학교에 들어갈 무렵이면 저학년용 서적을 만드는 출판사들은 가만히 앉아 있다간 고전하기 십상이다. 고부가가치 상품을 개발해야 한다.

'트렌드 성장의 법칙을 이해하라'도 흐름을 이해하는 데 좋은 노하우다. 어떤 트렌드도 경제 논리를 벗어나 성장하지 않는다는 것이다. 즉, 수요-공급의 원리가 맞아야 한다는 것. 우주여행의 경우 막대한 비용을 부담할 수요자가 거의 없을 것이므로 실현되기 어렵다.

'미래 정보가 아니라 미래 지식을 추구하라'에서는 미래 지식을 만드는 구체적인 5단계 과정을 보여준다. 갖가지 현상에 대해 이름을 붙이는 습관을 들이면 흐름을 쉽게 파악할 수 있다. 너무 바빠 허드렛일을 남에게 맡기는 직장인들의 모습에서 "시간을 팔아서 시간을 산다"라고 요약해보자. 그러면 포장이사, 전자동 세탁기, 청소 대행업, 복합 쇼핑몰 등의 사업 트렌드가 읽히지 않겠는가.

미국에는 트렌드를 살피는 트렌드 워처(watcher)라는 직업인도 있다고 한다. 이들은 새로운 트렌드를 탐색해 기업에 제공한다.

저자는 멋지게 파도를 타는 서핑 애호가처럼 독자들이 변화의 물결을 잘 극복하는 트렌드 서퍼(surfer)가 되기를 기대하고 있다.

기존의 미래학 서적이나 트렌드 관련 서적보다 이 책이 돋보이는 것은 각 개인이 트렌드 전문가가 될 수 있는 길을 제시했기 때문이다. 이 책을 정독하고 5~10년 뒤를 준비하면 밝은 미래가 보이리라.

『HOT trends 40』(국제디자인트렌드센터 · 한국트렌드연구소 지음, 한국트렌드연구소)은 화려한 시각물이 듬뿍 담겨 있어 눈길을 끄는 책이다. 새로운 트렌드 40개를 멋진 사진, 일러스트레이션을 곁들여 정리했다.

버틀러, 즉 집사(執事)는 집안의 크고 작은 일을 대신 처리해주는 관리자다. 건물 보수 같은 거친 일부터 요리나 스케줄 챙기기 등 비서 업무에 이르기까지 다양한 서비스를 제공하는 직업인이다. 선진국에서는 집사 양성 학교가 생겼다. 이들에 대한 수요는 급증하는 추세다. 이런 트렌드가 한국에서도 조만간 나타나지 않을까? 파출부가 진화한 모습이다.

이 책은 집사 트렌드를 소개하면서 세계 유일의 7성급 호텔인 이탈리아 밀라노의 갈레리아에는 세계 정상급 버틀러들이 근무한다고 소개했다.

외부와 차단된 개인 휴식처인 '퍼스널 오아시스'가 등장하는 것도 새로운 트렌드다. 캡슐 안에서 혼자서 컴퓨터 게임을 즐길 수 있는 '오큘러스'라는 제품이 대표적인 사례다. 4만 5천 달러의 비싼 물건이어서 상품성 여부가 미지수이긴 하다. 혼자서 고기를 구워 먹는 플러스바가 일본에 이어 서울에도 등장했다.

공부와 노동으로부터의 도피

하류 지향

우치다 타츠루 지음, 박순분 옮김 · 270쪽 · 열음사

공부를 하지 않고도 편하게 살 수 있다면 얼마나 좋으랴. 공부하라고 닦달하는 부모에게 시달리는 청소년들이 품는 꿈이다. 공부만 하지 않으면 세상에 신나는 일들이 무궁무진할 것 같은 생각이 든다.

자녀들을 들볶는 그 부모는 어떤 소망을 품을까? '일을 하지 않고도 그럭저럭 살 수 있다면 얼마나 좋을까' 하는 꿈 아닌가. 직장인은 흔히 상사에게 면박을 당하면 "당장 때려치우고 내일부터 회사에 안 나온다"라고 호기 있게 말한다. 하지만 하루도 지나지 않아 슬그머니 꼬리를 내린다. 집에 들어가 가족들을 보고 나면 '직장에서 수모를 당하는 대가로 받는 게 월급 아닌가' 생각하며 참을 인(忍) 자를 가슴에 새긴다.

공부와 일, 부정적으로만 보면 '누구나 하기 싫은 것'이다. 그러나 공부와 일의 긍정적인 측면을 보자.

공부를 제대로 하지 않으면 살아가는 데 불편이 크다. 문맹 노인을 위

한 한글학교 졸업식 장면을 혹시 언론 보도에서 접하지 않았는지? 노인들은 한글을 깨친 데 대해 감격의 눈물을 흘린다. 숫자를 읽지 못하면 일상생활에서 얼마나 불편하겠는가. 버스 노선 번호를 읽지 못해 허둥거려야 한다. 영어 알파벳을 모른다면 오늘날 살아가는 데 적잖게 당황하리라. 아는 만큼 보인다고 하지 않는가. 여행을 가서도 현지 상황이나 배경 역사를 잘 알면 훨씬 즐겁다. 미국 드라마를 보더라도 자막 없이 감상할 영어 실력을 갖추면 원어 대사의 묘미를 만끽할 수 있다. 이처럼 공부는 억지로 머릿속에 집어넣어야 할 '괴물' 이 아니라 즐겁게 함께 놀아야 할 '보물' 이다. 보물이 많을수록 삶은 풍요로워진다.

일을 하면 괴롭기만 한가? 먹고살 만한 재산을 가진 노인 가운데서 일 자체를 즐기는 사람이 많다. 놀고먹는 생활을 지속하면 겉보기엔 그럴듯할지 몰라도 심신이 건강한 사람에게는 고역이다. 뭔가 생산적인 활동에 몰입해야 보람을 느끼는 게 인간의 한 속성이기도 하다. 근로 활동을 통해 얻는 성취감, 경험자는 잘 알 것 아닌가.

이렇듯 공부와 일은 한편으로는 괴로운 활동이긴 하지만, 곰곰 생각하면 즐거운 점도 있고 또 사회를 지속적으로 지탱하려면 반드시 필요하기도 하다. 공부를 하지 않으면 지식은 어떻게 전수, 발전시킬 것인가. 일을 하지 않으면 수많은 인구가 소비할 물품과 서비스는 누가 공급하랴. 공부와 일은 권리이면서 의무이기도 하다.

『하류 지향』이라는 책을 읽으면 공부와 일은 일본 젊은이들에 의해 거센 도전을 받고 있음을 알 수 있다. 상당수 일본 청소년들이 "왜 공부를 해야 하나요?"라고 물으며 공부를 게을리한다는 것이다. 일본 청년들 가운데 "왜 일을 열심히 해야 하지요?"라고 반문하며 적당히 삶을 즐기려는 사람도 수두룩하다. 죽기 살기로 공부와 일에 매달려 신분 상승을 노리기보다 대충대충 공부하고 일하며 '하류 인생' 에 머물겠다는 사람들이 급증하고 있다고 한다. 그들은 말한다. "내가 스스로 하류에 머물겠다는데 웬 참견이냐?"

저자의 프로필을 살펴보자. 1950년 일본 도쿄에서 태어나 도쿄대 불문과를 졸업한 저자는 현재 고베여학원대학 문학부 교수로 재직 중이다. 이 대학에서 프랑스 현대사상, 영화론, 무도론 등을 강의한다. 문답식 강의에 능해서 수강생들에게서 큰 인기를 얻고 있다고 한다. 우치다 교수는 글솜씨가 좋다. 문학적 레토릭에 능할 뿐 아니라 경제학 배경 지식도 탄탄히 갖추고 있다.

『하류 지향』이란 이 책은 인문학과 사회과학을 아우르는 지식 기반에서 탄생한 결과물이다. 그래서 읽는 재미를 주면서도 강렬한 메시지를 던진다. 이 책이 일본에서 베스트셀러 반열에 오른 것은 이런 이유 때문이다. 그의 다른 저서인 『망설임의 윤리학』, 『아저씨적 사고』, 『선생님은 훌륭해』 등도 일본 독자들의 마음을 사로잡은 바 있다.

우치다 교수는 이 책의 주제에 대해 '공부로부터의 도피, 노동으로부터의 도피' 라고 설명한다. 일본 청소년들이 공부와 일에서 벗어나려고 발버둥 치는 현상을 분석했다.

'공부로부터의 도피' 라는 개념을 처음 고안한 사람은 사토 마나부 도쿄대 교육학부 교수다. 사토 교수는 1990년대부터 청소년 학력이 눈에 띄게 떨어지는 현상의 원인을 규명하는 연구를 맡았다. 그 결과 그들의 단순한 게으름이나 교사의 지도력 부족 탓이라기보다는 학생들이 공부 자체를 혐오하기 때문이라는 사실을 발견했다. 학생들은 적극적으로 공부로부터 도피하기 시작한 것이다.

에리히 프롬이 남긴 불후의 고전 『자유로부터의 도피』를 보자. 시민적

자유는 오랜 역사적 투쟁의 산물인데 20세기 선진국 국민들이 이를 독재 정권에 헐값에 팔아넘기는 도착적 현상이 생생하게 지적됐다. '공부로부터의 도피'도 프롬의 지적과 마찬가지다. 앞선 세대들이 민주화와 인권 확대를 위해 노력한 산물인 '교육받을 권리'를 가치 없는 것으로 팽개치는 모습이 아니고 무엇인가? 도착적인 현상이 아닐 수 없다.

우치다 교수는 아들이 다니는 시립 중학교에 수업 참관을 하러 갔다가 깜짝 놀란 경험을 털어놓았다. 수업 분위기가 산만하다는 이야기를 들었지만 눈으로 확인하기는 처음이었다. 교단 주변에 앉은 학생 10명 정도만 교사의 설명에 귀를 기울이고 나머지 25명 정도는 잠을 자거나 이리저리 돌아다니는가 하면 떠들기도 하고 만화책을 봤다. 교실 뒤편에 학부모들이 늘어서 있는데도 말이다. 아들에게 평소에도 그러느냐고 물었더니 "부모들이 오신 날이라 다들 그나마 얌전한 편"이라고 대답했다. 이런 수업 분위기는 초등학교, 중학교, 고등학교에 공통적으로 나타난다. 사칙연산을 못하고, 알파벳을 모르고, 한자를 못 읽는다 해도 자신만만한 젊은이들이 부지기수다.

저자인 우치다 교수는 교육학자들의 논문을 꼼꼼히 읽고 나름대로 이런 교육 기피 현상에 대한 원인을 진단했다. 학생들은 학력 저하를 깨닫지 못하고 "모르는 게 뭐 어때서?"라는 반응을 보인다. 무지(無知)를 부끄럽게 여기지 않고 불안해하지도 않는 '새로운 사회집단'이 나타난 것이다. 학생들의 양심은 점점 무디어져 간다. 죄의식이 별로 없어 보인다.

학생들은 자랄 때 부모에게서 대가를 받는 일에 익숙했다. 숙제를 하고 학원에 가면 용돈을 받았다. 심부름을 하거나 집안 청소를 잘 도우면 컴퓨터 게임기를 선물로 얻었다. 공부하고 집안일을 돕는 게 당연한데 대가를 받으니 못된 버릇이 몸에 뱄다. 공부와 일을 거래 조건으로 여기게 된 것이다. 학교에서 수업이 시작돼 10분 정도 얌전히 앉아 있으면 교사에게 '불쾌함이란 화폐'를 모두 지불했다고 믿는다. 그래서 나머지 시간은 멋대로 떠들고 돌아다닌다. 교사가 조용히 하라고 다그치면 거래가 끝났는데 왜 성가시게 구느냐는 눈짓으로 항의한다.

학생들은 학교와 편의점을 동일시한다. 맘에 들지 않는 물건은 사지 않아도 되는 것처럼 하기 싫은 공부는 거부한다는 것이다. 교사를 바라보는 시각이 편의점 점원을 쳐다보는 눈길과 다를 바 없다.

저자는 공부 도피 현상의 원인을 "학력이 취직의 보증수표가 아니다"라는 인식에서도 찾았다. 일본 정부가 앞장서서 일본의 집단주의 문화를 개인주의로 바꾸자고 선언한 것도 맥락을 함께한다. 일본 정부는 '21세기 일본의 구상 간담회'라는 자문기관을 통해 "소속한 조직의 화합을 제일로 생각하는 일본인의 경향은 선진국들 중에서는 빈부의 격차가 낮고 비교적 안전성이 높은 나라를 만들어낸다는 이점을 가졌다"라고 긍정적인 면을 내세우면서도 "그러나 개인의 능력과 창조력을 마음껏 발휘시키는 장으로서는 오히려 걸림돌이 되므로 자기 결정, 자기 책임이 중요하다"라고 강조했다. 일본 정부가 추구하는 국민의 이상형은 '씩씩하면서도 유연한 개인'이다. 일본 정부는 세계화 시대에 '조직의 화합'과 같은 느긋한 말 따위를 부르짖을 여유가 없다는 것이다. 리스크는 개인이 짊어져야지 조직이 분담해서는 곤란하다는 뜻도 포함된다.

이런 선언 이후에 인터넷이 확산되면서 인터넷 관련 비즈니스로 떼돈을 버는 신흥 자산가들이 줄줄이 탄생했다. 열심히 공부해서 좋은 직장에 들어가 높은 봉급을 받는다는 전통 가치관이 무너졌다. 노력과 성과가 일치하지 않는 '이상한 사회'가 형성됐다. 그러니 "공부를 열심히 해서 무슨 소용이 있나?" 하는 회의감이 확산될 것은 뻔하다. 리스크를 개인 혼자서 짊어진다면 가장 큰 피해를 당할 계층은 저소득층이다. 학력과 소득이 낮은 사람은 위험을 부담할 능력이 모자란다. 부지불식간에 이들 가운데 상당수는 "될 대로 되라"라는 자포자기 심리에 빠지는 것이다. 우치다 교수는 이를 '사회가 강요하는 죽음의 방식'이라는 말로 우려를 나타냈다.

저자는 일본 정부가 강조한 '자기 결정'의 문제점을 신랄하게 비판한다. 이 말은 근대 시민 의식을 대변하는 개념이어서 듣기엔 그럴듯하다. 그러나 인지 능력이 미성숙한 청소년에겐 이런 개념은 위험하다. "내 운명을 내가 지배하고 내 멋대로 살아가겠다는데 다른 사람이 웬 상관이냐?"라고 부르짖는 청소년에게 지각 있는 어른이라면 어떤 충고를 하겠는가? 저자는 "내가 결정한 것이라면 결과적으로 나에게 불리하더라도 괜찮다"라는 극단적 사고방식을 '자기 결정 페티시즘'이라고 부른다.

저자는 일본의 니트(NEET : Not in Education, Employment or Training)에 대해 고발한다. '자기 결정'에 집착하는 청년들이 보이는 병리 현상이라는 것이다. 공부도 일도 하지 않고 빈둥거리는 니트족이 일본에서 85만 명에 이른다고 한다. 적절하게 일을 하는 프리터족과는 다르다.

니트족이 아니라 할지라도 근로정신이 퇴색한 젊은 직장인들이 증가하고 있다. 이들은 일도 건성건성 한다. 언제나 임금은 기대보다 낮다고 생각하고 일에 싫증이 나면 다른 회사로 옮긴다. 어느 우수한 아르바이트 대학생을 기특하게 여긴 회사 간부가 그를 정식 사원으로 채용하겠다고 말했더니 학생은 사양했다. "아르바이트라면 언제든지 그만둘 수 있지만 정사원은 그게 쉽지 않아서"라고 대답하면서…….

어느 대기업에서 유능한 젊은 사원을 새 프로젝트 책임자로 추천하자 그는 단박에 사표를 냈다. 직장을 빠져나와 음악회에 가지 못하고 성수기에는 여행도 못 간다는 이유에서라고……. 저자는 직장에 만연한 '파랑새 증후군'을 지적했다. 별다른 뚜렷한 이유도 없이 휴직 또는 사직을 하고 어디로인지 훌쩍 여행을 떠나는 직장인들이 증가하는 현상이다. 이상향인 '파랑새'를 찾아서 현실을 벗어나는 행태를 말한다.

일본에서 사회적 이슈가 되는 '하류'가 한국에서는 어떤가? 기형적으로 자란 '열린 교육'의 폐해가 교실의 수업 분위기를 망치고 있다. "공부를 못해도 다른 것 하나만 잘하면 대학에 갈 수 있다"라는 무책임한 발언의 후유증이 남아 기초 학습을 소홀히 하는 학생들이 증가한다. 공부를 못하는 이유를 자꾸 부모 소득 탓으로 돌리는 경향도 뚜렷해진다. 명문 대학에 진학하지 못하면 "고액 과외를 받지 않아서", "강남에 살지 않아서" 등의 변명을 내세우는 사람이 늘어난다. 학습에 대한 가치관이 자꾸 뒤틀려간다.

일자리 구하기가 점점 어려워지면서 부모에게 얹혀살기로 작정한 캥거루족이 늘어나는 것도 한국 젊은이들의 행태다. 이들은 처음엔 부모에게 미안한 표정을 짓다가 갈수록 뻔뻔해진다. 평생 허리가 휘게 일한 부모가 겨우 벌어놓은 재산을 은근슬쩍 상속받으려는 욕심을 품는다. '일로부터의 도피' 현상이 가시화되는 단면이다. 열정과 혈기가 넘쳐야 할 젊은이들이 이렇게 '하류 지향'을 도모한다면 그 사회의 미래는 어둡다. 일본에서의 '하류 지향'이 한국에서도 나타날 수 있다는 문제의식을 지녀야 한다.

Chapter 06

돈과 욕망이 춤추는 곳

금융시장

월 스트리트에 관한 모든 것

월 스트리트 제대로 알기

머니투데이 국제부 지음 · 376쪽 · 아카넷

월 스트리트……. 미국 뉴욕의 맨해튼 섬 남쪽에 있는 이 거리를 수식하는 말은 화려하다. '세계 금융의 심장'이라느니 '자본주의의 메카'라느니……. '욕망과 열정, 머리싸움으로 뒤범벅된 공간'이라고 묘사한 이도 있었다. 이곳을 무대로 한 영화도 수두룩하다.

여기를 누비고 다니는 인물들의 면면만 봐도 이런 분위기를 알 수 있다. '미국의 경제 대통령'이라 불리는 앨런 그린스펀 미국 연방준비제도이사회(FRB) 의장이나 막강한 '큰손' 투자가 조지 소로스 회장이 그들이다.

경제 분야에 큰 관심을 갖지 않는 분도 메릴린치, 골드만삭스, JP모건, 씨티그룹, AIG 등의 금융 회사 이름 정도는 들어봤으리라. 이런 쟁쟁한 대형 금융 회사들이 몰려 있으니 세계 금융계의 중심지임이 틀림없다. 한국도 한국은행과 주요 금융 회사들이 이곳에 사무소나 법인을 세워놓고 있다.

　미국 서점에 가보면 월 가(街)에 관한 책만도 수십 권이 꽂혀 있다. 한국 서점에서도 10여 권을 찾아내기가 어렵지 않다. 이 가운데『월 스트리트 제대로 알기』는 한국어로 쓰인 월 가 관련 서적 가운데 단연 돋보인다. 10명의 저자가 월 가 내부와 세계 경제 흐름에 대한 이야기를 흥미진진하게 써놓았다. 일부 저자는 뉴욕 현장을 발로 뛰며 생생한 읽을거리를 찾아냈다.

　흔히 재밌는 책은 알맹이가 부실하고 내용이 알찬 이론서는 문장이 무미건조해 읽을 때 골치가 아프게 마련이다. 이 책은 술술 읽히면서도 밑줄 칠 부분이 많아 ‘달콤한 알맹이’가 많은 명저라 할 만하다.

　이 책은 먼저 뉴욕증권거래소(NYSE)를 소개한다. 시가총액 16조 8천억 달러(2003년 12월 기준)어치의 증권이 거래되는 세계 최대의 증권거래소다.

　증권업으로 먹고 살아가는 이들의 행태는 어떨까? 수백만 달러의 고액 연봉을 받는 애널리스트도 새벽잠을 설치고 나와 길거리 편의점에서 샌드위치와 커피로 아침을 때우기 일쑤다. 점심도 사무실에서 대충 해결한다. 불경기에는 해고에 대비해 가방에 이력서를 넣고 다니는 이들도 많단다.

　월 가를 움직이는 큰손들은 투자은행, 각종 펀드, 보험사, 워런 버핏과 같은 거대 개인투자가 등으로 다양하다. 이 가운데서 가장 앞선 곳은 메릴린치, 푸르덴셜증권, 골드만삭스 등과 같은 투자은행이다.

　독일계 유대인이 창업한 골드만삭스는 팀워크를 매우 중시하는 조직 문화를 가졌다. 직장을 위해 개인의 희생을 강요하기도 한다. 그러나 엄청난 연봉으로 이를 보상한다. 워싱턴 정가와 긴밀한 유대 관계를 맺고 있기도 하다.

월 가에서 최고 몸값을 자랑하는 이는 씨티그룹의 샌디 웨일 회장. 그는 2003년에 4470만 달러를 받았다. IT 붐이 절정을 이루던 2000년엔 1억 2780만 달러를 챙기기도 했다.

금융이 살아야 나라가 산다

금융 강국 코리아
머니투데이 금융부 지음 · 413쪽 · 굿인포메이션

미국에는 수학, 통계학, 컴퓨터 분야에서 놀라운 창의력을 가진 인재들이 수두룩하다. 이들은 매사추세츠공과대학(MIT) 등 치열한 경쟁이 벌어지는 학교에서 길러진다. 1980년대 이후 이들은 금융계에 스카우트됐다. 이들은 수리 능력을 바탕으로 파생 금융 상품들을 개발하기 시작했다. 미국이 금융 강국으로 떠오른 한 요인이다.

한국 금융 산업의 현주소는 어떤가? 은행끼리 합병하면 으르렁거린다. 주도권 다툼이 좀체 끝나지 않는 탓이다. A 은행 노조와 B 은행 노조는 각각 무리한 요구를 남발하고 있다.

어느 통합 은행장은 같은 은행 출신자끼리는 밥도 함께 먹지 말라고 지시했다. 또 다른 은행장은 출신 은행별 모임을 엄벌하겠다고 말할 정도……. 첨단 금융 기법, 고객 중심주의니 하는 구호는 장식용에 불과한 것일까? 이러고도 국제경쟁력이 생길 수 있을까?

『금융 강국 코리아』의 저자도 한국 금융 산업의 낙후성에 대해 통탄한다. "금융이 살아야 나라가 산다"라고 주장하는 저자는 "외환 위기 이후 활짝 열어놓은 문으로 들어온 외국인들은 한국 금융시장과 금융 산업을 '점령' 했다"라고까지 표현했다.

은행원들에 대한 저자의 눈총은 따갑다. 책상에 앉아 오는 손님만 응대하다 금융 상품 판매 캠페인 때 와르르 나가 동물 인형 옷 입고 쇼 한두 번 하다 한 달 지나면 무슨 상품을 팔았는지도 잘 모르는 사람으로 묘사하고 있다.

금융 강국이 되기 위해서는 복잡한 금융공학 기법을 도입하기에 앞서 고객에 다가서는 것이 우선 필요하다는 것이다. 정부가 내세운 '동북아 금융 중심' 이라는 거창한 목표도 국내 금융 회사들의 뿌리가 튼튼하지 않으면 헛구호에 그친다는 지적이다.

저자는 할리우드의 배우처럼 화려한 씨티금융그룹보다는 수더분한 웰스파고를 벤치마킹할 것을 제안했다. 고객에게 편한 서비스를 제공하는 것을 모토로 한 이 금융 그룹은 알고 보면 시가총액 기준 세계 6위(약 천억 달러)의 초우량 회사라는 것.

한국이 외환 위기를 맞은 것은 여러 요인 때문이었다. 그 가운데 취약한 금융 산업도 한몫을 했다. 제2의 외환 위기를 막으려면 금융 회사들이 환골탈태해야 한다. 선진 금융 강국들이 금융을 통해 다른 나라를 지배하는 경향이 더욱 뚜렷해지고 있기도 하다.

저자는 국제금융시장에서 한국 금융 회사들이 살아남으려면 ① 위험 관리 능력을 키워라 ② 고정 고객을 확보해라 ③ 위축된 기업 금융의 판로를 찾아라 ④ 몰아치는 외국 자본에 대응할 국내 자본을 만들어라 ⑤ 진정한 경쟁력은 기본기에서 나온다 등 5개 항을 실천해야 한다고 강조했다.

윤증현 금융감독위원장(현 기획재정부 장관)은 이 책에서 금융 정책에 대한 비판을 받고서도 "이 책은 우리 금융 산업의 현주소를 냉정하게 짚고 그 해결책을 제시해 가뭄에 단비를 만난 듯 반갑다"라고 추천사를 써 눈길을 끈다.

시장 변화에 따라 여우처럼 투자해라

짐 크레이머의 영리한 투자
짐 크레이머 지음, 노혜령 옮김 · 400쪽 · 흐름출판

이 책은 월 가에서 벌어지는 주식 투자 머니게임을 박진감 있게 묘사한 책이다. 재미뿐만 아니라 투자 실전에 도움이 되는 전략 아이디어를 제공한다. 읽다 보면 미국 증권시장의 생리를 파악할 수 있다. 현장의 분위기가 살아 있는 교과서인 셈이다.

저자 짐 크레이머는 한국에는 덜 알려진 인물이다. 미국에서는 투자 분야 조언가로 유명하다. 경영 전문 잡지 《포브스》는 워런 버핏, 앨런 그린스펀과 함께 그를 "돈을 가장 잘 아는 삼총사"라 보도하기도 했다. 그의 이력을 훑어보면 《포브스》 기사가 믿음직스럽게 보일 만하다.

하버드대 로스쿨을 졸업한 청년 짐 크레이머는 사회정의를 실현한다는 열망으로 '탤러해시데모크래트'라는 작은 신문사의 기자가 됐다. 연봉은 1만 5천 달러에 불과했다. 생애 첫 주급 명세서를 받아 든 그는 월급만으로는 인간다운 삶을 살 수 없으며 아무리 열심히 직장 생활을 해

도 부자가 될 수 없다는 사실을 깨달았다.

가난에서 벗어나는 지름길은 주식 투자라는 판단이 들었다. 단돈 200달러로 투자를 시작했다. 명문 경영대학원에서 가르치는 난해한 포트폴리오 이론, 차트 이론 대신에 길거리의 상식과 인문학을 활용했다. '고위 경영진이 회사를 그만둔다면 뭔가 잘못돼가고 있는 것', '누군가가 TV에서 추천했다고 해서 그대로 따라하지 마라', '종목 선정 이유를 타인에게 설명할 수 있어야 한다' 등의 투자 법칙 25개를 달달 외워 실천했다.

그는 골드만삭스 등 증권사에서 일하며 월 가에서 최고의 성적을 내는 브로커, 펀드매니저로 부상했다. 10년 넘게 연평균 31%의 기적 같은 수익률을 올렸다. 몇억 달러를 벌었을 정도이니 그의 '황금 손' 솜씨를 짐작할 만하다. 요즘엔 증시 전문 사이트 더스트리트닷컴에서 칼럼니스트로, CNBC 방송에 출연해 투자 조언자로 활약한다.

그는 "황소와 곰은 돈을 벌지만 돼지는 도살당한다"라는 증시 격언을 가장 좋아한다고 한다. 주식의 매수, 매도 타이밍을 잡지 못하고 지나친 욕심 때문에 엉거주춤 보유하다가 돈을 잃는 '돼지'를 꼬집는 말이다. '미국 개인투자자들의 우상'인 그는 개인의 투자 포트폴리오를 사이트에 공개할 만큼 자신감이 넘친다. 미국 연방준비제도이사회(FRB)의 금리 정책에 대해 '거침없는 하이킥'을 날릴 만큼 배짱이 두둑하다.

이 책에 대해 이상건 미래에셋투자교육연구소 부소장은 "서점에 가면 주식으로 돈을 버는 비법을 다룬 책들이 많지만 개인투자자가 성공하기란 쉽지 않은데 이는 미국에서도 마찬가지"라면서 "미국 금융시장에서 큰 영향력을 가진 저자의 투자 가이드북이므로 참고할 만하다"라고 말했다. 김재영 한국투자교육연구소장은 "성공한 사람의 경험담을 읽는 일은 즐거운 여정"이라며 독후감을 밝혔다.

금융 천재들의 치열한 머니게임

라이어스 포커
마이클 루이스 지음, 정명수 옮김 · 426쪽 · 위즈덤하우스

서브프라임 모기지(비우량주택담보대출) 부실, 애그플레이션(agflation), 달러-유로 환율 변동……. 한국의 신문에도 자주 등장하는 국제 경제 뉴스다. 한국 경제를 쥐락펴락하므로 눈길을 주지 않을 수 없다.

서브프라임 모기지 사태로 미국 금융기관이 대출금을 떼이면 '세계 금융시장의 심장'이라는 월 스트리트가 얼어붙는다. 찬바람은 한국 증시에도 밀어닥친다. 한국의 개미 투자자들은 하루아침에 한두 달 치 봉급을 잃는다. 제법 큰돈을 굴리는 투자자는 며칠 새 1년 치 연봉을 날리기도 한다. 국제 농산물 가격이 오르는 애그플레이션 탓에 라면, 피자, 과자 등 밀가루가 들어간 식품 값이 줄줄이 오른다. 캐나다 달러 가치가 오르면 캐나다로 자녀를 유학 보낸 부모들은 학비 부담 때문에 가슴이 철렁 내려앉는다.

‘세계화’가 어떤 것인지 피부로 느낄 수 있지 않은가. 한국의 경제 상황을 잘 이해하려면 미국 월 가(街) 사정도 파악해야 하지 않겠는가.

『라이어스 포커(LIAR’S POKER)』는 월 가의 내밀한 속살을 파헤친 역작이다. 대학원을 갓 졸업한 젊은이가 미국 투자은행 살로만브라더스에 입사해서 퇴사할 때까지 겪은 체험을 고백한 내용이기에 리얼리티가 돋보인다. 원저가 출판된 지는 20년이 흘렀지만 오늘날 서브프라임 모기지 사태의 단초가 그때 시작됐다는 점에서 책 내용은 여전히 ‘현재 진행형’이다. 이 책은 요즘 서브프라임 모기지와 관련된 여러 금융 기법들이 어떻게 생겨났는지에 대한 생생한 역사를 담고 있다.

1960년생인 저자는 미국 프린스턴대에서 예술사를 전공하고 영국 런던정경대(LSE)에서 경제학 석사 학위를 받았다. 졸업 후 백수로 지내며 런던에 눌러앉은 저자는 우연한 기회에 영국 왕실 주최 파티에 참석했다. 만찬장 옆자리의 어느 귀부인에게 “투자은행에 일자리를 알아보고 있는 중”이라 말했다. 미국 최고의 채권 전문 투자은행인 살로만브라더스에 다니는 간부를 남편으로 둔 그녀는 자기가 마치 채용 면접관이나 되는 듯이 꼬치꼬치 캐묻더니 추천해주겠다고 말했다. 마침내 저자는 살로만브라더스에 채용돼 1985년에 월 가에 입성했다.

당시 미국 금융시장은 격동기였다. 미국 정부는 국채를 발행해 재정 적자를 메웠고 월급쟁이들은 너도나도 주택담보대출(모기지)을 받아 집을 샀다. 저자는 이를 ‘레버리징 아메리카(Leveraging America)’라고 부른다. 미국 전체가 빚을 얻는 형국이었고 그 빚을 표시한 채권을 전 세계에 팔았다. 이 때문에 월 가에서도 음지였던 채권시장은 화려한 스포트라이트를 받는 양지로 바뀌었다. 살로만 모기지팀은 하루 이틀 새 수천만 달러씩 수익을 남기는 진기록을 세웠다. 1984년엔 월 가 전체의 수익

가운데 절반 이상을 살로만 모기지 팀이 차지할 정도였다. 저축대출조합(S&L)이 모기지 대출을 해주고 받은 차용증서를 살로만브라더스는 모기지담보부증권(CMO)으로 만들어 유통시키며 거액의 차익을 챙겼다. 담당자는 몇백만 달러를 수당 또는 연봉으로 받았다. 이를 바라보는 주니어 사원들은 자신들도 그런 수입을 올리기를 기대하는 야망을 품었다.

이 과정에서 포커 게임과 같은 치열한 두뇌 싸움이 벌어진다. 살로만브라더스 임직원 사이에서 벌어지는 암투도 소개된다. 저자가 1988년 퇴사할 때까지 목격한 숨 막히는 머니게임 장면이 상세히 묘사됐다.

이 책에 대해 김기석 뱅크오브아메리카(BOA) 서울 지점 본부장은 "미국에서 경영학 석사(MBA)를 마치고 투자은행에 들어가 직접 트레이딩을 해보니 MBA 과정에서 읽은 이 책 내용 하나하나가 더욱 절실하게 다가왔다"라고 밝혔다. 정해근 대우증권 상무는 "적나라한 트레이딩 룸의 세계를 파헤친 고백록이자 자화상"이라면서 "국제금융 및 자본시장의 총아인 투자은행에서 일하고자 하는 청년이나 자본 흐름을 한눈에 읽고자 하는 사람에게 일독을 권한다"라고 말했다.

돈벌이보다 글쓰기를 좋아하는 저자는 살로만브라더스를 떠난 이후 이코노미스트, 월스트리트저널 등에서 기자로 일했고 현재는 경제 전문 통신사인 블룸버그에서 칼럼니스트로 활약하고 있다.

버핏식 가치 투자

워렌 버핏 투자법
로버트 해그스트롬 지음, 김중근 옮김 · 350쪽 · 청림출판

증권 투자만으로 억만장자가 된 워런 버핏의 이름 앞엔 으레 '전설적인 투자가', '투자의 귀재', '세계 2위 갑부' 등의 수식어가 붙는다. 빈손으로 시작한 버핏은 어떻게 '달러의 바다'에서 헤엄칠 정도의 거액을 가진 부자가 됐을까?

이 책은 이런 궁금증을 풀어준다. 투자 기법을 상세히 설명해놓았는데 문장이 매끄러워 소설처럼 흥미진진하게 읽힌다. 저자 자신도 10억 달러 규모의 자산을 관리하는 회사의 부회장으로 주식 투자에서 승승장구한 인물이다. 번역자도 금융시장 실무 경험이 풍부한 데다 이 분야 관련 저서를 여러 권 낸 베테랑이어서 책 전체에서 싱싱한 현장감을 느낄 수 있다.

1930년 미국 네브래스카 주 오마하에서 출생한 버핏은 네브래스카대 경영학과 학생일 때 벤저민 그레이엄 콜롬비아대 교수가 쓴 『현명한 투

자자」란 책을 읽고 감명을 받아 그 교수로부터 직접 배우기 위해 콜롬비아대 경영대학원에 진학했다. 그리하여 그는 그레이엄 교수의 수제자가 됐고 교수가 경영하는 투자 회사에서 2년간 근무하며 내공을 쌓았다.

고향 오마하에 돌아온 그는 자신이 가진 100달러와 친구, 친지들로부터 받은 투자금으로 주식회사 형태의 자그마한 투자 펀드를 결성했다. 그의 나이 25세 되던 해였다. 10만 5천 달러로 시작한 이 펀드의 주주들은 매년 투자 금액의 6%를 배당금으로 받기로 했다. 배당금을 지급하고 남은 수익금은 3 대 1 비율로 주주와 버핏이 나눠 가지기로 했다.

이후 13년 동안 버핏은 매년 평균 29.5%의 수익률을 올렸다. 13년 중 5년은 다우존스 지수가 계속 내림세였으나 버핏의 회사는 단 한 해도 손해를 보지 않았다.

이 초기 펀드를 해산하고 버핏이 손에 쥔 돈은 2500만 달러. 만만찮은 금액이다. 이를 바탕으로 본격적인 '버핏식' 투자에 나선 것이다.

버핏은 버크셔해서웨이라는 섬유 회사 주식을 사들여 경영권까지 차지한 적이 있었다. 제조업의 실상을 경험하는 데 크게 도움이 됐으나 사업성이 없어 섬유 사업은 포기했다. 이 회사를 지주회사로 삼아 보험 회사, 신문사, 캔디 회사, 아이스크림 및 햄버거 체인, 백과사전 출판사, 진공청소기 회사 등 다양한 업종의 주식을 사들였다.

버핏이 고르는 종목은 일상생활에서 익숙한 업종 주식들이다. 또 현금 흐름이 좋은 회사, 별로 유명하지는 않지만 속이 꽉 찬 회사가 대상이 된다. 가치가 있는 주식을 고른다 해서 '가치 투자' 라 불린다.

그는 코카콜라와 맥도널드에 집중적으로 투자, 엄청난 이익을 올림으로써 버크셔해서웨이가 '큰손' 이 되는 기회를 잡았다.

최근 한국에 온 저명한 경제학자 조지 길더 박사는 조동성 서울대 경영대 교수와의 대담에서 "버핏은 코카콜라처럼 너무나 안정적인 회사에 투자해서 돈을 벌었으므로 높이 평가할 수 없다"라는 요지로 꼬집기도 했다.

한국에서도 버핏식 가치 투자로 재미를 보는 사람들이 있다. 서울대 학생들이 주식 투자에 대해 공부할 겸해서 결성한 투자 클럽은 가치 투자를 실천해 적잖은 성과를 올린 것으로 알려졌다.

번역자는 한국 금융시장에서 실전 경험을 풍부하게 쌓은 전문가다. 번역자의 번역 후기가 없는 게 아쉽다.

미국 금융공학의 실체

연쇄하는 대폭락
소에지마 다카히코 지음, 박선영 옮김 · 254쪽 · 예문

세계 경제의 위기는 어떤 모습으로 다가올까? 세계 각국이 '미국발(發) 금융 위기'를 해결하기 위해 머리를 맞대고 대책을 내놓고 있지만 불안감은 여전하다. 금융 위기의 불똥이 실물 쪽으로 본격적으로 옮겨붙으면 세계공황이 일어날 것이라는 극단적인 비관론도 나온다.

『연쇄하는 대폭락』은 세계 경제의 앞날에 대해 비관한다. '숨죽이고 밀려오는 세계공황'이라는 부제를 붙일 정도다. 경제평론가인 저자는 미래 상황을 족집게처럼 맞히는 통찰력으로 일본에서는 이름이 난 인물이다. 그는 사회 초년병 시절에 외국계 은행에서 근무하며 내공을 쌓았다. 현재 일본 도코하가쿠엔대학 교수로도 활동한다.

저자는 2007년 7월에 펴낸 『달러 패권의 붕괴』라는 저서에서 미국의 서브프라임 모기지 사태를 예견한 바 있다. 달러 가치 폭락, 주가 폭락을

예상하기도 했다. 미국 국채 가치가 폭락하면 세계는 공황에 돌입할 것이라 경고한다.

저자는 서브프라임 사태의 발생 원인에 대해 "도저히 갚을 능력이 없는 사람에게 억지로 돈을 떠안겼기 때문"이라고 진단했다. 그 여파로 2011년까지 주가, 채권 가치가 폭락할 것으로 내다봤다. 3개월마다 '대폭락 쓰나미'가 덮칠 것이란다. 일본의 버블 붕괴와 같은 사태가 미국에서도 나타나고 자산가들은 미국이라는 난파선에서 도망치기 시작했다고 한다. 저자는 금융 선물시장을 만들어낸 금융공학이 사기극이라고 단언한다. 실체가 없는 거래를 되풀이하면 공동화(空洞化)된 거래는 마침내 폭락하기 마련이라는 것이다.

저자의 통찰력은 미국 대통령 선거와 관련해서도 입증됐다. 그가 2007년 4월 4일에 쓴 글을 옮겨보자.

차기 미국 대통령은 2009년 1월 취임 선서를 할 것이다. 그 인물은 누구일까? 모두들 아직 예측하지 못하고 있다. 그러나 나는 확실히 말한다. 45세 흑인으로 일리노이 주 상원의원을 불과 3년 정도 경험한 버락 오바마라는 인물이다. 그가 차기 대통령이 될 것이다. 현재 가장 유력시되는 후보는 힐러리 클린턴 상원의원이다. 그녀는 가능성은 크게 부각되지만 당내 선거전에서 탈락할 것이다.

미국 경제에 대한 저자의 예상은 다음과 같다. 오바마 대통령은 대규모 공공사업을 벌이고 복지 정책을 시행할 것이다. 미국 재정 적자는 급증한다. 결국은 달러를 대량으로 찍어 이를 메운다. 달러 가치는 폭락하고 미국의 경제력, 지도력은 쇠퇴한다.

미국 기업, 무엇이 잘못되었나?

만국의 주주들이여, 단결하라
존 보글 지음, 정경민 옮김 · 402쪽 · 삼인

미국 경제가 중병(重病)에 걸렸다. 일확천금을 노리는 투자은행(IB)들은 탐욕이 지나쳐 줄줄이 쓰러졌다. 회사는 골병이 들었는데도 최고경영자(CEO)는 천문학적인 액수의 연봉과 스톡옵션을 챙겨간다. 월급쟁이들은 서브프라임 모기지로 무리하게 돈을 빌려 큰 집을 샀다가 원리금을 갚지 못해 허덕인다. 중국산 상품을 싼 맛에 무더기로 수입해 쓰는 데 익숙해지다 보니 미국 제조업 기반은 매우 취약해졌다. 미국의 3대 자동차 회사인 GM, 포드, 크라이슬러 등은 고전을 면치 못한다.

이 책은 스톡옵션 제도의 문제점을 통렬하게 비판한다. 이 제도가 자본 비용을 치르지 않아 허접한 실적을 낸 경영자들에게도 '공짜 점심'을 주는 경우가 허다하다는 것이다. 또 시장지수나 경쟁사와 비교한 상대적 실적이 아니라 절대적 실적에 따라 스톡옵션이 부여되는 점도 문제라고 지적했다.

1980년 최고경영자의 평균 보수는 노동자 평균 임금의 42배였으나 2004년엔 280배로 높아졌다. 그나마 2000년의 531배에 비하면 낮아진 것이다. 최고경영자의 탐욕이 기업을 병들게 하는 요인임을 알 수 있다.

『만국의 주주들이여, 단결하라』는 미국 경제의 발병 원인을 밝히고 처방을 내렸다. 저자는 상호 회사 뱅가드뮤추얼펀드를 창업한 거물 투자 전문가다. 《포춘》이 선정한 '20세기 투자 업계가 낳은 거인 4명' 에 포함된 인물이다. 경영 현장에서 CEO로 활약하는 당사자가 CEO들의 탐욕을 비판했다는 점에서 주목을 받았다.

저자는 미국 기업의 병인(病因)은 경영자가 주인 행세를 하는 데 있다고 지적했다. 경영자가 주주의 이익 대신에 자신이 이익을 위해 '장난' 을 치는 경우가 허다하다는 것. 주주자본주의가 경영자자본주의로 돌연변이를 일으켰다고 개탄한다. 이를 되돌려 원래의 이상적인 자본주의 제도로 바로 세워야 한다는 처방을 제시했다. 저자는 이를 '투쟁(battle)' 이라 규정한다. 단순히 계도하자는 게 아니라 경영자의 비뚤어진 행태와 이를 부추긴 제도와 맞서 싸우자는 것이다.

보수주의자인 그가 주주행동주의자로 변신한 이유는 자본주의를 신봉하기 때문이다. 저자는 "주주가 진정한 주인이 되어야 자본주의의 역동성이 살아난다"라면서 "남의 돈을 관리하는 사람은 오직 그 수혜자의 장기적인 이익을 위해서만 봉사하는 수탁 관리자 사회를 만드는 것이 우리의 목표가 되어야 한다"라고 역설한다.

정운찬 전 서울대 총장은 추천사에서 "저자의 사상은 최근 우리나라에서도 활성화되고 있는 주주 운동의 이론적 배경이 되고 있기도 하다"라면서 "주주 운동이 추구하는 바가 무엇인가를 알고자 하는 독자에게도

이 책은 읽어볼 지침서가 될 것"이라 밝혔다.

번역자는 대학 졸업 직후 동양증권 부설 동양경제연구소에서 경제 분석 업무를 맡은 이다. 오랫동안 품어온 기자의 꿈을 버리지 못해 중앙일보 기자로 변신했다.

앨런 그린스펀의 실책

그린스펀 버블

윌리엄 플렉켄스타인 · 프레드릭 쉬핸 지음, 김태훈 옮김 · 221쪽 · 한스미디어

미국의 서브프라임 모기지 사태의 여진이 여전히 세계 경제를 흔들고 있다. 미국의 부동산 경기는 살아날까, 미국 금융기관들은 부실의 늪에서 언제 벗어날까, 세계 경제는 미국에서 불어오는 칼바람에 견딜 수 있을까 등 의문이 꼬리를 문다. 낙관론자, 비관론자의 전망이 엇갈린다. 국제 원유가 전망에 대해서도 낙관론, 비관론이 맞서고 있다. 세계 경제가 이제는 '남의 집 불'이 아니다. 한국 경제에도 큰 영향을 미치고, 한국 기업에도 직격탄으로 날아온다. 일자리와 월급봉투에도 입김을 미친다. 그러니 세계 경제 동향에 귀를 기울이지 않을 수 없다.

『그린스펀 버블』을 읽으면 미국 경제의 이면을 파악할 수 있다. 1987년 8월부터 2006년 1월까지 미국 연방준비제도이사회(FRB) 의장을 지낸 앨런 그린스펀의 정책 실패 실상을 폭로한 책이다. 저자들은 그린스펀을 '버블맨'이라 부른다. 전 세계 경기 침체의 원인인 미국 경제 거품을 만

든 장본인이 그린스펀이라고 단정하고서 말이다. 물가가 안정된 상태에서 오랜 호황을 누린 '신경제'가 화려한 겉모습과는 달리 속임수에 불과하다는 것이다. 그린스펀이 앞장서 통화량을 늘려 경기를 인위적으로 부추긴 결과라는 것. 그린스펀이 FRB 의장을 맡기 전에는 50년 동안 한 번도 미국 경제에 거품이 끼지 않았다고 한다.

저자들은 1996년부터 10여 년간에 걸쳐 그린스펀의 연설문, 기자회견문, 발언록 등 방대한 자료를 찾고 관계자 인터뷰를 통해 그린스펀이 어떻게 경제를 파탄으로 몰고 갔는지를 밝혔다고 주장한다. 인터넷 사이트에 연재한 칼럼을 책으로 묶었다.

2000년 3월 10일 미국 나스닥 지수는 5048로 최고점에 올랐다. 그 후 급락으로 돌변해 단 10주일 만에 반 토막이 나버렸다. 거품이 빠진 탓이다. 그런데도 그린스펀은 여전히 신기술에 대한 맹신으로 응급 처방을 내지 않았다. 나스닥 지수는 2003년 10월엔 1376으로 2000년 정점에 비해 74% 폭락했다. 반의 반 토막이 난 것이다. 그러자 부동산 경기를 띄워 사태를 무마하려 했다. 초저금리 정책을 쓰자 돈이 부동산 쪽으로 몰리면서 부동산시장이 달아올랐다. 부동산시장에도 거품이 끼기 시작했다.

그린스펀이 퇴임한 이후에 부동산 거품이 빠지면서 2007년 여름엔 결국 서브프라임 모기지 사태가 터졌다. 노벨경제학상 수상자인 조지프 스티글리츠 교수는 "현 경제 침체의 원인은 바로 그린스펀의 실책 때문"이라면서 이 책의 저자의 주장을 지지했다. 국제 금융계의 큰손 조지 소로스도 "서브프라임 사태의 원인은 그린스펀"이라 꼬집었다.

그린스펀도 할 말이 있겠다. 그의 회고록 『격동의 시대』(현대경제연구원 옮김, 북@북스)는 자기변명이 가득한 책이라는 비판이 있기는 하지만 그의 경험이 담겨 있어 읽을 가치가 있다. 18년 6개월간이나 '경제 대통령’이라 불리는 FRB 의장으로 활약한 그의 회고록은 2007년 가을에 출판돼 전 세계 경제인들의 주목을 받았다.

736쪽에 이르는 한국어 번역판은 우선 두툼한 볼륨감으로 독자를 압도한다. 그러나 겁먹지 않아도 된다. 영어 원문이 부드럽게 읽히도록 정리된 데다 한국어 번역도 매끄러워 소설책처럼 재미있게 읽을 수 있다. 흥미, 교양을 함께 제공한다. 크게 두 부분으로 나뉘는데 앞부분은 저자의 성장 시절 이야기, 뒷부분은 FRB 의장 재임 회고록이다.

1926년 뉴욕의 평범한 가정에서 태어난 그는 부모의 이혼으로 아버지와 함께 살지 못하는 유년 시절을 보냈다. 명문 음악 학교 줄리어드에서 클라리넷을 전공한 그는 직업 악사로 일하다 휴게실에서 읽은 금융 서적에 푹 빠져 경제학을 공부하기로 결심했다. 뉴욕대에 진학해 박사 학위까지 받았다. 1954년에는 컨설팅 회사를 세웠다. 1968년 닉슨의 경제자문관을 시작으로 공직에 진출해 제럴드 포드 대통령 정부에서는 경제자문위원회 의장을 지냈다. 1987년 로널드 레이건 대통령에게서 FRB 의장으로 임명돼 2006년 1월 퇴임할 때까지 4명의 대통령을 ‘모셨다’. 이 책에서 포드 대통령과 함께 골프를 치는 장면을 찍은 사진을 비롯해 역사적으로 의미 있는 사진 수십 장을 공개했다.

마지막 부분인 제25장 ‘모호한 미래’에서 저자는 미래의 경제 상황을 살폈다. 세계 경제를 주무르는 핵심 권좌에 오래 앉았던 경륜을 바탕으로 2030년까지의 미래상을 짚은 것이다. 미래에는 중국이 미국의 주요 경쟁자로 부상해 세계 경제를 좌지우지할 것으로 전망했다. 또 지적재산권이 국내총생산(GDP)에서 차지하는 비중이 날로 늘어날 것으로 내다봤다.

건강한 기업 문화가
강한 조직을 만든다

신한은행 방식

정동일 지음 · 240쪽 · 김영사

1980년대에 여상(女商) 졸업생들에겐 신한은행이 단연 인기 직장이었다. 월급이 다른 은행보다 꽤 많았고 신설 은행이라 승진 기회도 엿보였기 때문이다. 명문 여상 최우수 졸업생들이 몰렸다.

상고를 나와 은행에 들어가서 야간대학을 졸업한 은행원들도 치열한 경쟁을 뚫고 1982년에 문을 연 신한은행에 속속 합류했다. 이들은 새 직장에서 대졸자 대접을 받는 데다 열심히 일한 만큼 인정해줘 신바람이 났다.

재일 동포들이 출자해 세운 신한은행 점포에 들어가면 여느 은행과는 분위기부터 달랐다. 직원들의 표정이 밝고 손님을 모시는 태도가 깍듯했다. 겉모습뿐 아니라 대출 청탁이 통하지 않는 등 정도(正道) 경영에서도 앞섰다. 일본의 선진 금융 기법도 도입됐다. 금융계를 취재하던 주니어 기자 시절의 필자는 당시 '새 DNA를 지닌 은행이 한국에 나타났다' 라고 생각했다.

세월이 흘러 2005년 7월, 마침 신한은행의 창립 23주년에 즈음하여 『신한은행 방식』이라는 책이 출판됐다. 미국 샌디에이고주립대 정동일 교수가 집필했다. 한국에 잠시 들렀을 때 신한은행의 우수성을 발견한 게 계기가 돼 본격 연구한 결과물이다.

저자에게 신상훈 신한은행장이 당부했다고 한다. "자랑만 늘어놓아 신한은행 임직원들만 읽는 책이 돼서는 안 된다"라고…….

저자는 신한은행을 '벌 떼와 같은 열정 조직'이라 보았다. 도전 정신, 스피드, 열정, 팀워크 등으로 요약되는 조직 문화를 가졌다는 것이다.

경동시장에서의 성공 사례를 보자. 은행원이 수레에 동전을 싣고 시장 안을 돌아다니면서 상인들에게 잔돈을 바꿔주며 통장 개설을 유도했다. 산본 신도시를 건설할 때는 주민 시위 현장에까지 찾아가 음료를 나눠주며 신뢰를 쌓았다.

신한은행의 임직원 인사는 매우 공정한 것으로 정평이 났다. 학연, 지연이 배제되고 능력 위주로 이뤄진다는 것이다. 그 결과 임원진의 절반가량이 상고 출신이다. 간부와 실무 직원 사이의 커뮤니케이션 장벽이 얇아 의사소통이 원활한 것도 장점.

저자는 "글로벌 조직으로서 경쟁력을 가지려면 투명한 경영 시스템, 건강한 조직 문화가 필요한데 신한은행은 이를 갖추었다"라면서 "세계 어디에 내놓아도, 어떤 기준으로 평가해도 손색이 없다"라고 말했다.

저자는 신한은행의 성공 요인을 ① 고객 중심의 서비스 마인드 ② 열정으로 뭉친 강한 조직 문화 ③ 평범한 사람들을 비범하게 만드는 인사 시스템 ④ 참여해 이끄는 변용의 리더십 ⑤ 한발 앞선 혁신 ⑥ 윤리 경영과 투명 경영 ⑦ 사회적 책임 경영 등 7가지 '신한은행 방식'으로 요약했다.

정운찬 서울대 총장의 쓴소리 없는 추천사도 눈에 띈다.

"20년 가까이 한국 금융기관의 부실채권 문제를 주의 깊게 지켜본 입장에서 우리나라에 신한은행 같은 금융 조직이 존재한다는 사실에 개인적인 고마움과 반가움을 느낀다"라고 밝혔다.

신한은행이라 해서 어찌 작은 실패 경험이 없으랴. 이를 밝히고 반성하는 내용도 소개했더라면 이 책이 더욱 빛났을 텐데……

『신한 파워』(이임광 지음, 생각의지도)도 신한금융그룹의 성공 신화를 다룬 책이다. 신한금융그룹은 2007년 '순익 2조원 클럽'에 가입할 정도로 반석 위에 올라섰다. 저자는 "대한민국 금융사를 빛낼 신화를 창조하고 있는 신한은행은 선각자였다"라고 전제하면서 "일찍이 은행의 구태와 관행에서 벗어나 전혀 새로운 은행을 창조했다"라고 밝혔다. 서비스 정신으로 무장한 덕분에 은행은 발전했고, 투명함으로 신뢰를 얻어 강해졌다는 것. 은행을 좀먹는 어떤 청탁도, 조직의 단결을 깨는 학연과 지연도 용납하지 않는 조직 문화가 성공 요인으로 꼽혔다.

신한은행은 1982년 자본금 250억 원, 임직원 279명, 점포 3개로 출발했다. 당시에만 해도 이 은행이 25년 후 초대형 우량 은행으로 발전할 줄은 아무도 몰랐으리라. 2007년 4월엔 100년 전통을 가진 조흥은행과 통합하면서 총자산 168조 원, 직원 11400명, 점포 964개를 지닌 거대 은행으로 탈바꿈했다. 재일 교포들이 설립한 신한은행은 고객 중심 경영을 실천해 다른 은행과 차별화를 꾀했다. 그때만 해도 여느 은행은 관공서처럼 권위적이었다. 신한은행 임직원들은 고객이 감동할 만큼 친절했다.

신한금융그룹의 발전사에 라응찬 회장을 빼놓고는 이야기가 엮어지지 않는다. 신한은행장을 8년 넘게 세 차례나 연임한 그는 '25년간 천 배 성장' 에서 가장 뚜렷한 발자취를 남긴 인물이다. 그는 전형적인 외유내강 (外柔內剛)형이다. 언제나 미소를 머금은 표정이지만 원칙에 어긋나는 청탁은 받아들이지 않는 강단이 있다. 1983년 그가 신한은행 상무이던 시절에 당시 부총리에게서 연락이 왔다. 한 사람을 추천하면서 신한은행에 입사시켜달라는 것이었다. 그는 "부총리의 청탁을 들어주면 다른 청탁을 물리칠 명분이 없다"라며 끝내 거절했다. 금융인 출신인 부총리는 과거 그가 모시던 상사인 인연도 있었다. 부총리는 "라 상무는 참 독한 사람"이라며 "내 부탁마저 거절할 정도이니 은행이 잘될 것"이라 말했다고 한다. 이 책은 제7장에서 '위대한 뱅커와 신한 신화'란 제목으로 라 회장 스토리를 다루었다. 가난한 청소년 시절을 보낸 그는 야간 상고 졸업이란 학력으로 명문대 출신들이 수두룩한 금융계에서 뱅커로서 우뚝 섰다. 치열한 자기 관리를 실천한 그의 구도적 자세를 살피는 것만으로도 읽을 만한 가치가 있다.

미국의 전쟁 경제의 실상

오바마의 과제 − 3조 달러의 행방
조지프 스티글리츠 · 린다 빌메스 지음, 서정민 옮김 · 370쪽 · 전략과문화

"전쟁의 첫 희생자는 진실"이라는 말이 있다. 전쟁을 일으킨 권력자는 자기 입맛에 맞게 사실을 왜곡한다는 뜻이다. 개전 이유엔 늘 정의(正義)와 평화 추구라는 그럴듯한 옷이 입혀진다. 십자군 원정의 사례를 보자. 인간의 추악한 탐욕이 본질이었지만 전쟁 명분은 아주 고상한 '신성 회복'으로 포장됐다. 유사 이래 대부분의 전쟁은 이런 속성을 지녔다.

지금도 진행되는 미국−이라크 전쟁은 어떤가? 이 전쟁의 본질은 무엇인가? 전쟁은 언제 끝날까? 비용은 얼마나 들었고 양국 피해는 얼마나 되나? 버락 오바마 신임 미국 대통령은 이를 어떻게 해결해야 하나? 궁금증이 꼬리를 문다.

『오바마의 과제−3조 달러의 행방』이라는 책을 보면 여러 궁금증이 풀린다. 그러나 속이 시원해지기보다는 오히려 가슴이 답답해진다. 세계를

불행하게 만든 미국의 '전쟁 경제'의 정체를 알아버렸기 때문이다. 해결책은 전쟁을 일찍 끝내는 것. 오바마 대통령의 긴급 과제이기도 하다.

저자인 조지프 스티글리츠 미국 컬럼비아대 경제학과 교수와 린다 빌메스 미국 하버드대 케네디행정대학원 교수의 권위만으로도 이목을 끄는 책이다. 2001년 노벨경제학상 수상자인 스티글리츠 교수는 노벨상이라는 브랜드 가치에 편승하지 않고 왕성한 활동을 펼치는 학자로 알려졌다. 세계은행(IBRD)의 수석 이코노미스트와 부총재를 지내며 현실 감각을 익힌 그는 주류 경제학자이면서도 약소국, 빈민층 등 비주류에게 눈길을 돌렸다. 박제된 이론에만 매달리지 않고 현실 문제를 해결하는 데 앞장섰다. 그는 문장력이 뛰어나 신문 칼럼, 저서를 통해 대중에게 가까이 다가선다. 2001년에 낸 저서 『세계화와 그 불만』은 35개국에서 번역돼 100만 부 이상 팔렸다. 재정 전문가인 빌메스 교수도 〈뉴욕타임스〉 등에 기고하는 칼럼으로 명쾌한 논리력을 인정받았다.

번역자인 서정민 한국외대 국제지역대학원 교수의 프로필에서도 한글 번역본의 정확성을 짐작할 수 있다. 영국 옥스퍼드대 국제정치학 박사인 서 교수는 중앙일보 중동 전문 기자와 카이로 특파원을 지내면서 이라크 전쟁 현장을 아홉 번이나 취재한 체험을 바탕으로 적확한 번역 용어를 골랐다. 원저 말미에 붙은 두툼한 주를 모두 꼼꼼히 번역한 부분에서도 번역자의 성실성과 출판사의 사명 의식이 드러난다.

저자 서문은 사뭇 도발적이다. "미국의 이라크 침공은 명백히 끔찍한 실수였다"라고 시작한다. 미군 4천 명이 숨졌고 5만 8천 명이 다쳤다. 부상자 대다수는 심각한 후유증을 앓고 있다. 아프가니스탄에서도 미군 7300명이 부상을 당했다. 10만 명 이상의 참전 용사들이 전장에서 돌아왔다. 그들 상당수는 전쟁공포증으로 시달린다.

사담 후세인 이라크 대통령의 철권정치는 막을 내렸다. 그런데도 이라크 국민들의 삶은 개선되지 않았다. 전쟁 이전보다 악화됐다. 도로, 학교, 병원, 주택 등이 파괴됐다. 인류의 문화유산인 박물관까지 부서졌다. 주민들은 물, 전기 부족으로 생활이 피폐해졌다. 종파 간 폭력 사태도 끊이지 않는다.

도대체 무얼 위해 전쟁을 벌였는가? 이라크에 민주화, 평화, 번영을 줄 것이라는 개전 이유는 헛된 선전에 불과한 것으로 드러났다. 미군의 이라크 점령이 장기화하면서 전쟁 비용이 눈덩이처럼 불어나는 것도 큰 문제점이다.

저자들은 경제학자답게 전쟁과 관련한 비용을 꼬치꼬치 따지고 싶었다. 물론 전쟁으로 빚어지는 인류의 고통을 돈으로 환산하는 것이 무의미할 수도 있다. 숫자가 유가족의 슬픔을 설명할 수 없고 장애인이 된 참전 용사의 고통을 수치로 환산하기 어렵다. 저자들은 "그러나 진정한 전쟁 비용을 파악하는 것도 필요하다고 우리는 믿는다"라면서 "다시는 무모한 실수를 하지 않도록 반성하는 계기가 될 수 있기 때문"이라고 설명했다.

부시 행정부는 전비를 과소평가하는 오류를 범했다. 대통령과 그의 측근들은 전쟁을 신속히 끝내면 비용이 별로 들지 않을 것이라 기대했다. 그러나 전쟁이 장기화되면서 예상보다 훨씬 많은 돈이 들어가고 있다. 부상자에 대한 치료비와 향후 보훈지급금을 고려하면 앞으로도 수십 년 간 거액을 쏟아부어야 한다.

2003년 3월 19일, 미국 주도의 다국적군이 이라크를 공격했다. "독재자 사담 후세인이 다스리는 이라크가 대량 살상 무기를 갖고 있어 이 지역의 평화를 지키기 위해 응징한다"라는 명분이었다. 미국은 세계 평화의 수호자임을 과시했다. '충격과 공포'로 명명된 군사작전은 TV로 전 세계에 생중계됐다. 이미 오랜 전쟁 탓에 허약해진 이라크는 단숨에 투항할 것으로 전망됐다.

그러나 예상은 빗나갔다. 미군은 5년 넘게 이라크에 주둔하고 있다. 3년 8개월간 지속된 제2차 세계대전, 3년 1개월의 한국전쟁, 4년간의 남북전쟁보다 긴 기간이다. 더 큰 문제는 이라크 상황이 오히려 악화됐다는 점이다. 이라크는 더욱 황폐해졌고 이라크 안팎 국가에서 반미 감정이 높아졌다. 여러 나라에서 미국을 세계 평화를 가장 위협하는 존재로 인식하기 시작했다. 국제원자력기구(IAEA) 사찰단이 이라크를 방문해 샅샅이 뒤졌으나 대량 살상 무기를 찾지 못했다. 미국이 전쟁 명분을 조작했다는 의혹이 일었다.

이라크 국민 70% 이상이 미군이 이라크에서 얼른 떠나기를 바라는 것으로 조사됐다. 미군은 해방군이 아니라 점령군으로 인식된다. 전쟁으로 인한 이라크 국민 사망자 수는 적게는 10만 명, 많게는 70만 명이다. 이라크 밖으로 피신한 난민은 200만 명이다.

전쟁의 거시경제학적 영향

전쟁 직전에 전비 규모는 '별것 아닌' 수준으로 추정됐다. 부시 대통령의 경제 고문이었던 래리 린제이는 2천억 달러로 예상했다. 그러자 도널드 럼즈펠드 국방 장관은 이를 '실없는 소리'라 면박을 주면서 500억~600억 달러 정도면 충분하다고 주장했다. 폴 울포위츠 국방부 부장관은 한술 더 떠 "전후(戰後) 재건 비용은 이라크 석유 수입으로 충당할 수 있다"

라고 장밋빛 시나리오를 밝혔다.

그러나 막상 전쟁이 터지자 비용은 급증했다. 2008년의 경우 전쟁 자체 비용인 군사작전비에만 월 평균 125억 달러가 들었다. 2003년의 월 비용 44억 달러보다 세 곱절로 늘어났다.

비용 증가 요인을 살펴보자. 먼저 인건비가 크게 늘었다. 신병 모집, 전투수당, 위험수당, 보너스 등이 급증했다. 참전 지원자를 끌어들이기 위해 '당근'을 쓸 수밖에 없었다. 군과 계약한 민간 업체에 지급되는 돈도 엄청났다. 2006년의 경우 이라크에 약 10만 명의 민간 업체 직원들이 고용돼 있었다. 1991년 걸프전 때 참가한 민간인 직원의 10배 이상 규모다. 이는 정규군을 늘리기 어려웠기 때문이다. 민간인 직원들은 미군 부대와 함께 이동하며 일하므로 위험하기는 엇비슷하다. 2003년 이후 민간인 계약 직원 천여 명이 목숨을 잃었다. 민간인 직원을 경호하는 업무에도 돈을 써야 했다. 연합국임시행정처(CPA)의 폴 브리머 행정관을 경호하는 데에만 2700만 달러가 들었다. 보안 전문 기업인 블랙워터는 2003~2007년에 12억 달러의 경호 계약을 따내 경호원 845명을 고용했다.

보안 업체 경호 요원의 1인당 평균 연봉은 연간 44만 5천 달러라는 고액이었다. 반면 정규군 하사관은 5만~6만 달러여서 정규 군인들은 불평했다. 이를 무마하기 위해 수당을 인상했다. 인건비 증가의 악순환으로 나타났다. 의무 복무 기간을 마친 군인들은 줄지어 보안 업체에 입사했다. 보안 업체 직원들은 이라크 국민들에게 가혹한 행위를 서슴지 않음으로써 미국에 대한 이미지를 흐리는 골칫거리가 되기도 했다.

군 시설 공사에서 도급 업체를 선정하는 과정에서 비리가 만연한 것도 비용 증가의 요인으로 꼽힌다. 업무를 신속하게 처리한다는 명분 아래 수의계약이 횡행했다. 군 관련 전문 기업인 핼리버튼은 종횡무진 누비며

193억 달러의 '좋은 조건'의 공사를 따냈다. 핼리버튼은 공화당에 114만 달러, 민주당에 5만 달러의 기부금도 냈다.

연료비 상승도 주요 요인이었다. 전투에 드는 기름 물량이 엄청나기 때문이다. 개전 초기에 유가는 배럴당 25달러였지만 2008년엔 100달러로 치솟았다. 전쟁이 장기화되면서 각종 장비와 무기를 개체하는 데도 막대한 돈이 들었다.

저자들은 전비와 관련해서 미국 정부가 얼버무리는 부분을 집요하게 파고들어 폭로했다. 전사자 4천 명에 대한 보상, 수만 명 부상자의 치료비 및 연금, 참전 용사 수십만 명에 대한 의료 및 사회보장비 등을 전쟁 비용에 포함시켰다. 그 결과 3조 달러라는 계산이 나왔다. 이런 거액은 미국 정부의 부채로 남을 것이며 두고두고 미국 재정을 부실화하는 암적 존재가 될 것이다.

이 책이 미국에서 출판됐을 때는 오바마 대통령이 당선되기 전이다. 저자들은 새 대통령이 미군의 신속한 철수를 추진할 것을 촉구했다.

"'차가운 머리'와 '따스한 가슴'을 가져야 진정한 경제학자"라는 경구(警句)를 저자들은 절감한 듯하다. 이 책의 제8장인 '실수로부터 얻은 교훈 : 미래를 위한 개혁안'에는 그들의 깊은 내공이 담겼다. 구체적인 개혁안 18개를 제시했다. 이 가운데 주목을 끄는 것은 ●전쟁 자금이 긴급 추가 경정 예산으로 조성돼서는 안 된다 ●1년 이상 지속되는 전쟁의 비용은 전쟁특별부가세를 징수해서라도 현재의 납세자들에 의해 충당되어야지 후대에 떠넘겨서는 안 된다 ●재향군인의 의료보장은 재량권이 아니라 당연한 권리로 인정돼야 한다 ●재향군인들의 교육 혜택을 늘려야 한다 등이다.

책이 나오자 전 세계적으로 뜨거운 호응이 일어나고 있다. 제임스 갈

브레이스 박사(평화와안보를위한경제학자모임 회장)는 "이 책을 읽는 독자는 전쟁이 얼마나 많은 비용을 필요로 하는지, 생명의 가치가 얼마나 중요한지, 전쟁이 유가와 경제성장에 어떤 악영향을 미치는지, 전쟁 때문에 급박한 국내 과제가 어떻게 무시되는지를 명확히 파악할 수 있다"라고 언급했다. 상식을위한재향군인회의 폴 설리번 사무총장은 "미국 재향군인병원에는 이미 부상자 25만 명이 입원해 있는데 전쟁이 끝나면 50만 명으로 늘어날 것"이라면서 "이들을 치료하는 장기 계획을 지금 세우지 않는다면 사회적 영향은 파괴적인 수준이 될 것"이라 우려했다.

이라크에 자이툰부대를 보낸 한국으로서도 이 책의 가치를 진지하게 평가해야 할 것이다. 막연히 반전(反戰)을 외치는 평화주의자의 목소리와는 달리 이 책은 전쟁이 관련자의 비극일 뿐 아니라 자원 낭비라는 사실을 실증적으로 분석했다는 점에서 훌륭하다. 이 책은 미국 권력층의 부패 구조를 적시함으로써 미국이 의외로 허술한 나라임을 들추어냈다. 하지만 사회과학자의 지성과 양심으로 이런 치부를 파헤친 저자들과 같은 지식인 학자가 있다는 점에서 '미국병(病)'이 불치 단계에 이르지는 않은 듯하다. 개전 이유에 관한 진실을 찾지 못한 점은 아쉽다. 저자들이 다음 저서에서 이를 밝히기를 기대한다.

Chapter 07

미래를 읽으면 내일 웃는다

미래 동향

한국의 현재, 무엇이 문제인가?

10년 후, 한국

공병호 지음 · 228쪽 · 해냄

공병호경영연구소의 공병호 소장은 한때 재계 시각에서 시장경제 논리를 펼치는 전도사 역할을 한 인물이다. TV 토론, 저술, 신문 기고 등을 통해 강렬한 인상을 남겼다. 벤처 열풍이 불 때는 벤처 회사 대표를 맡기도 했다.

그가 자기 이름을 붙인 연구소를 세우고 저술 활동에 매달린 지도 몇 년이 흘렀다. 업무 효율을 위해 집에 칩거하다시피 하며 새벽부터 거의 하루 종일 책 읽기와 책 쓰기에 몰두한다고 한다. 자신의 아파트가 연구소 사무실이다. 외출은 주로 외부 강연 때나 한다.

그동안 주로 시간 활용법, 독서법 등 자기 계발 분야 책을 썼다. 그러다 이와는 성격이 다른 『10년 후, 한국』을 집필했다. 한국의 미래를 걱정하는 지식인으로서 암담한 현실을 도저히 묵과할 수 없었다는 것이다.

이 책의 부제는 '긴급 진단! 공병호가 바라본 한국 경제의 위기와 전망'

이다. 이대로 가다간 10년 뒤엔 한국 경제가 추락하고 말 것이라고 저자는 경고한다. 한국이 안고 있는 문제점으로 ●주력 산업이 흔들린다 ●해외로 떠나는 기업들, 사라지는 일자리 ●약진하는 진보 진영 ●악화되는 재정 적자 ●해외로 빠져나가는 돈 ●깊어가는 세대 간 갈등 ●비효율적인 교육 ●차이나 쇼크 등 16개를 들었다.

'경제의 정치화'에 대해서도 우려했다. 경제 정의의 이름으로, 국민의 이름으로, 형평의 이름으로, 개혁의 이름으로 사회주의화(socialized)의 길을 걸을 것이 걱정된다는 것이다. 이런 사회에서는 개인이 선택할 수 있는 자유는 축소되고 국가의 직간접적인 영향력은 확대된다는 것.

정치인들은 '기업하기 좋은 나라'를 만들고 일자리 창출을 위해 노력한다고 약속하지만 립서비스에 머물 가능성이 높다는 것. 그들은 생업 현장에 선 사람들만큼 절박하지도 않고 주변 변화에 민감하지도 않단다.

10년 후엔 한국 중산층은 지금보다 생활 수준이 낮아질 것이고 특히 봉급생활자는 고된 일에 비해 서서히 낮아지는 실질 임금에 당황하게 될 것이라는 전망. 미래를 불안해하는 젊은이들은 정부의 출산 장려책에도 불구하고 자녀 낳기를 꺼릴 것이다.

이런 우울한 전망에서 벗어나기 위한 처방도 제시했다. 시장경제 체제가 지닌 작은 단점을 침소봉대해 이와 다른 길을 가려는 선동가들의 구호에 현혹되지 말라는 것이다. 정치인이나 관료들의 명령이 횡행하는 사회보다 창의력과 도전 정신을 지닌 진정한 기업가들이 제대로 활동할 수 있는 분위기가 조성돼야 한다고 말한다.

미래학이란 무엇인가?

다가오는 미래
제임스 데이터 엮음, 우태정 옮김 · 646쪽 · 예문

연초(年初), 머리가 맑을 때 책을 펼쳐 들면 가슴이 툭 틱지 않는가? 상쾌한 기운이 휙 감돌지 아니하는가? 이런 설렘을 간직하며 읽을 만한 책으로는 미래학 관련 서적이 어울릴 듯하다. 또 눈을 크게 떠서 글로벌 상황을 살피려면 국제 경제를 다룬 책을 봐야 할 터다.

학문적 방법으로 '미래학(Future Studies)'을 개척한 선구자는 제임스 데이터 교수다. 그는 1967년 앨빈 토플러와 함께 미래협회를 만들어 미래학이란 학문을 처음으로 정립한 인물이다. 토플러는 컨설팅 활동 쪽으로 진출한 반면 데이터는 대학에 남아 학문적으로 연구했다.

데이터는 1980년대에 세계미래연구협회 사무총장으로, 1990년대 초에는 이 협회 회장으로 활동했다. 현재는 하와이대학 미래학연구소 소장 겸 정치학부 대안(代案)미래학 교수로 재직 중이다.

'미래학의 대부'라 불리는 그는 1970년대에 이메일을 사용하면서 정

보와 이미지 사회를 예견했다. 그는 1989년에 북한 노동당 비서였던 황장엽 씨 초청으로 북한을 방문해 김일성대학에서 미래학 강의를 하기도 했다. 2004년에는 한국인 제자와 함께 '한류(韓流)'에 대한 논문을 발표해 주목을 끌었다.

데이터 교수가 엮은 『다가오는 미래(Advancing Futures)』는 미국에서 2002년에 나온 책이니 한국어 번역 출판이 때늦은 셈이다. 그러나 미래를 꿰뚫어 보는 쟁쟁한 미래학자 29명의 논문은 여전히 싱싱한 생명력을 지니고 있다.

데이터 교수는 '미래는 과거에 있다'라는 제목의 짧은 논문을 프롤로그로 내세웠다. 과거의 기술은 어떻게 인간 행동을 변화시켰는가? 이를 잘 살피면 미래의 흐름을 유추할 수 있단다. 그는 '변화의 쓰나미'라는 개념을 소개한다. 기술 발전으로 사회 변화가 일어나면 쓰나미처럼 거대한 물결로 그 변화가 가속화된다는 뜻이다. 나이스비트의 '메가트렌드'와 비슷한 개념이다. 21세기의 초반 수십 년 사이에 변화의 쓰나미는 두드러지게 밀려올 것이라 전망했다.

이 책에 실린 윌리엄 하랄 조지워싱턴대학 경영학 교수의 '첨단 기술 시대의 예언가'라는 글도 흥미진진하다. 하랄 교수는 학부에서 항공우주공학을 전공하고 공군 장교로 근무한 경력을 가졌다. 엔지니어링 회사인 그루먼에 입사해서 미 항공우주국(NASA)이 주문한 달 착륙선을 설계하는 데 일조하기도 했다. 그는 시야를 더욱 넓혀 미래학에 입문했다.

그는 "정보 기술은 이제 지구 상에서 가장 큰 힘이며 공산주의의 붕괴, 기업 및 정부의 혁신 전략에 영향을 미쳤다"라면서 "그러나 우리가 목격한 것은 시작에 불과하며 앞으로 막강한 기술이 나타날 가능성이 있다"라고 강조했다.

세계 최고의 지성, 양극화를 말하다

미래를 말하다
폴 크루그먼 지음, 예상한 외 옮김 · 360쪽 · 현대경제연구원

"올해 노벨경제학상, 누가 받을까?"

경제학자들은 해마다 가을이면 이런 궁금증을 품는다. 경제학도, 경제 전문가, 시사 문제 전문가 등도 마찬가지다. 수상자가 발표되면 언론은 그의 경력과 학문 업적을 소개한다. 대부분의 경우 학문 업적은 이해하기 매우 어렵다. 최정상급 학자의 논문을 소개하는 것이니만큼 전문 용어와 개념이 생소하기 짝이 없다. 경제학계 내부에서는 유명할지 몰라도 대중적인 지명도가 떨어지는 학자가 수상할 때도 많다.

물론 상금을 이혼한 전 부인에게 위자료로 준 로버트 루커스 교수 같은 사례는 세간의 화제가 된다. 루커스 교수의 전처는 이혼할 때 "그렇게 가정을 돌보지 않고 연구에 몰두하는 당신은 언젠가 노벨상을 받을 테니 지금 몇 푼 위자료보다 노벨상 상금을 달라"라고 제안했다고 한다. 루커스 교수는 '합리적 기대 이론'을 제시했는데 경제학자들은 "그의 전처가

이 이론을 가장 잘 활용했다"라고 말하기도 했다.

노벨경제학상 수상 기사를 쓰는 기자는 애를 먹는다. 자료를 찾고 국내 전문가에게 전화를 걸어 보충 취재를 하지만 내용이 어려워 쩔쩔맨다. 수상자의 논문을 구해 일별해도 어떤 것은 거의 수식(數式)만으로 채워져 있어 글로 나타내기가 거의 불가능하다. 더욱이 짧은 시간 안에 기사를 써야 한다. 어렵사리 완성한 기사를 넘기면 데스크의 불호령이 떨어진다. 무슨 소리인지 모르겠으니 다시 작성하라는 주문이다. 이렇게 몇 차례 퇴짜를 맞고서야 원고가 넘어간다. 2008년에는 이런 고충이 없었다. 수상자인 폴 크루그먼 교수는 널리 알려진 인물인 데다 대중을 위한 저서를 많이 펴내 그의 학문 세계는 이해하기가 쉬웠다.

『미래를 말하다』는 크루그먼 교수의 2008년 저서다. 물론 노벨상 발표 이전에 나왔다. 미국 경제의 과거, 현재, 미래를 짚어보는 내용을 담았다. 〈뉴욕타임스〉는 서평에서 "오늘날의 미국 이야기를 다루고 있지만, 실제로는 전 세계 소득 불균형의 해법을 제시한다는 측면에서 매우 중요한 시사점을 제공한다"라고 밝혔다. 《퍼블리셔스위클리》 서평에는 "사회 정치적 분석을 기초로 전개되는 그의 논리는 명쾌하고도 흥미롭다"라면서 "민주주의의 참된 가치를 지키고 부의 균형을 회복하는 것이야말로 미래로 가는 해법"이라고 언급됐다.

미국 프린스턴대학교에서 경제학을 연구하는 저자는 뉴욕타임스의 칼럼니스트로도 문명(文名)을 떨친다. 이 신문에 격주로 기고하는 칼럼은 현실 문제를 날카롭게 분석하고 대안을 제시하는 것으로 정평이 났다. "경제학자 가운데 가장 우아한 문장을 쓴다"라는 평가를 받기도 했다.

저자는 오늘날 미국에서는 빈부 격차가 극심하다면서 이를 시급히 해소해야 한다고 강조한다. 진보주의자를 자처하는 저자는 노골적으로 조지 W. 부시 대통령의 공화당 정권을 비판한다. 미국 공화당은 원래는 온건 보수파였는데 1980년대 이후 네오콘(신보수주의자)들이 득세하면서 소수의 부자를 위한 극단적인 이데올로그로 전락했다는 것. 민주당 당원이기도 한 그는 민주당이 집권해야 할 당위성을 주장하면서 2008년 대통령 선거에서 민주당 후보가 당선될 것으로 예견했다.

그는 새 민주당 정권이 빈곤층을 위한 사회 안전망을 넓혀야 한다고 역설했다. 그는 프랭클린 루스벨트 대통령이 추진한 뉴딜 정책 덕분에 노동자들이 중산층으로 부상하면서 빈부 격차가 줄었던 '개혁의 시대'를 이상적인 시대로 높이 평가했다. 최고경영자가 차지하는 보수가 근로자 평균 임금의 300배나 되는 사실을 통탄하면서 "이런 도덕적 해이가 횡행하는 미국 경제는 큰 위기를 맞을 것"이라 예견하기도 했다.

금융 위기 도래, 버락 오바마 민주당 후보의 대통령 당선 등 크루그먼 교수의 예견이 적중했다. 그가 노벨경제학상을 받았으니 그의 주장은 더욱 설득력을 얻을 것이다. 시장주의, 보수주의 시각을 가진 경제학자들의 반격이 어떻게 전개될지 궁금해진다.

행복한 사람이 성공하는 사회

21세기를 이끄는 솔 매니지먼트
하인호 지음 · 244쪽 · 일송북

경영학은 약 100년의 역사를 가진 신생 학문이다. 기업의 역할이 나날이 늘어나는 만큼 경영학의 영역도 더욱 다양해지고 있다. 물적 토대가 중시되는가 하더니 갈수록 정신적 가치가 주목받는다.

『21세기를 이끄는 솔 매니지먼트』는 기업 임직원의 정신력이 성과에 어떻게 영향을 미치는지를 집중 분석한 책이다. '솔(Soul)'이라면 영혼 아닌가. 영혼의 힘을 키우면 실무 능력이 향상된다는 사례를 보여준다.

미국 피츠버그대학교에서 미래학을 체계적으로 배운 1세대 미래학자인 저자 하인호 박사는 영성(靈性) 수련으로 훌륭한 성과를 낸 기업체 임직원 20명을 연구 대상으로 삼았다. 긴박하게 활동하는 보험설계사, 빈틈없이 움직여야 하는 식품 회사 및 타이어 제조 공장의 생산직 사원, 스트레스를 많이 받는 대기업 기획실 사원, 영업 현장을 뛰는 영업직 사원 등이 그들이다.

이들이 2년 동안 자율적으로 영성을 연마하는 과정을 살폈다. 봉사활동, 명상, 요가, 아침 불공, 일기 쓰기, 청소하기 등 참가자 각자가 취미나 여건에 따라 수련 내용을 고르도록 했다.

저자는 성공한 CEO 50명을 면담한 결과 그들이 높은 영력(靈力)을 지니고 있음을 파악했다. 영성을 수련하면 얻는 효과로 ● 깨우치면 즐겁고 행복하며 효율적으로 일하게 된다 ● 스스로 행복하다고 느끼는 사람은 인생 후반부에 소득이 더 높아진다 ● 돈이 많다고 행복한 것은 아니지만 행복하면 돈을 더 벌 수 있다 ● 영성 수련은 효율적으로 일을 하기 위한 정신적 준비운동이다 ● 깨우치면 한없는 감탄을 하고 무한한 자유를 누린다 ● 무한한 자유는 고부가가치를 창조해낸다 ● 영성의 번득임은 순간적으로 폭발적인 에너지를 쏟아낸다 등을 열거했다.

영성 경영을 정착시킨 대표적인 기업으로는 유한킴벌리, 일본 MK택시가 꼽혔다.

저자는 "지속적으로 영성 수련을 하면 평범한 노동자가 지식 근로자로 발전하고 이어 정신 근로자로 변화하는 놀라운 일이 펼쳐진다"라면서 "앞으로 남을 돕는 '돌봄(care)' 세상은 2015년에 부각되어 2020년에 절정을 이루고 2030년에 보편화될 것"이라고 예측했다.

하인호 박사가 소개된 책이 있어 눈길을 끈다. 미래학 입문서인 『세계적 미래학자 10인이 말하는 미래 혁명』(신지은 · 박정훈 외 3인 지음, 일송북)이 그것이다. 이 책에는 세계적인 미래학자 10명의 인터뷰가 실렸는데 그 가운데 하 박사가 포함됐다. 이 책에서 미래학계의 대부인 제임스 데이터 교수는 "2020년엔 꿈과 감성이 매출을 좌우하는 드림 소사이어티 시대가 도래할 것"이라 예견했다. 드림 소사이어티 시대에는 상품을 파는 게 아니라 상품 안에 담긴 이미지와 스토리, 꿈을 판매한다는 것이다.

윌리엄 하랄 교수는 "현재의 인터넷보다 훨씬 편리한 인텔리전트 인터넷이 등장할 것"이라며 "말로 컴퓨터에 명령하게 될 것이며 우리의 생각을 읽어 실행하는 스마트 컴퓨터도 나타날 것"이라 말했다.

한국인에게 미래학은 그리 낯설지 않은 편이다. 허먼 칸이라는 미래학자가 이미 1960년대에 한국 언론에 자주 등장했기 때문이다. 당시는 개발독재 시대였다. 박정희 대통령이 '나를 따르라'는 방식의 통치술을 펼칠 때다. 민주화에 대한 국민 욕구를 누르기 위해 박 대통령은 "우리도 잘살 수 있다"를 외치며 경제성장에 박차를 가했다.

당시 허먼 칸은 한국이 세계에서 주목받는 경제 선진국으로 부상할 것이라 예견했고, 박정희 정부는 이를 적극 홍보했다. 대다수 국민들은 허먼 칸의 예측이 황당무계하다고 생각했다. 자본도 기술도 없는 저개발국 한국이 무슨 수로 선진국이 된단 말인가? 혹시 그 학자가 한국 정부로부터 로비를 받아 터무니없는 논문을 발표한 것은 아닌가? 이런 의심을 가졌다. 특히 비판적 지식인들은 허먼 칸을 사이비 학자라며 비난을 퍼부었다.

미래학 연구 집단인 로마클럽이 내놓은 「성장의 한계」라는 보고서가 한국에서 번역 출판된 것도 미래학을 익숙하게 만든 요인이었다. 석유자원의 고갈을 경고하는 내용을 담은 그 책은 한국에서도 큰 반향을 불러일으켰다.

훗날 허먼 칸의 예견은 거의 맞았다. 로마클럽의 보고서는 별로 맞지 않았다.

기업가 사회를 위한 과제

미래 사회를 이끌어가는 기업가 정신
피터 드러커 지음, 이재규 옮김 · 368쪽 · 한국경제신문

저자는 '거대한 산' 같은 사람이다. "천재는 단명(短命)하다"라는 속설을 무색게 하기도 한다. 96세까지 살면서 왕성한 집필 활동을 펼쳤다.

그는 오스트리아에서 출생했다. 아버지와 친한 프로이트, 슘페터, 미제스 등 대학자들이 집에 자주 놀러 와 어린 시절부터 지적(知的)인 분위기에서 자랐다. 독일, 영국 등을 거쳐 1937년에 미국에 정착한 드러커는 경영학자, 미래학자, 컨설턴트, 저술가, 언론인으로서 열정적인 삶을 살았다.

그의 다른 저서 『프로페셔널의 조건』(이재규 옮김, 청림출판)의 서문에는 "인류 역사상 1950년대 초 한국전쟁 이후 25년이라는 짧은 기간 동안 한국이 이룩한 사회적 변혁보다 더 훌륭한 성공 사례는 찾아볼 수 없습니다"라는 글이 있다. 그만큼 그는 한국을 이해하고 한국인을 사랑했다.

그는 고교 졸업 후 면 제품 수출 회사에서 수습사원으로 일한 것을 비롯해 다양한 현장 근로 경험을 쌓았다. 이런 생생한 체험과 저자 특유의 통찰력을 바탕으로 썼기에 글에서 생명력을 느낄 수 있다.

세상을 꿰뚫어 보는 통찰력이 탁월한 그의 깊은 내공은 이 저서에도 고스란히 녹아 있다. 원제(原題)가 'Innovation and Entrepreneurship'인 이 책은 반(反)기업 정서가 팽배한 한국 사회에 많은 시사점을 던져준다.

기업가(entrepreneur)에 대해 "변화를 탐구하고, 변화를 기회로 이용하는 사람"이라 정의하고 있다. 기업가 정신이란 "과학도, 기예(art)도 아닌 오직 실천(practice)"이라고 강조한다. 기업가 정신을 바탕으로 끊임없이 혁신해야 한 사회가 '다음 사회'로 진보해나갈 수 있다는 것.

기업가 사회를 이루기 위해서는 사회 구성원 모두가 서로서로 '촉진' 해야 한다. 자극을 주어야 한다는 뜻이다. 개인은 지식을 쌓기 위해 평생 공부해야 하고 기업은 첨단 기술이나 최선의 서비스를 개발하는 일에 몰두해야 한다. 정부는 개인과 기업이 활발히 뛰도록 규제를 줄여야 한다.

이 책은 사변적(思辨的)인 내용을 잔뜩 나열한 이론서가 아니다. 개인이나 조직이 실제로 활용할 수 있는 아이디어를 많이 제시했고 참고할 만한 기업 성공 사례도 듬뿍 담았다. 사회과학 분야 대가(大家)의 저서이지만 인자한 할아버지가 손자 손녀에게 설명해주는 것같이 쉽고 자상하게 기술됐다.

번역도 매끄럽다. 이미 드러커의 저서를 14권이나 한국어로 옮긴 바 있는 '드러커 전문가'인 이재규 전 대구대 총장의 녹록잖은 경험의 산물이다. 몇 차례 드러커 박사와 인터뷰한 적이 있는 역자는 "드러커를 존경하고 그의 사상과 정책을 한국에 보급하는 일에 다소나마 기여하고 있음을 자랑스럽게 생각한다"라고 밝혔다.

기업가 정신이 가장 잘 나타난 나라는 미국인 듯하다. 덕분에 미국은 세계 최강국으로 부상했다. 드러커는 미국이 기업가 사회를 이루는 데 적잖게 공헌했다. 36권에 이르는 방대한 저서를 통해 영향을 미쳤다.

드러커의 여러 저서는 풍요한 삶을 좇는 인간의 욕구에 구체적인 해답을 제시한다. 그런 면에서 '제2의 바이블' 이라 높이 평가되기도 한다.

이 책을 읽으면 실생활에서 엄청난 지혜를 얻을 것이다. 리더를 꿈꾸는 청년들이나 사회 지도층에게 일독을 강력히 권유한다.

미래를 위해 무엇을 준비해야 하는가?

당신의 성공을 위한 미래 뉴스

박영숙 지음 · 239쪽 · 도솔

『당신의 성공을 위한 미래 뉴스』에는 도발적이고 기발한 전망이 그득하다. 저자는 주한 영국 대사관, 호주 대사관 공보관으로 오래 근무한 경력을 바탕으로 시야를 미래와 세계로 넓힌 인물이다. 유엔미래포럼, 세계미래회의 한국 대표로 활동하면서 미래 관련 서적을 왕성하게 저술하고 있다.

이 책은 한국과 세계의 미래상에 대해 흥미진진한 모습을 그리고 있다. 프랑스의 문명비평가 자크 아탈리의 말을 인용해 "수명이 길어져 100살 이상 살면서 한 사람과 사는 것은 불가능해 일부일처제는 종말을 맞을 것"이라 예측했다. 남자의 역할이 점점 줄어드는데 65억 개 냉동 정자가 보존돼 있어 심지어 종족 유지를 위해서도 남자가 필요 없을 것이란다. 2015년이면 방송인 허수경 씨처럼 인공수정으로 아기를 가진 '싱글 맘'이 대세를 이룬다고 한다.

"

200년 후엔 한국인이 사라진다는 예측은 충격적이다. 저출산율 세계 1위, 청소년 자살률 세계 1위 등의 요인 탓이다. 부산 지역의 출산율 0.81명은 세계에서 가장 낮다.

머지않은 미래에 전기나 수도가 설치된 캠핑장에 냉난방이 가능한 나노 텐트가 주택 대용으로 쓰인다. 인구가 줄고 나노 텐트가 보급되면 대도시는 텅 빈다. 아파트 투기 붐은 옛말이 된다.

앞으로 10~20년 후엔 교육 혁명 시대가 닥친다. 학교 대신 가정에서 공부하는 홈스쿨이 증가하고 온라인 무료 교육이 미래 교육을 변화시킨다. 교육이 미래의 큰 산업으로 자리 잡는다. 맞춤형 개별 교육, 평생 교육이 확산되고 교과 과목을 모두 게임으로 바꿔 가르친다. 게임 왕국 한국은 세계 사이버 교육 시장의 강자로 부상할 가능성이 크다.

'국가 집단지성(Collective Intelligence)'이라는 포털을 통해 지식을 습득하는 사례가 폭증한다. GPS와 전자태그 때문에 사생활이 노출돼 프라이버시 침해가 우려된다. 2022년엔 공중파 방송이 사라진다. 검색엔진 시장은 구글에서 메디오(Medio)와 4INFO로 바뀐다.

2030년엔 로봇 숫자가 인구보다 많아진다. 문명비평가 한스 모라벡은 "로봇과 인간은 협력하는 지성체로 상생해야 한다"라고 설파한 바 있다. 평생직업, 평생직장이 사라지고 첨단 과학 기술이 경찰을 대신한다. 파트타임 근무자가 늘어나고 노조가 쇠퇴한다.

『미래를 읽는 기술』(에릭 갈랜드 지음, 손민중 옮김, 한국경제신문)도 미래상에 대한 다양한 모습을 제시한다. 전문 미래학자인 저자는 미래 관련 컨설팅 회사를 경영하고 있다. 고객 회사로는 3M, GM, 코카콜라, 네슬레, 존슨앤존슨 등이 있다.

이 책은 미래를 예측하는 방법론을 정리한 1부, 구체적인 미래상을 전망한 2부로 나뉜다. 1부에서 트렌드를 찾는 방법으로 '잡지나 보고서에서 2015년, 2020년, 2030년, 이런 식으로 시기를 구분한 예측 문건을 찾아 목록화하라'고 조언한다. 전문가에게 전화를 걸어 직접 물어보는 것도 좋은 방법이라고 한다.

고령화가 진행되면서 20년 후엔 노인들이 가장 힘 있는 세력이 될 것이다. 그들은 역사상 가장 은퇴자가 많은 세대다. 미국에서는 베이비 붐 세대 인구의 은퇴가 예상되는 2015년경엔 은퇴 인구가 현재의 3500만 명에서 7천만 명으로 늘어날 것이다. 이들을 위한 거대한 제품 시장이 형성될 것이다. 한편으로는 너무 많은 고령 인구가 경제에 부담을 줄 우려가 있다. 의학의 발달로 보통 사람들은 평생 80년 동안 성생활을 할 것으로 예상된다. 품위 있게, 편안하게 죽는 법을 배우는 바람이 불 전망이다.

세계는 어떻게 평평해졌는가?

세계는 평평하다
토머스 L. 프리드먼 지음, 김상철 · 이윤섭 옮김 · 656쪽 · 창해

지구는 둥근데 세계는 평평하다니……. 도발적인 책 제목이 우선 눈길을 끈다.

토머스 L. 프리드먼이라는 저자 이름도 독서 애호가들을 끌어들이는 힘을 가졌다. 뉴욕타임스 칼럼니스트인 그는 1999년 내놓은 『렉서스와 올리브나무』라는 저서로 세계적으로 필명을 떨친 바 있다. 저자가 퓰리처상을 세 번이나 탄 언론인이라는 명성도 책의 성가를 높이는 데 한몫을 한다.

책을 들춰보자. 인도의 정보 기술(IT) 산업 도시 방갈로르가 눈앞에 펼쳐진다. 저자는 2004년 봄에 그곳 IT 기업들을 둘러봤다. 놀라운 변화가 일어나고 있었다. 미국 소비자들과 전화로 상담이나 판매 활동을 하는 콜센터에서만 24만여 명의 인도인들이 일하고 있었다. 콜센터 근무자들은 미국식 영어를 철저히 훈련받으므로 대다수 미국인은 상대방이 지구

반대편 인도에서 전화를 받고 있다는 사실을 상상조차 못 한다. 미국 델타항공에 전화를 걸어 항공권을 예약하면 방갈로르 사무실의 인도인이 처리하는 방식이다.

미국인의 소득세 신고 업무도 인도에서 이뤄지는 경우가 많다. 인도의 회계법인이 하청을 받아 미국 신고 양식대로 작성해 미국 회계법인에 넘겨주는 것이다. 인도에서는 회계학 전공 대졸자가 매년 7만여 명이 쏟아져 나오는데 회계법인에서의 월급은 100달러 수준이다.

"보세요. 지금 우리가 게임을 하는 경기장은 평평해진 겁니다."

어느 인도 기업인이 저자에게 이런 말을 던졌다. 비즈니스 활동에서 국경이나 시간 장벽이 사라졌다는 것을 뜻한다. 원가를 줄이기 위해 남에게 일을 맡기는 아웃소싱이 지구촌 곳곳에 퍼져나가고 있는 것이다.

저자는 2004년 가을 리처드 마이어 합참의장과 함께 이라크를 방문하고 군대도 평평해지고 있음을 확인했다. 미국 네바다 주 넬리스 공군기지에 있는 요원이 원격조종하는 무인 항공 정찰기가 이라크 상공을 날아다니며 찍은 영상이 실시간으로 전송되고 있었다. 이는 전 세계 미군 기지에 보내진다. 각 전문가가 분석한 코멘트는 즉시 자막으로 나온다. 과거 같으면 군 수뇌부나 받을 수 있는 이런 정보가 이젠 사병도 노트북 컴퓨터로 볼 수 있게 됐다. 미군 장교는 "기술 발달 때문에 군대의 위계질서가 무너져 평평해졌고 고급 장교만이 전체 정보를 파악하는 시대는 끝났다"라고 말하더라고 한다.

여기서 '평평하다'는 것은 권력 관계가 상하 방식에서 수평, 협조 방식으로 변모하고 있음을 뜻한다.

저자는 세계를 평평하게 만드는 10가지 요소를 꼽았다. 이를 3개 부문으로 묶으면 자유화, 정보화, 세계화로 압축할 수 있다. 소련 해체와 베를린장벽 붕괴로 상징되는 자유화 물결, 인터넷 보급으로 급속하게 이뤄진 정보화, 생산원가를 낮추고 시장을 넓히기 위해 진행되는 세계화…….

저자는 세계화를 세 단계로 나누었다. 콜럼버스가 대서양을 항해한 1492년 이후 1800년까지를 '세계화 1.0' 시대, 국력이 얼마나 강하냐가 화두이던 때였다. 그 후 대략 2000년까지가 '세계화 2.0' 시대로 당대 주역은 다국적기업이었다.

'세계화 3.0' 시대는 21세기이고 변화를 이끄는 주인공은 개인이다. 개인은 지구촌 어디에 살든 정보화 기기를 이용해 영향력을 행사할 수 있다. 영향력 발휘 속도는 빠르고 범위는 넓다.

"애들아, 내가 어렸을 때 부모님은 이렇게 말씀하셨다. '밥은 남기지 말고 먹어야지. 지금 중국이나 인도에는 굶주리는 사람들이 많단다.' 하지만 나의 충고는 다르다. '애들아, 숙제는 끝내야지. 중국과 인도에는 네 일자리를 가져가려고 열심히 공부하는 사람들이 많단다.'"

저자가 딸들에게 한 충고다. 지구가 평평한 하나의 거대한 시장으로 바뀌고 있음을 실감케 하는 말이다.

이 책의 부제는 '21세기 세계 흐름에 대한 통찰'이다. 21세기엔 세상이 급변하므로 이 변화 속도에 따르지 못하는 개인은 낙오자가 되고 말 것이라는 경고의 메시지를 담고 있다.

저자는 언론인, 저술가로서 물이 한창 오른 듯하다. 유명 인사가 되다 보니 숱한 고급 취재원들과 직접 만난다. 이 책엔 유수한 기업의 최고경영자, 각국 정치 지도자, 핵심 금융인 등의 생생한 목소리가 그득 담겨 있다. 이들과 함께 식사하며, 골프를 치며 마치 허물없는 친구처럼 대화하는 분위기다.

이 책은 저자가 작년 이후 세계 곳곳을 돌아다니며 보고 들은 주옥같은 내용을 저자 특유의 통찰력으로 꿰어낸 귀중한 목걸이 같은 책이다. 이를 읽으면 거대한 변화가 무서운 속도로 진행되고 있음을 깨달아 위기감이 엄습한다. 긍정적으로 생각하면 변화의 주인공이 되어 세계를 무대로 크게 활약하는 기회를 잡을 수도 있다.

영어에 어느 정도 익숙한 독자는 이 책을 영문 원서로 읽어도 좋겠다. 간결한 문체여서 그리 어렵지 않게 이해할 수 있다.

야망을 품은 한국의 젊은이여, 세계는 평평한 큰 무대이니 여기서 맘껏 달려 기개를 펼치시라. 원제 'The World Is Flat'(2005년).

'착한 기업'은 성공할까?

그린 이코노미
헤이즐 헨더슨 지음, 정현상 옮김 · 360쪽 · 이후

'착한 기업'은 성공할까? 이 질문은 착한 사람이 인생에서 성공할까, 하는 의문보다는 대답하기가 훨씬 쉽다. 험한 세상에서 순둥이 같은 사람이 세속적 기준으로 출세하기가 그리 쉽지 않은 게 현실이다. 이에 비해 윤리 경영을 실천하는 '착한 기업'은 성공할 확률이 높다. 요즘 소비자들이 점점 똑똑해지고 기업 비리를 감시하는 눈이 사방팔방에 있기에 그렇다. 소비자를 적당히 속이고 이익만 좇다가 들통나면 회사 존립이 흔들리기도 한다.

'착한 기업'의 성공 사례를 모은 『그린 이코노미』를 펼치면 미소가 절로 나온다. 미래학자이자 경제학자인 저자의 활짝 웃는 얼굴 사진이 책날개에 실렸고 책 안에도 여러 사람이 행복한 표정으로 등장한다. 독자들도 덩달아 상쾌함을 느낄 수 있다. 이 책에 소개된 기업들이 더욱 발전하기를 기원하고픈 마음이 생긴다. 그러니 이 기업들이 성공하지

않겠는가.

이 책의 부제는 '지속 가능한 경제를 향한 13가지 실천'이다. 이렇게 좋은 슬로건을 성공적으로 이뤄낸 기업인들이니 어찌 만면에 웃음을 머금지 않으랴. 클린 푸드, 여성 소유 기업의 역할, 대가 없는 사랑의 경제, 재생에너지, 건강과 복지, 사회 책임 투자의 미래, 공정 무역, 주주행동주의 등 13가지 실천 사항을 관통하는 2개 키워드는 윤리 경영, 친(親)환경 경영이다. '착한 기업'이 추구하는 가치다.

이전투구(泥田鬪狗) 모습을 보이는 비즈니스 현장에서 '사회적 책임'을 짊어진 기업이 실제로 생존할 수 있을까? 현실을 너무 모르는 이상주의자들의 희망사항 아닐까? 소비자들이 '착한 기업'에 대해 신뢰감을 가지면 기업으로서는 강력한 핵심 역량을 갖게 된다고 저자는 강조했다. 소비자들이 좋아하는 기업이니 당연히 흥한다는 논리다.

영국의 브리스틀에서 태어나 칼럼니스트, TV 프로듀서로 활약한 저자는 정통 경제학에서 주목하지 않는 경제학의 미개척지를 발견하는 일에 관심이 많았다. 환경문제와 사회문제를 중심에 두고 경제학과 정치학의 경계를 넘나드는 연구를 진행해왔다. 스케일이 큰 여성 학자다. 그녀는 '착한 기업'을 집중 소개하는 TV 프로그램 〈윤리적 시장〉 시리즈를 제작하기도 했다.

클린 푸드와 관련, 저자는 칠레산 농어나 과일이 수천 킬로미터를 이동해 먼 나라의 소비자에게 팔리는 '세계화'를 비판한다. 운송하는 데 연료가 소모되므로 반(反)환경적이라는 지적이다. 160킬로미터 이내의 거리에서 생산된 유기농 작물을 먹으면 좋다고 한다. 대규모 식량 수출, 수입으로 무역상들만 주로 이익을 챙기고 소비자는 건강을 침해받는다는 것. 미국인 3분의 1이 비만으로 고통받는 것도 이런 이유 때문이라고 한다. 대규모 기업농만이 활개 쳐서는 곤란하고 소농(小農)의 가치가 인정돼야 한다고 주장한다.

저명한 미래학자 앨빈 토플러는 이 책에 대해 "개성 있는 명확성으로 사회·경제·생태학적 변화 운동을 자세히 그린 명저"라면서 "우리가 저자의 열광에 동의하든 않든, 우리 모두 그것에 대해 알아야 할 필요가 있다"라고 평가했다.

이 책은 설렁설렁 만든 게 아니다. '환경과 경제'라는 화두를 붙들고 수십 년 동안 구도자 같은 활동을 펼친 저자의 치열한 정신이 녹아 있다. 부록만 봐도 이를 확인할 수 있다. '윤리적 시장' 연구 자문위원 명단, 참고 문헌 목록, 주요 웹사이트 목록 등이 빼곡히 들어 있다. 원저자 못지않게 번역자도 지독할 정도로 성실한 자세를 보였다. 생략하기 일쑤인 색인까지 꼼꼼하게 번역해 붙였다.

세계는 과연 평평할까?

세계는 울퉁불퉁하다

김성해 · 이동우 지음 · 277쪽 · 민음사

이 책은 토머스 L. 프리드먼의 저서 『세계는 평평하다』가 펼치는 논리를 반박하려 저술된 듯하다. 제목에서 알 수 있다.

경제 지식은 이해하기 어렵다. 전문 용어가 많고 개념도 복잡한 탓이다. 경제학자가 쓴 대부분의 글은 대중이 읽기에는 골치가 아플 만큼 딱딱하고 장황한 문장이 많다. 경제 전문 기자가 집필한 기사는 쉽게 읽히기는 하지만 알맹이가 별로 없는 경우가 흔하다.

한국에서는 흥미진진하게 읽히면서도 영양가 높은 경제 서적은 좀처럼 찾기 힘들다. 노벨경제학상을 받은 폴 크루그먼, 조지프 스티글리츠 교수 같은 '글쟁이' 경제학자를 가진 미국이 부럽기도 하다.

경제와 언론 분야를 아우르는 지식을 쌓은 김성해 박사와 북세미나닷컴의 이동우 대표가 공동으로 저술한 이 책을 보니 새로운 스타가 탄생했다는 감이 든다. 어려운 경제 현상을 쉬운 글로 설명하는 재능이 돋보인다.

김 박사는 한국의 외환 위기와 언론 보도의 상관관계에 대해 집중적으로 연구해 박사 학위를 받았다. 이 사안에 대해 전문적으로 탐구한 최초의 학자인 듯하다. 이 대표는 비즈니스 서적에 관한 전문가 감각으로 집필했다.

이 책은 한국의 외환 위기 원인을 재검토하는 한편 작년 이후의 금융 위기에 대해 심층 분석했다. 과거, 현재, 미래를 골고루 살폈다. 한국뿐 아니라 세계 경제 전체를 조망했다. 소설처럼 재미있게 읽으며 금융 시스템, 언론 시스템, 세계화, 달러 등 다양한 주제를 배울 수 있는 책이다.

김 박사는 한국의 외환 위기 때 미국과 영국의 여러 언론이 한국 상황을 부풀려 보도한 문제점을 지적했다. 이 때문에 한국 경제는 국가 부도 위기를 맞았다. 한국 정부가 외신과의 '소통'에 실패한 탓도 크다. 저자는 "외신들이 이 논문(저자의 박사 학위 논문)을 보고 작은 참회의 눈물이라도 흘리기를 소망했다"라고 밝혔다.

한국 외환 위기의 원인으로는 흔히 정경유착, 경제 정책 실패, 재벌의 중복 투자, 과소비 등이 꼽힌다. 한국 스스로의 잘못이라는 시각이다. 그러나 저자는 '시장 공황' 가능성에 더욱 무게를 둔다.

이 책은 2008년에 미국 월 스트리트에서 발생한 금융 위기의 원인으로 달러 체제의 붕괴를 지목했다. 한국이 장기적으로 외환 부문에서 안정을 꾀하려면 일본, 중국과 손을 잡고 아시아통화기금(AMF)을 설치하는 게 필요하다. 한·중·일 3국이 미국, 유럽연합(EU)에 맞서는 세력으로 협력 체제를 굳혀야 한다. 이런 3극 체제가 안정적인 구조라는 것이다.

이 책은 세계화 시대에 한국인이 외국어 가운데 영어에만 몰두하면 곤란하다고 꼬집는다. 영어 30%, 프랑스어 10%, 독일어 10%, 중국어 및 일본어 50% 비율로 다양하게 구사해야 유용하다는 것이다.

　일반 국민의 경제 지식 수준이 높아져야 한국 경제는 난국에서 얼른 벗어날 수 있다. 이 책은 그런 의미에서 '친절한 가정교사' 역할을 할 것이다.

트렌드를 아는 자가 미래를 지배한다

2010 대한민국 트렌드
LG경제연구원 지음 · 378쪽 · 한국경제신문

미래를 훤히 꿰뚫어 볼 수는 없다. 이는 신(神)의 영역이다. 미래 예측과 관련해서 이지함(李之菡, 1517~1578)과 노스트라다무스(1503~1566)가 생각난다. 이들은 동시대에 살았으며 나란히 생명력이 긴 예언서를 냈다.

새해 운세가 궁금한 사람들은 이지함이 지은 『토정비결』을 통해 갈증을 푼다. 노스트라다무스의 『제세기(諸世紀)』는 큰일이 터질 때마다 "이 책에 이미 예견된 사건"이라고 들먹여지는 예언서다. 누군가가 남아시아를 강타한 지진해일도 노스트라다무스가 예언한 재앙이라고 주장할지 모른다.

품격 높은 예언서에서 얻는 삶의 지혜는 인과율(因果律)이다. 수험생에겐 "뿌리고 가꾼 대로 거두리니 쉼 없이 땀 흘려라"라는 처방이 나오지 않을까? 테러 참사에 대해서는 "뭇사람들아, 서로 미워하면 세상은 불구덩이에 빠질 것이니……" 하는 경고를 찾을 수 있으리라.

경제의 미래도 몹시 궁금하므로 적잖은 전문가들이 전망하는 일에 매달린다. 증권 회사 애널리스트의 주요 일거리는 담당 주식 종목의 가격이 오를지 내릴지를 예측하는 것이다. 한국은행, 한국개발연구원(KDI), 민간 경제연구소 등은 나라 경제의 미래를 살펴보고 문제점에 대한 예방책을 제시한다.

경제의 앞날을 알아볼 때 음양오행 같은 게 적용될 리는 없다. 하지만 경제예측이라 해서 컴퓨터에 입력한 통계 수치의 결과만으로 만들지도 않는다. 심리적 요인을 반영하는 것이다. 경제를 이끌어가는 주체가 기업인, 근로자, 소비자들이니…….

"모사(模寫) 전송기 도입, 더욱 신속한 보도 가능……."

모사 전송기가 뭘까? 무척 고색창연한 말 같지 않은가. 바로 팩스(팩시밀리)다. 이를 들여왔다는 사고(社告)를 20여 년 전 국내 어느 신문이 1면에 큼지막하게 낸 적이 있다. 팩스 몇 대를 회사에 설치한 것을 이렇게 소개했으니 지금 기준으로는 의아한 일이 아닐 수 없다. 하지만 당시엔 팩스가 획기적인 신발명품이었다.

그 팩스도 이제는 인터넷 때문에 한물간 물건이 됐다. 세상이 그만큼 빨리 변하고 있는 것이다. 불과 10여 년 전만 해도 인터넷은 보급은커녕 듣기조차 생소한 것이었다. 너도나도 휴대전화를 갖고 다닌 게 몇 년 사이에 이루어진 일이다.

한국은 어떻게 바뀔까? 이런 궁금증을 가진 사람은 『2010 대한민국 트렌드』를 펼쳐보아라. 71가지 흐름이 잘 정리돼 있다.

이 책은 한두 사람이 책상머리에서 대충 그려낸 미래상이 아니다. LG경제연구원의 여러 두뇌들이 치열한 브레인스토밍을 거쳐 주요 키워드를 찾아낸 뒤 각종 자료와 현상 분석을 통해 미래의 모습을 조망한 것이다. 그래서 신뢰성과 타당성이 높은 내용이 그득하다. 대체로 경제 전문가들이 쓴 글은 수치가 너무 많고 문장도 무미건조한데 이 책은 그렇지 않다. 신문기자 출신의 연구원 몇 명이 필자로 참여했는데 그 덕분인지 문장이 매끄러워 술술 읽힌다.

이 책은 기업체 마케팅 담당자가 읽으면 매우 유용할 것이다. 소비자들의 입맛이 어떻게 바뀔지를 예견하는 자료가 풍부하기 때문이다. 이와 함께 선진 경영 흐름도 반영하고 있어 기획 담당자에게도 유익한 책이 될 것이다.

소비 트렌드

이 책의 첫 챕터는 소비 트렌드에 관한 것이다. 7개 트렌드가 소개되어 있는데 이 가운데 눈에 띄는 것 몇 개를 간추려 보자.

불과 10여 년 전만 해도 애연가는 양담배를 꺼내 물면서 주변 눈치를 살폈다. 외제라면 눈총을 받았기 때문이다. 1989년 해외여행이 자유화되었을 때 초기엔 외국에서 찍은 '증명 사진' 몇 장으로 주위 사람들에게서 시샘과 부러움을 받았다.

이제는 달라졌다. 국적을 불문하고 좋은 제품을 쓰는 게 당연시되는 세상이 되었다. 해외여행도 단순한 관광 형태가 아니라 치료, 연수, 공연 감상 등 특별한 체험을 목적으로 하는 형태로 바뀌고 있다. 선진국에서는 이런 해외 서비스 쇼핑을 '서비스 투어리즘'이라고 부른다.

국내 소비자들이 브로드웨이의 캣츠(Cats) 공연을 보거나 일본 유명 가수 우타다 히카루의 노래를 직접 듣기 위해, 스페인 토마토 축제나 영국의 에든버러 축제에 참가하기 위해 여행을 떠나는 일이 잦아질 날도 시간문제라는 것.

'췌장암 수술＋3개월 입원＋왕복 항공료＝8천만 원'

뉴욕의 유명 병원의 치료 단가다. 이런 의료 서비스는 유학, 연수 등 교육에 이은 제2의 히트 상품이 될 조짐이다. 요즘 이미 임상 치료의 질과 서비스가 양호한 미국 병원을 전문적으로 소개하는 업체가 한국에서도 여럿 등장했다.

사람들은 행복을 추구하며 살아간다. 그래서 열심히 일해 번 돈으로 안락하게 살기를 갈구한다. 그러나 여기에 집착하면 너무 바빠 행복감을 누릴 시간이 없으며 건강을 잃기도 한다. 그래서 자동차 기어를 고단에서 저단으로 낮추는 다운시프트(downshift)처럼 생활 속도를 낮추려는 사람이 늘어날 것이다. 보수는 적을지라도 시간 여유가 있는 일을 선호한다는 뜻이다.

프리터(freeter)라는 트렌드도 다운시프트와 맥을 같이한다. 프리터란 영어의 프리(free)와 독일어의 아르바이터(Arbeiter)를 차용한 일본식 신조어인데 정규직 대신 이 일 저 일 되는대로 하는 젊은이들을 일컫는다. 조직에 얽매이기보다는 취미 생활을 계속할 수 있을 만한 용돈을 버는 일로 만족하는 것이 신세대의 가치관이다.

이와는 약간 반대 흐름이지만 명품을 좇는 '작은 사치' 현상이 나타날 것이다. 제대로 된 명품은 너무 비싸 사기 어려우므로 값이 크게 비싸지 않은 명품 브랜드 상품을 사서 만족하는 것이다. 몇만 달러 하는 티파니 보석은 사지 못하더라도 몇십 달러짜리 티파니 은 목걸이 정도는 사는 것.

바쁜 사람을 위한 도우미 서비스도 광범위하게 확산될 것이다. 주부들을 귀찮게 하는 요리나 육아 등 가사 노동에서 두드러진다. 고객 주문에 따라 다양한 식단을 짜주고 반가공한 식자재를 배달해주는 서비스가 인기인데 그 추세는 더욱 뚜렷해질 것이다.

산업 트렌드

전자화폐가 급속히 보급될 것이다. 반면 신용카드는 쇠퇴한다. 신용카드는 소액 결제가 어렵고 수수료가 많기 때문이다. 전자화폐는 보안성이 강화될 경우 현금, 수표, 신용카드 등 기존 결제 수단을 대체해나갈 것으로 보인다.

전자화폐의 일종인 스마트카드의 경우 소유자의 다양한 신상 정보를 함께 저장할 수 있으므로 철저히 본인 확인 절차를 거친다. 스마트카드는 온라인 거래에도 활용될 수 있는데 개인 PC에 판독기를 연결해 보안성을 높일 수 있다.

자동차의 개념이 달라진다. '탈것'이 아니라 달리는 전자 제품으로 인식이 바뀐다. 고급차의 판단 기준은 배기량보다는 엔진 형태, 안전장치, 멀티미디어 기능 등이 될 것이다. '자동차의 전자화'는 자동차 산업과 관련 산업에 큰 변화를 가져올 것으로 전망된다.

"노화는 자연현상이 아니라 관리해야 할 질병"이라는 말이 있는데 앞으로 그것이 구체화될 것으로 보인다. 노화 방지 시장은 건강 유지 부문, 외모 유지 부문, 건강 보조 식품 부문 등 3가지로 나뉜다. 특히 건강 유지 부문의 고성장이 예상된다. 관절염, 골다공증, 치매, 발기부전, 탈모 등 대표적인 노인성 질환 치료제가 이에 포함된다.

툭하면 소송을 거는 일이 전염병처럼 퍼질 것이다. 미국에서는 이미 소송만능주의가 뿌리내려 부작용이 심각할 정도다. 대표적인 것이 의료 관련 소송이다. 의사는 환자로부터의 소송에 대비해 '모든 노력을 다했음'을 입증하기 위해 각종 검사와 처방을 지나칠 정도로 권장한다. 결국 환자 부담이 늘어난다. 소송이 잦은 산부인과와 신경외과를 아예 설치하지 않은 종합병원도 있다.

한국에서도 민사소송 건수가 2000년 72만 9천여 건에서 2003년엔 115만 천여 건으로 늘었다. 과거엔 적당히 타협했던 갈등들이 이제는 '법대로'를 따지기 시작한 것.

더욱이 변호사 숫자가 급증하는 것도 불에다 기름을 끼얹는 격이 될 듯하다. 1995년 300명이던 사법시험 합격자 수가 천 명으로 늘었다. 앞으로 로스쿨을 통해 더욱 많은 변호사가 배출될 예정이다. 변호사가 부와 명예가 보장되는 직업이라는 것은 과거 일이다.

의사들도 마찬가지. 1980년대 이후 의과대학 정원이 급증하면서 곧 포화 상태에 이를 전망이다. 지금도 한 해에 의사 2500여 명, 한의사 750여 명이 새로 배출된다.

'사' 자가 붙은 전문직 종사자들 사이에서도 구조조정이 이뤄질 것으로 예상된다.

대학들에서도 마찬가지다. 신입생이 줄어들어 학생이 모자라는 대학은 문을 닫을 수밖에 없다. 대학끼리의 통폐합에 가속도가 붙을 것이다. 특성화를 추진하는 것이 대학이 살아남을 대책으로 떠오른다.

인구 트렌드

건강관리를 잘하면 50대가 되어도 왕성한 활동을 할 수 있다. 이들은 '액티브 시니어'라 불리며 소비를 주도한다. 이들이 늘어나면 시니어 마켓도 커진다.

실버 산업은 간호와 보조가 필요한, 한정된 고령자들을 위한 산업이었다. 그러나 50~65세 소비자를 타깃으로 하는 시니어 마켓은 팔팔하고 경제력까지 갖춘 고객을 겨냥하고 있다. 체육 활동, 여가 오락, 교육 정보, 금융, 의료 등 다양하다. 2010년 한국 사회의 중핵으로 떠오를 액티브 시니어들의 마음을 사로잡는 것은 한국의 미래를 잡는 것이다.

1가구 1자녀가 대부분일 것이므로 자녀는 '소황제'로 군림할 것이다. 소황제는 애지중지 키워지므로 남을 배려하는 일에는 미숙하다. 자기중심적이어서 앞으로 대인 관계가 걱정스럽다. 중국에서는 소황제 세대 가운데 32%가 배우자나 배우자 가족들과 불화를 경험한 것으로 나타났다.

경영 트렌드

교토의정서 발효는 환경보호 역사상 큰 획을 긋는 사건이다. 기업 경영 환경에도 많은 변화가 예상된다. 각국은 엄격한 환경 기준을 정해두고 이에 미치지 못하는 제품은 수입을 제한한다. 유럽연합(EU)은 2006년부터 납, 수은, 카드뮴 등 유해 물질이 든 전자 제품 판매를 전면 금지하기로 했다. 이러면 한국의 대EU 수출액 중 62%가 환경 규제를 적용받을 것으로 예상된다.

도요타자동차의 오쿠다 사장은 "매출과 수익을 높이는 시대는 갔다. 미래의 키워드는 친환경 경영이다"라고 갈파한 바 있다. 친환경 경영을 새로운 가치 창출의 기회로 삼는 기업이 승자로 떠오를 것이다.

퓨전 열풍이 불고 있다. 디지털카메라와 MP3 플레이어를 합친 휴대전화기를 보면 실감할 수 있다. 녹차와 우유를 섞은 퓨전 음료, 레슬링과 복싱을 섞어 맞붙는 이종격투기 등 퓨전 현상이 두드러진다. 소비자가 원하면 여러 요소를 섞어 제품과 서비스를 제공해야 한다. 그런 상생의 길로 나아가는 것이 '퓨전 경영'이다.

경영을 하다 보면 모순적인 상황에 봉착하는 경우가 많다. 과거엔 양자택일 방식으로 극복하는 사례가 많았으나 앞으로는 양자를 조화시켜 모순을 관리하는 역설의 경영을 펼쳐야 한다. 유연한 생산 체제를 갖춰 원가도 낮추고 제품 차별화도 동시에 이룬 일본 도요타자동차가 대표적인 사례로 꼽힌다.

국내 경제 트렌드

성장률이 장기적으로 하락할 가능성이 크다. 기업 투자 열기는 식어간다. 노동력은 줄어든다. 앞으로 한국 경제가 맞을 상황이다.

이를 극복하려면 주어진 노동과 자본으로 더 많은 부가가치를 창출할 수 있도록 지식 또는 기술의 집적도를 높여야 한다. 남북한 통일이 해결책의 하나가 될 수도 있다. 독일 통일에서 보듯 통일이 큰 부담이 될 수 있지만 잘만 하면 일손 공급, 투자 기회 확대 등으로 저성장 고리를 끊는 계기로 삼을 수도 있다.

수십억 원의 자산을 가진 부자가 늘어날 것이다. 반면 극빈자들도 늘어 빈부 양극화가 예상된다. 이는 소비문화의 양극화로 이어지고 사회적 위화감 증대로 나타난다. 적정한 '나눔의 문화'가 필요하다.

삶의 질을 추구하는 한국인 가운데 상당수는 이민을 떠날 것이다. 유학, 연수 등의 붐도 이어질 것이다. 거시적으로 보면 이들은 세계 각국에서 한국인 네트워크를 형성할 것이다.

직업과 취미가 동일한 '취미 노동자'들이 늘어날 것으로 보인다.

글로벌 트렌드

연 9%씩 고성장을 거듭하는 인구 13억의 중국은 지금 추세대로라면 8년마다 경제 규모가 2배로 커진다. 인구 10억, 연평균 성장률 7~8%인 인도의 성장 속도도 만만찮다.

세계은행은 2025년 아시아권이 세계 GDP에서 차지하는 비중이 50%를 넘을 것으로 내다봤다. 그 비중이 1950년 19%, 1998년 33%였으니 성장 속도가 얼마나 빠른지 실감할 수 있다.

이 같은 성장세가 미국이나 유럽을 압도하는 슈퍼 파워로 이어질지는 미지수이지만 영향력이 커질 것은 분명하다.

성장을 뒷받침하는 핵심 자원은 석유. 각국은 석유를 확보하기 위해 치열한 경쟁을 벌일 것이다. 물론 석유를 대체할 에너지원을 개발하는 개가도 이뤄질 것이다.

Chapter 08

강한 조직, 현명한 인사

조직 · 인사

직장 생활의 노하우와 승진 비결

H그룹 직장 영웅전설
박성원 지음 · 182쪽 · 고즈원

직장인의 성공 비결을 담은 『H그룹 직장 영웅전설』은 소설 형식으로 정리한 자기 계발서다. 저자가 직장인들을 직접 만나 그들의 생생한 체험담을 콩트로 썼다. 회사 이름과 등장인물을 실명으로 밝히면 곤란한 문제가 생길 것을 우려해 이런 형식을 취했다고 한다. '리얼 콩트, 직장인은 무엇으로 사는가' 라는 부제가 붙었다. 오늘날 한국 직장인이 겪는 갖가지 애환을 흥미진진한 스토리로 엮었다. 책을 펼치면 다음 스토리가 궁금해서 자꾸 페이지를 넘기게 된다.

H그룹 홍보팀 윤병구 대리가 주인공이다. 사보에 실을 것이라며 임원들에게 승진 비결을 취재한다. 건강을 꼽는 전무, 남들과 차별화된 일자리로 승부하라는 상무, 정직성을 강조하는 부사장 등 다양한 인물을 접한다.

어느 날 윤 대리는 고참 부장 가운데 임원으로 승진시킬 대상자를 추천하라는 지시를 받는다. 이와 함께 그는 H전자 내에 유포된 X파일의 출처와 유통 경로를 추적하라는 명령에 따라 백방을 살핀다. 파일 내용은 20개로 요약된다. 인사 실수로 한 부서에 한 명은 일 없이 1년 내내 논다, 대부분의 과장급은 일하지 않고 지시만 한다, 과장 퇴직자는 집에서 놀고 부장 퇴직자는 하청 업체에서 놀며 상무 퇴임자는 꽤 괜찮은 회사의 고문실에서 논다, 엔지니어 생활 5년이 넘으면 정치·경제·문화 면에서 바보가 된다, 추석 전날과 설 전날이 눈치 안 보고 오후 5시에 퇴근하는 날이다 등이다.

기자로 10여 년간 활동한 저자는 이 책을 탈고하고 미래학을 공부하러 미국 하와이대학으로 유학을 떠났다. 저자는 이 책의 에필로그에서 유학을 결정한 심경과 저술 경위를 다음과 같이 밝혔다.

누구나 인생을 신화로 만들 수 있다면, 그런 이야기가 온 한국을 뒤덮는다면 진짜 선진국이지 않을까 생각했다. 5천만 개의 신화가 있는 나라, 한국. 꽤 근사하다. 내가 이야기가 되지 않으면 누구도 설득할 수 없다는 내 의견에 부모님들과 친구들은 동의해줬다. 사실 그분들의 동의가 없었다면 나는 결국 고집을 꺾었을 것이다. 축복받지 못하고 떠나는 여행은 아무리 생각해도 자신이 없었기에.

이 책에 등장하는 인물의 모델이었던 분들은 '자신의 이야기'를 갖고 있다. 그분들에게서 많은 영감을 받았다.

직장에서 성공하려면 험난한 가시밭길을 통과해야 한다. 직장 안팎에서 만나는 숱한 상대방을 설득해야 살아남는다. 『엘리베이터 스피치』(샘 혼 지음, 이상원 옮김, 갈매나무)는 엘리베이터 안에 머무는 짧은 시간에 상대방을 설득하는 노하우를 체계화한 책이다. '상대의 머리와 가슴을 움직이는 60초 설득법' 이라는 부제만 봐도 긴박감이 느껴진다.

『엘리베이터 스피치』는 할리우드 영화감독들 사이에서 쓰이던 용어다. 엘리베이터 안에서 투자가를 만났을 때 30~60초에 인상적인 설명으로 상대방의 마음을 사로잡아야 한다는 의미다. 너무나 바삐 움직이는 현대인에게 1분 이상의 시간을 얻기가 힘들므로 짧은 시간에 설득하지 못하면 상대는 고개를 돌린다는 것이다.

비즈니스 커뮤니케이션 전문가인 저자는 상대방의 즉각적인 관심을 이끌어내기 위해 'POP' 라는 기법을 개발했다. 제대로 알리고 (Purposeful), 독특하며(Original), 간결하게(Pithy) 상대를 설득하라는 것이다. 제대로 알리는 수단으로는 충실한 하인 6명을 잘 활용하면 된단다. 그 하인들 이름은 '무엇을', '왜', '누구에게', '언제', '어디서', 그리고 '어떻게' 다.

성공을 위한 습관 길들이기

뛰어난 직원은 분명 따로 있다
김경준 지음 · 248쪽 · 원앤원북스

직장에서 성공하고 싶지 않은가? 임원이 되어 영화표 예매, 연말정산 서류 정리 등 자질구레한 일을 처리해주는 비서를 옆에 두고 싶지 않은가? 회사 행사 때 단하(壇下)에서 열중쉬어 자세로 높은 분들의 연설만 들을 게 아니라 당신도 단상(壇上)에 앉아 아래를 내려다보고 싶지 않은가?

운전기사가 모는 큼직한 승용차 뒤편 시트에 몸을 묻은 채 신문도 읽고 음악도 듣고 싶지 않은가? 연봉을 두둑이 받아 살림 걱정, 노후 걱정 없이 살며 가끔 가족과 함께 해외여행도 가고 싶지 않은가?

이런 꿈을 이루고 싶은 직장인은 당장 『뛰어난 직원은 분명 따로 있다』라는 책을 읽고 그 내용을 실천하시라. 도저히 실행하기 어려운 일을 강권하지 않아서 좋은 책이다. 보통 사람이 조금만 독한 마음을 품으면 이룰 수 있는 습관에 대해 정리해놓았다. 이런 습관이 하루, 이틀 몸에 배면

267

분명히 사람이 달라져 직장인으로서 성공할 수 있을 것이다. 책 제목이 『뛰어난 직원……』이지만 제대로 실천하면 뛰어난 최고경영자가 될 수도 있으리라.

증권 회사, 경제 연구소, 컨설팅 회사 등에서 다양한 직장 경험을 쌓은 저자의 내공이 엿보이는 책이다.

이 책은 모두 60개의 실천 사항을 제시해놓았다. 이 가운데 13번째인 'PSD의 정신으로 무장하라'를 살펴보자. 미국의 투자은행 베어스턴스가 직원들을 뽑을 때 고려하는 기준이 바로 PSD란다.

즉 가난하고(Poor), 똑똑하며(Smart), 부자가 되고자 하는 강한 욕망(Deep desire to become rich)을 가진 지원자를 선발한다는 것. 유복한 가정에서 고생 없이 자란 사람보다 이들의 경쟁력이 더 크다는 것이다.

저자는 자기 계발을 위해 전철 출퇴근을 권유하고 있다. 출근할 때는 조간신문을, 퇴근 때는 책 읽는 것을 규칙화하라고 조언한다.

49번째 실천 사항인 '좋은 신문은 값싸고 실력 있는 과외 선생이다'에서는 입맛에 맞는 기사만 보지 말고 경제, 과학, 문예 등 기사 전체를 소화하려 노력하라고 강조한다.

직장 생활을 성실히 하려면 대안도 없이 쓸데없는 불평불만을 늘어놓지 말라고 일침을 놓았다. 불만을 느낀다면 원인을 곰곰 생각해보고 개인이나 조직 차원에서 해결책을 찾아보라는 것이다.

이 밖에도 평범하지만 가슴에 와 닿는 조언들이 수두룩하다. 몇 개 소개하겠다.

술버릇에 자신이 없으면 술 먹지 마라, 한 분야에 정통한 취미가 있으면 좋다, 인맥은 사람만 많이 아는 것이 아니다, 재주가 있어도 인내심이 없으면 때를 만나지 못한다…….

직장 생활은 인생 2라운드다. 성장기인 1라운드에서의 불리함을 2라운드에서는 자신의 열정과 창의력으로 만회할 수 있다. 더 이상 태어난 집안 탓을 하지 마시라. 지금 주요 기업에서 활약하는 대부분의 임원들도 20년, 30년 전에는 부모 도움 없이 빈주먹으로 시작했다.

2라운드를 잘 이끌어가야 은퇴 이후의 3라운드도 행복해짐을 명심하시라. 이 책을 읽고 재미있다고 머리로만 생각하지 말고 몸으로 실천하시라.

인생 경영과 기업 경영

경영 · 경제 · 인생 강좌 45편

윤석철 지음 · 216쪽 · 위즈덤하우스

"**윤석철** 교수를 아십니까, 혹시 그분의 저서를 읽어보셨습니까?"

이 질문에 반색을 하는 상대가 있다면 그를 예사롭게 보지 마시길……. 경영학이라는 게 뭔지를 제대로 아는 사람일 가능성이 높기 때문이다.

서울대 경영대에 재직한 윤 교수는 언론에 자주 등장하지 않아서 대중적으로 유명한 경영학자는 아니다. 그러나 그가 내공이 무척 깊은 학자라는 점을 알 만한 사람은 안다. 또 『경영학의 진리 체계』 등 그의 저서들은 마니아 독자층을 갖고 있다.

그의 새로운 저서인 이 책엔 삶의 지혜가 그득하다. 안빈낙도(安貧樂道)를 강조하는 옛날식이 아니라 물적 · 정신적 성공을 함께 이룰 수 있는 오늘날의 삶의 지혜를 알려준다.

그의 학문 역정(歷程)을 보면 이 책의 알맹이가 하루아침에 여문 것이 아님을 짐작할 수 있다. 그는 서울대에서 독문학과 물리학을, 미국 펜실베이니아대에서 전기공학과 경영학을 공부했다. 인문·사회·자연과학을 아우르며 시각의 지평을 넓혀온 석학이다.

이 책의 장점은 내용이 유익하고 심오한데도 매우 쉬운 문장으로 서술돼 있다는 것이다. 술술 읽다 보면 무릎을 탁 치며 공감하는 부분이 곳곳에서 나타난다. 깨달음의 연속이다.

'생존 부등식'이란 개념을 보자. 제품과 서비스에 대해 고객이 느끼는 가치가 고객이 지불하는 가격보다 커야만 고객 만족이 이뤄진다. 이 부등식을 만족시키지 못하는 기업은 제품이 팔리지 않아 고전한다. 개인도 마찬가지다. 직장은 개인에게 주는 봉급보다 그를 고용해서 얻는 가치가 더 커야 하고 개인은 봉급이 생계비보다 높아야 여유를 갖고 살아간다. 생존 부등식을 만족시키는 일은 경영과 인생의 기본임을 알 수 있다.

'주고받음'의 원리는 어떤가. 계란 프라이 자판기를 개발한 어느 발명가가 사업화엔 실패한 사례를 살펴보자. 동전을 넣으면 계란이 가열된 철판 위에 떨어지면서 프라이되는 장치였다. 그러나 소비자의 관심을 끌지 못했다. 계란 프라이만으로는 한 끼 식사가 될 수 없기 때문이었던 듯하다. 고객의 필요와 정서를 파악하지 않고 막연한 기대만으로 사업을 벌인 탓이다. 남에게 만족감을 줄 수 있어야 내가 원하는 것을 얻을 수 있다.

주 5일 근무제를 시행하는 회사가 많다. 저자는 휴일 이틀을 모두 노는 데 쓰지 말고 하루는 자기 정신을 맑게 하는 날로 삼을 것을 권유한다.

저자는 이 책을 통해 '인생 경영'을 강의하는 셈이다. 45개 강좌를 6개 부문으로 나눠 가르친다. 여느 성공학류 책과는 달리 품격을 갖추고 있다는 점에서 진정 아끼는 사람에게 선물해도 좋을 책이다.

조직원들의 결합이 창출하는 시너지 효과

팩토리얼 파워
신재덕 지음 · 287쪽 · 국일미디어

매주 새로 나오는 경제 · 경영서는 20~30권이나 된다. 이들의 대다수는 번역서다. 일부 번역서는 한국 상황과는 너무나 동떨어져 "이런 책을 뭣 하러 힘들여 번역 출판했나?" 하는 의구심이 든다.

한국인이 한국어로 쓴 비즈니스 분야 신간 가운데 좋은 책은 그리 흔하지 않다. 그래서 실용적인 정보를 제공할 뿐 아니라 적절한 품격, 읽는 재미 등을 고루 갖춘 책을 발견하면 서평을 쓸 때 신명이 난다.

『팩토리얼 파워』가 그런 책이다. 저자는 신재덕 농심데이타시스템 대표이사. 경력을 보니 바쁜 직장 생활 가운데서도 경영학 박사 학위를 받는 등 자기 계발을 실천한 '성실맨' 인 듯하다. 30여 년의 직장 경험과 다양한 독서 경력 등이 책 곳곳에 곰삭아 있다.

성공한 사람은 어떤 특성을 지녔는가? 조직을 성공으로 이끌려면 어떻게 해야 하나? 이 책은 그 비결을 알려주고 있다. 일종의 '성공학 개론’인 셈. 동서양의 여러 성공 사례를 소개하고 저자 나름의 시각으로 성공 법칙을 정립했다.

저자는 성공은 습관의 결과이므로 나쁜 옛 습관을 버리고 ‘성공 습관’이 몸에 배도록 하라고 충고한다. 3가지 성공 습관은 ① 사고 습관 ② 언어 습관 ③ 행동 습관 등이다.

행동 습관 성공담 가운데 ‘웃음학의 아버지’로 유명한 노먼 카슨스 교수의 사례가 눈길을 끈다. 50세 나이에 온몸이 시멘트처럼 굳어지는 희귀병에 걸린 그는 어쩌면 웃음이 치료제가 될 수 있다는 생각이 들어 일단 무조건 웃었다. 웃을수록 몸이 부드러워져 마침내 건강을 회복했다. 그는 75세까지 강단에 서서 왕성한 활동을 했고 웃음과 건강에 대한 연구서인 『질병의 해부』란 의학 서적을 펴냈다.

조직을 성공으로 이끌려면 조직원끼리 서로 도와 성과를 극대화해야 한다. 팩토리얼(factorial)은 우리말로 ‘계승(階乘)’이라는 뜻으로, 숫자를 연속적으로 곱하는 것을 뜻한다. 기호 ‘!’로 표시된다. ‘6!’은 ‘1×2×3×4×5×6＝720’이다. 조직원 6명 개개인이 성공 법칙을 따르고 서로 도운다면 최대 720명의 몫을 할 수 있다는 원리다.

조직원끼리 만남을 소중히 여기고, 창조적 언어로 대화하고, 비전을 공유하는 것이 ‘팩토리얼 문화’다. 임진왜란 때 12척 함선으로 133척의 일본 선단을 물리친 이순신 장군은 팩토리얼 파워를 실천한 대표적인 인물로 꼽힌다.

저자는 ‘성공인’과 ‘출세인’을 구분하고 있다. 성공인은 남과 더불어 나아가고 원칙을 지킨다. 반면 출세인은 남을 지배하려 하고 변칙과 반칙을 일삼는다. 출세인은 겉모양은 번드르르할지 몰라도 참다운 의미에서는 성공하지 못한 사람인 셈이다.

저자는 "아침마다 하루에 대한 기대감으로 소박한 행복을 느낀다. 사무실의 임직원들이 각자의 긍정적인 에너지를 서로에게 흘려보내는 것을 보면 환희를 느낀다. 이 기쁨을 주변 사람들, 그리고 이 책의 독자들과 더 많이 공유하고 싶다"라고 털어놓았다.

직장인들이 회사에서 희망을 찾는 법

회사라는 동물원에서 살아남기
리처드 스케이스 지음, 이수옥 옮김 · 232쪽 · 황금비늘

기업체 오너는 흔히 임직원들에게 주인 의식을 갖고 일하라고 다그친다. 회사 일을 자기 일처럼 여기고 열심히 하라는 당부다. 제 호주머니에 돈이 들어올 일이라면 물불 가리지 않을 것이고 남의 일이라면 건성건성 처리할 것 아닌가. 동서고금을 막론하고 맞는 지적이다. 경제학자들은 이를 체계적으로 연구해 '주인-대리인(principal-agent) 이론'을 만들기도 했다. 대리인(종업원)은 주인의 기대만큼 열심히 일하지 않는 경향이 있다는 것이다. 물론 주인의 기대 수준이 지나치게 높기도 하고…….

한국에서는 노사분규가 터지면 때로는 종업원들이 주인 행세를 한다. 경영의 핵심 사안에 대해 노조가 경영진에게 이래라저래라 요구한다. 오너는 노조가 월권(越權)한다며 분통을 터뜨리지만 평소에 '주인 의식'을 강조한 당사자가 누구인가. 냉철히 따져보면 어디까지나 주인은 주인이

고, 종업원은 종업원이다. 주인은 종업원을 고용해 그의 노동에 대해 임금을 지급하는 사람이다. 종업원 위에서 군림할 권한은 없다. 종업원은 공짜로 월급을 받는 것도 아닌데 주인에게 왜 굽실거리나. 양자(兩者)는 상하 관계가 아니고 상호 계약 관계다.

『회사라는 동물원에서 살아남기』는 직장인에게는 자기 계발서로, 오너에게는 인적 자원 경영서로 읽힐 수 있다. 직장인을 위해 급변하는 조직 환경에서 보스에게 비굴하게 허리를 굽히지 않고 당당하게 살아남을 수 있는 노하우를 소개한다. "나의 창의성, 전문성을 제공하는 대가로 임금을 받는다"라고 외칠 수 있는 자신감을 키워야 함을 강조한다.

저자의 프로필을 보자. 영국의 컨설턴트로 몇몇 대학에서 강의를 맡았고 『글로벌 리믹스』라는 저서를 냈다. 《퍼스널 투데이》에 의해 영국에서 가장 영향력 있는 10인(경영 부문)으로 뽑히기도 했다. 번역자 프로필과 역자 후기가 보이지 않아 아쉽다.

영국 기업을 비롯한 유럽 기업들의 사례가 중점적으로 소개됐는데 놀랍게도 한국 기업과 비슷한 점이 많다. '글로벌 경영 환경'이라는 시대적 화두 때문인 듯하다. 그래서 한국 직장인들에게도 도움이 될 만한 알맹이가 그득하다.

저자는 회사라는 동물원에서 성공하려면 개인의 엄청난 의지가 필요하다고 강조한다. 회사는 과거처럼 전통적인 보상은 주지 않으면서 사원들이 마음을 바쳐 일할 것을 기대한다. 고용계약 성격은 장기 근무 대신에 단기 계약으로 바뀌었다. 영국 기업보다 미국 기업에서 그 경향은 더욱 두드러진다. 많은 회사가 종업원들에게 물질적 보상을 주고 편하게 일하도록 해주면 성과가 오를 것이라는 착각을 한다. 단기적으로는 그럴 수 있다. 그러나 장기적으로는 관리자를 포함한 모든 사원이 자기 이익만 좇는 '얌체 기업 문화'가 조성된다. 우수한 성과를 이루려면 종업원들이 헌신하는 자세가 필요하다. 마음에서 우러나오는 헌신이 있으면 제품 혁신, 새 아이디어 개발로 이어지고 감독 관리 비용이 줄어들어 운영비가 절감된다. 기업 리더는 말로만 주인 의식을 외칠 게 아니라 종업원들이 그렇게 일할 수 있도록 그들을 존중해야 한다.

국가 간 거래의 자유화와 메가톤급 기업들의 인수 합병이라는 세계화 열풍 탓에 여러 직장에서는 업무 스타일이 바뀌었다. '24 / 7 근무 패턴'이 탄생한 것이다. 하루 24시간, 1주일에 7일 일한다는 뜻이다. 팀 단위의 성과를 측정하면서 퇴근 시간 이후에도 팀원들이 모두 남아 일하는 풍경이 흔해졌다. 직장과 사생활 사이에 경계가 모호해진다. 이런 가운데서도 자기 계발을 게을리하지 않아야 한다. 언제 직장이 바뀔지 모르기 때문이다. 평생 학습이 강조되는 이유다. '칼퇴근'은 옛말이라는 영국의 직장 풍속도가 한국과 비슷해서 눈길을 끈다.

환경을 바꾸면 사람이 변화한다

우리는 우리를 넘어섰다
한익수 지음 · 276쪽 · 고즈원

'대우자동차 부평 공장'이라 하면 무엇이 연상되는 가? 극렬한 파업, 대량 해고, 폐업 위기……, 이런 부정적인 이미지가 떠 오르리라.

그런데 요즘 거기에 가보면 그게 아니란다. 우선 정리 정돈이 잘돼 있어 공장 전체가 매우 깔끔해졌음을 느낄 수 있단다. 공장 바닥이 워낙 깨 끗해서 밥상을 차려놓고 식사를 해도 될 정도라니……. 직원들의 표정도 밝다. 작업을 시작할 때 "안전 작업, 완벽 품질, 내 손으로! 좋아! 좋아!" 하고 외치는 목소리도 활기차다.

미국 제너럴모터스(GM)의 리처드 웨고너 회장은 "전 세계 GM 계열사 임원들은 대우차 부평 공장을 학습하라"라고 지시까지 했다. "기적이 일 어났다"라는 표현이 어울린다는 것.

이런 경영 혁신을 이루는 데 앞장선 한익수 전무가 이 책을 썼다. 1976년

대우차에 입사해 잔뼈를 키워온 저자는 2001년 2월 1750명의 직원들이 정리해고당하는 광경을 목격했다. GM은 대우차의 여러 공장 가운데 부평 공장은 인수하지 않았다. 살아난다는 확신이 설 때까지 인수를 미룬 것이다. 숱한 직원들이 눈물을 흘리며 회사를 떠나는 참담한 상황에서 벗어나기 위해 처절히 몸부림쳤던 기록이 바로 이 책이다.

을씨년스런 공장에서 생산본부장이던 그가 맨 처음 한 일은 빗자루를 들고 작업 현장을 말끔히 정리하는 것이었다. 이미 1991년 차체2부 부장 시절에 불만이 들끓던 작업장 분위기를 빗자루로 해결한 경험이 있었다. 먼지투성이 작업장에서 숨 쉬기조차 힘든데 생산성을 높이라 하니 불평이 높아갈 수밖에……. 그는 솔선해서 빗자루를 들었고 환기 장치를 개선했다. 가장 지저분하던 차체2부 공장이 가장 깨끗한 곳이 되었다. 부서원들의 표정도 밝아졌고 생산성도 쑥쑥 올라갔다.

이 경험을 2001년 봄부터 부평 공장 전체에 적용했다. 주위가 청결해지자 생기가 감돌기 시작했다. 개인별 청소 구역이 정해졌다. 1인당 20평가량을 맡았다. 이런 활동에 '환경 품질 책임제(RBPS : Responsible Boundary Production System)' 라는 멋진 이름까지 붙였다. 청소뿐만 아니라 '1분 명상', '가시 바구니 털기', '오픈 하우스' 등의 활동도 RBPS에 포함시켰다.

'가시 바구니 털기' 는 마음속에 품은 불만(가시)을 털어내기 위해 자연 휴양림 같은 곳에서 숙박하며 불만 사항을 게시판에 써놓아 개선책을 찾는 행사다. '오픈 하우스' 는 동료의 집에 방문해서 간단히 식사하며 친목을 다지는 일.

즐겁게 일하는 분위기 속에 책임, 자율, 상호 배려 정신이 뿌리내렸다. 원가절감을 위한 아이디어 제안이 쏟아졌다. 마침내 GM이 전 세계 관련 공장을 대상으로 실시한 테스트에서 부평 공장이 전 분야 '우수'를 받는 성과를 거두었다. 경영 정상화가 눈에 띄기 시작했고 해고자들도 거의 복직됐다.

이 책엔 심신 건강을 위해 하루 1시간씩 독서, 1시간씩 운동을 한다는 저자의 성실성이 배어 있다. 생산성 향상을 이룬 숱한 실천 사례가 담겨 있다. 위기를 극복하기 위해 노력했던 부평 공장 임직원들의 열정도 듬뿍 실려 있다. 유용하면서도 가슴을 찡 울리는 감동을 주는 책이다.

미국 회사에서 살아남기

미국 회사에 도전하라
이상진 지음 · 216쪽 · 한스미디어

화학공학 박사인 L 씨는 영업 사원으로 발령을 받아 D 회사와 거래를 트기 위해 구매 부서를 찾았다. 명함 교환은 꿈도 못 꿀 일이고 아무도 상대해주지 않았다. 그래도 1주일에 두 번은 찾아갔다. 두어 달 들락거렸을 때 구매과장이 "어이" 하고 불렀다. 빵을 먹고 있던 구매과장은 건네받은 명함으로 책상 위에 흩어진 빵 부스러기를 훑어내더니 명함을 휴지통에 버렸다. 그러곤 명함을 한 장 더 달라고 했다.

이런 수모를 겪어가며 D 회사에 마침내 납품하게 됐다. L 박사는 미국계 회사에 입사하면서 D사를 개척하겠다는 목표를 내세웠기에 이를 실천하기 위해 수도(修道)하듯 매달린 것이었다.

L 박사가 바로 이 책의 저자다. 국내 대기업에서 4년간 근무하다 1991년 미국계 회사인 한국다우케미칼에 입사, 지금까지 근무하고 있다.

저자는 이 책에서 미국계 회사가 어떻게 돌아가는지, 이에 적응하려면 어떤 대비책을 세워야 하는지를 생생한 경험을 바탕으로 잘 소개하고 있다.

임직원들은 '약속의 공포'를 느낀다. 회사에다 자신의 목표를 '약속'하는데 이를 반드시 이뤄야 한다는 의무감 때문에 실천 가능성이 불투명해지면 '공포'를 느낀다는 것이다. 약속을 못 지키면 연봉, 승진 등에서 불이익을 받는다. 한국 회사에서처럼 적당히 봐주지 않는다. 저자가 자기 명함이 쓰레기통에 들어가는 것을 보고도 구매과장에게 미소를 지은 것도 약속을 지키기 위한 인내심 때문이었다.

영어 회의는 어떻게 준비하는가. 발표 내용을 정리하고 녹음기에 녹음해서 들어본다. 5분간 발언 분량 정도는 달달 외운다. 미국인조차도 5분 스피치는 외운다고 한다.

시간 관리를 잘해야 한다. "바빠 죽겠다"라고 말하는 사람은 시간 관리를 잘 못하는 사람으로 낙인찍힌다. 하루 일정을 분 단위로 정리하는 '플래너'라는 수첩을 잘 활용해야 한다. 저자는 플래너 활용법을 배우기 위해 홍콩에 1박 2일 출장을 갔을 정도다.

미국인 회사에서 직속상관인 보스의 권한은 막강하다. 부하의 연봉, 경비 결재, 진급 여부 등을 결정한다. 부하는 보스를 '하느님의 친구'로 생각해야 한다. 보스 앞에서는 나이에 관계없이 재롱둥이가 된다. 보스와 함께 식사할 때 보스보다 수저를 먼저 들어서는 안 되는 것은 한국의 예절과 마찬가지다. 50대의 어느 부사장은 그의 보스가 한국에 오면 보스의 가방을 들고 다니는 모습을 보였다. 보스와 궁합이 잘 맞으면 세상 살맛이 나지만 코드가 맞지 않으면 '재앙'이란다.

신입 사원이 들어오면 미국 기업들은 은연중에 '귀하는 세계 최고의 사원'이라는 인식을 심어준다. 일류 호텔에서 재우고 고급 식당에서 음

식을 사주며 비행기 좌석도 비즈니스석에 앉힌다. 한국 신입 사원들이
극기훈련을 위해 구령을 맞추는 풍경과는 큰 차이가 난다는 것. 미국 회
사를 이해하면 한국 기업을 경영하는 데도 큰 도움이 될 것이다. 재미있
는 에피소드가 많아 읽는 데 부담이 없으면서도 적잖은 정보를 제공하는
책이다. 감동도 준다.

권력 중독자를
어떻게 상대할 것인가?

권력 중독자

데이비드 L. 와이너 지음, 임지원 옮김 · 447쪽 · 이마고

성깔 사나운 상사에게서 호된 꾸중을 듣고 남몰래 눈물을 훔치는 직장인들이여, 어깨를 펴시라. 『권력 중독자(Power Freaks)』란 책을 읽으면 위안과 용기를 얻을 것이니…….

이 책은 탄탄한 심리학 이론을 바탕에 깔고 있다. 그러면서도 생생한 사례와 구체적인 행동 요령을 일러준다. 공부가 되면서도 실용성이 높은 책이다. 별다른 대안 없이 "야, 인생은 다 그런 거야. 참고 지내는 사람이 결국은 이기는 거야"라는 투의 무책임한 조언을 던지지 않는다.

먼저 '권력 중독자'란 어떤 사람인지 살펴보자. 자기 이익을 위해서라면 아랫사람의 기분은 아랑곳하지 않고 불같이 화를 내거나 만만하게 보이는 상대방을 짓밟는 사람이다. 아침 식사 때는 자녀를, 회사에서는 부하와 동료를, 식당에서는 종업원을, 택시에서는 운전사를, 퇴근해서도 기운이 남으면 배우자를 괴롭힌다.

저자는 권력 중독증을 10개 단계로 분류하는데 가장 중증인 10단계에 이르면 거의 정신 질환자 수준이다. 히틀러나 무솔리니 등이 여기에 속한다. 권력 중독의 뿌리는 원시적 생존 본능에 있다. 현대인은 넥타이를 매고 있지만 유인원(類人猿)에서 진화한 지 얼마 되지 않아 야성이 남아 있기 때문.

권력 중독자인 상사를 대하는 비법은 무엇인가? 일단 순응해야 한다. 실수를 저질렀으면 혼날 각오를 해야 한다. 상사가 성질을 부리는 것을 받아내야 한다. 군대 시절 훈련 교관이 욕설을 퍼붓고 난 뒤 옆으로 지나가던 일을 떠올리면서 말이다. 모욕을 당하더라도 그저 연기의 일부라고 생각하면 마음이 편해진다. 상사와 겨루어 이길 확률이 매우 낮다는 점을 깨달아라. 얼굴을 맞대고 불벼락 맞는 것을 도저히 참을 수 없다면 가급적 대면 기회를 피해라.

괴물 같은 상사가 죽도록 일을 시키더라도 다른 대안이 없다면 운명으로 받아들여라. 그래도 못 견디겠다면 다른 직장에 낼 이력서를 준비해라. 심리학에서 이 같은 회피 전략은 '회피형 대처 스타일' 또는 '경계선 설정' 등으로 불린다.

권력 중독자인 동료를 대할 때는 침착하고 당당해야 한다. 상대가 공격해 올 때엔 오히려 유머로 분위기를 부드럽게 뒤집으면 관계가 개선될 수 있다.

심리학자이자 경영 컨설턴트인 저자는 "귀하가 권력 중독자와 공존하면서 어느 정도 편안함을 느낄 수 있게 된다면 귀하는 정말 위대한 일을 해낸 셈"이라고 결론 내린다.

이 책을 읽고 나면 한국의 직장인 대부분은 산사(山寺)의 스님 못지않게 사바세계 직장에서 수행(修行)하고 있음을 알 수 있다. '불도저 같은 추진력을 지닌 강력한 리더십의 소유자' 로 흔히 미화되는 권력 중독자들이 미국보다 한국에 훨씬 많지 않은가. 한국의 조직 문화는 상명하복이 큰 흐름 아닌가. 부하들은 그 혹독한 스트레스를 받으며 버텨내니 몸 안에 사리(숨利)가 생길 정도가 아니겠는가.

경영의 기본은 결국 상품과 서비스를 파는 것

세일즈맨의 탄생

월터 A. 프리드먼 지음, 조혜진 옮김 · 372쪽 · 말글빛냄

영어 회화 카세트테이프 판매왕 자리에 오른 어느 영업 사원의 사례다. 도로를 무단횡단하다가 경찰관에게 붙잡혔다. 임기응변으로 "귀하를 급히 만나기 위해 길을 건넜다"라고 말했다. 경찰관이 의아해하자 그 영업 사원은 "앞으로 중요한 일을 할 사람으로 보여 꼭 영어 회화를 익히도록 하기 위해서"라고 둘러댔다. 경찰관은 황당해하면서도 테이프 1질을 샀단다. 국내 어느 출판사 사장이 들려준 실제 이야기다.

이렇듯 유능한 세일즈맨은 남을 설득하는 데 놀라운 재주를 발휘한다. 세일즈맨이라면 흔히 '에스키모에게도 냉장고를 파는 사람'으로 알려져 있지 않은가.

『세일즈맨의 탄생』은 파란만장한 미국 세일즈맨의 역사를 그린 책이다. 경제의 기본은 결국 상품과 서비스를 파는 것이니 세일즈맨의 역사는 경제사나 진배없다. 흥미진진한 소설 같은 이 책을 읽으면 200년 미국

경제사가 머리에 쏙쏙 들어온다.

1800년대 미국에는 통일된 화폐가 없었다. 한 주(州)에서 다른 주로 물건을 파는 행위는 무역이나 마찬가지였다. 대부분이 자급자족, 물물교환으로 생필품을 구했다. 이런 생활 행태는 행상의 등장으로 바뀌기 시작한다. 드문드문 떨어져 있는 마을에 행상은 가위, 단추, 피뢰침, 책, 프라이팬 등 온갖 물건이 든 가방을 들고 나타났다. 주민들은 필요한 물건을 사기 위해 돈을 벌려고 노력했고 이것이 나라 전체로는 경제성장의 촉진제가 됐다.

보따리 장사 수준에서 벗어난 세일즈맨도 등장했다. 가게를 열고 광고로 손님을 끌었다. 이들에게 판매 노하우를 알려주는 지침서, 잡지 등이 쏟아졌다. 외판원들은 성공 비결을 기록했다가 은퇴 이후 회고록으로 냈다. 이 간행물들은 훗날 마케팅 이론서의 뼈대가 된다.

금전 등록기 업체인 NCR의 성장 과정을 살펴보자. 존 패터슨 사장은 1884년 종업원 13명으로 창업했다. 그는 수많은 종류의 금전 등록기를 개발했고 대리점제·직영제·할부제·신용판매 등 다양한 판매 방법을 고안하고 시행했다. 세일즈맨 연수원도 세웠다. 1919년 임직원은 750명으로 늘었으며 27개국에 대리점을 두게 됐다.

NCR 직원이었던 토머스 왓슨은 1914년 CTR이란 회사로 옮겼다. 1924년 사장으로 선임된 왓슨은 회사 이름을 IBM으로 바꾸었다. 이 회사가 오늘날의 거대 기업 IBM이다.

외판 노하우는 점점 체계화됐다. 1920년대에 하버드대와 위스콘신대에서는 판매학을 정식으로 가르치기 시작했다. 소비자 심리에 대한 연구도 활발하게 진행됐다.

미국의 희곡작가 아서 밀러의 『세일즈맨의 죽음』이란 희곡이 생각나지 않으신지……. 30년간 세일즈맨으로 활동하던 주인공 로만은 나이가 들자 판매 실적을 내지 못하는 무력감에 빠져 자살한다.

요즘도 영업 분야에서 일하는 분들은 때때로 로만처럼 실의에 빠질 것이다. 그러나 용기를 내시라. 그대들은 질 좋은 상품과 서비스를 소비자에게 공급하는 주인공이라는 자부심을 가져도 좋다.

알파형 에너지를 생산적으로 활용해라

알파 신드롬

케이트 루드먼 · 에디 얼랜슨 지음, 안진환 옮김 · 448쪽 · 비즈니스북스

직장인들이 술자리에서 가장 즐겨 찾는 안주는 뭘까?

잘근잘근 씹는 맛이 있는 안주, 바로 직장 상사다. '씹는다'는 표현은 비판한다는 뜻임을 직장인들은 잘 안다.

직장인들은 왜 상사를 비판해야 스트레스가 풀릴까? 해답은 간단하다. 상사가 부하를 닦달하기 때문이다. 상사가 스트레스를 주므로 그것을 풀려면 술자리에서라도 상사를 '씹어야' 한다.

이런 현상은 한국에서만 있는 게 아니다. 미국 직장인들도 마찬가지다.

미국의 어느 인재 개발 컨설팅 회사가 최근 실시한 조사 결과에 따르면 미국 직장인들은 상사에 대해 불만을 늘어놓거나 다른 사람의 불평을 들어주느라 월평균 10~20시간을 소모한다고 한다.

마셜 골드스미스라는 경영 코칭 전문가는 이에 대해 "이 얼마나 큰 생산성 낭비인가! 아니, 이 얼마나 큰 인생 낭비인가!" 하고 개탄했다.

회식 자리 풍경을 살펴보자. 대리는 과장을, 과장은 부장을, 부장은 임원을 비판하는 경우가 흔하다.

임원쯤 되면 함부로 CEO를 비방하지 않는다. 소문이 나면 보복당할 것이 두려워서다. 대기업 임원 자리에 오른 사람이라면 산전수전을 다 겪어 어떤 경우엔 CEO가 싫어도 다른 사람 앞에서는 "우리 사장님은 통찰력이 탁월한 분"이라고 칭송할 정도의 노회함을 갖추고 있다.

유별나게 많이 '씹히는' 상사가 있게 마련이다. 그는 어떤 특성을 지녔을까? 공격적인 행동, 왕성한 승부욕, 무자비한 전술 구사 등으로 요약되리라. 남성 호르몬인 테스토스테론이 철철 넘치는 유형의 인간이다.

이런 사람은 알파(@)형 인간이라 불린다. 알파는 으뜸을 의미하지 않는가. 알파형 인간은 1등에 집착한다. 다른 사람의 실수를 용납하지 못한다. 목표를 달성하기 위해 수단, 방법을 가리지 않는 편이다. 남의 기분은 생각하지 않고 상대방을 몰아붙인다.

알파형 인간은 직장에서 승승장구할 수 있다. "돌격 앞으로!"를 외치며 책임감을 갖고 부지런히 일하기 때문이다.

그러나 알파형 인간이 간부가 되면 조직 분위기를 망치기도 한다. 남에 대한 이해와 배려가 모자라기 때문이다. 이런 병리적 현상을 '알파형 남성 증후군'(알파형 신드롬)이라 한다.

알파형 인간이 성과에 집착한 나머지 무리수를 두면 조직을 망칠 수도 있다. 대형 금융 사고로 도산한 몇몇 금융 회사의 사례에서 보지 않았는가.

미국의 케이트 루드먼 박사와 에디 얼랜슨 의사가 공동으로 집필한 『알파 신드롬』은 알파형 인간에 대해 탐구한 책이다.

알파형 인간이 어떤지 특성을 분석하고 이들의 장단점을 열거해놓았다. 그리고 이들이 자기 관리를 잘못하면 조직에 해악을 끼칠 수 있다는 점을 경고하고 이를 예방하기 위한 프로그램을 제시했다.

저자의 경력을 훑어보자. 케이트 루드먼은 수학과 과학을 좋아해 텍사스공대에 들어간 소녀였다. 대학 4학년 때 심리학에 흥미를 가져 심리학 석사·박사 학위를 취득했다. 여러 직장을 거쳐 기업 관리자의 감정 관리에 관한 코칭 전문 회사인 워스에식(Worth Ethic)을 설립했다. 글솜씨가 뛰어나 작가 겸 강사로 활약 중이다.

에디 얼랜슨은 루드먼의 남편이다. 미시건 의대 교수를 지냈고 종합병원 수석 의사로 활동했다. 기업 간부들의 건강관리 프로그램인 '라이프 레슨'을 개발한 것을 계기로 경영 컨설턴트로 변신했다.

사람의 몸과 마음은 따로 노는 것이 아니다. 함께 움직인다. 그런 점에서 심리학자, 의사인 이들 부부가 같은 관심사를 갖고 공저를 낸 것은 의미가 깊다 하겠다.

알파형 인간의 강점, 약점을 5가지만 들면 다음과 같다.

강점은 ① 어떤 경우든 최종 목표에 도달할 때까지 결코 포기하지 않는다 ② 언제나 자기 생각을 있는 그대로 밝힌다 ③ 게임을 할 때면 언제나 이기기를 좋아한다 ④ 거리낌 없이 사람들에게 도전한다 ⑤ 부하 직원들에게 최상의 결과를 기대하고 그들이 성공하게 돕는다 등이다.

약점은 ① 끊임없이 나와 남을 비교한다 ② 결과를 얻기 위해 필요한 행동이라면 다른 사람의 감정을 상하게 하더라도 신경 쓰지 않는다 ③ 다른 사람이 내 의견에 반대하면 나에 대한 도전이나 모욕이라고 생각하는 경우가 많다 ④ 나보다는 다른 사람이 변해야 한다고 믿는 경향이 있다 ⑤ 좋은 아이디어가 있는데 이를 밀쳐놓고 그보다 못한 아이디어에 귀 기울이라는 요청을 받으면 그 즉시 불쾌한 감정을 확연히 드러낸다 등이다.

어떤가, 혹시 나는 알파형 인간이 아닐까 하는 의문이 들지 않으시는지? 직장 상사나 동료 가운데 알파형 인간으로 보이는 사람들의 얼굴이 떠오르시는지?

알파형 인간의 4가지 유형

저자는 알파형 인간을 4가지 유형으로 나눈다. 알파형 지휘관, 알파형 몽상가, 알파형 전략가, 알파형 실천가 등이다.

알파형 지휘관은 강렬한 열정을 갖고 있으며 사람을 끌어당기는 매력이 있는 리더다. 조직의 공동 목표를 이루기 위해 직원들이 열심히 일하도록 독려한다. 강한 카리스마와 동기부여로 조직을 이끈다. 하지만 불도저처럼 사람들을 너무 몰아치는 단점이 있다. 대표적인 인물은 스티브 발머, 도널드 트럼프, 칼리 피오리나 등이다.

'싸움꾼으로 전락할 수 있는 우두머리' 인 알파형 지휘관에게 필요한 리더십 과제는 무엇일까? 공통 방향으로 조직원들을 규합하는 방법을 배워야 한다. 단순히 명령을 내리기보다는 생산적인 행동에 영감을 불어넣고 조직화하는 방법을 익혀야 한다.

알파형 몽상가는 선견지명이 있는 미래 지향적인 리더다. 호기심이 많고 개방적이며 직관력이 있다. 풍부한 상상력에 바탕을 둔 열정으로 조직원들을 자신의 비전에 동참하게 만든다. 하지만 지나치게 자신의 목표에 몰입한 나머지 현실을 외면하고 과도한 욕심에 집착할 우려가 있다. '불가능한 꿈에 도전하는 몽상가' 의 대표적인 인물로는 빌 게이츠, 마이클 델, 토니 블레어 등이 꼽힌다.

이들이 익혀야 할 리더십 과제는 남의 의견을 경청하는 것이다. 그러면 천부적인 통찰력에다 실용성도 갖추어 현실적인 예언자가 될 수 있다.

알파형 전략가는 조직적이고 체계적이며 데이터에 근거해 판단하는 지략가다. 그러나 자신의 영리함에 도취해 타인을 무시하기도 한다.

'고집불통으로 전락할 수 있는 분석의 천재' 인 이들은 자신의 창조성을 발휘하도록 다른 조직원들의 참여를 이끌어내는 노력을 해야 한다. 두드러진 인물로는 헨리 키신저, 로버트 기요사키가 꼽힌다.

알파형 실천가는 '조직원들을 한계까지 밀어붙이는 맹렬한 추진가' 라고 불린다. 프로젝트 관리의 대가인 이들은 지치지 않는 추진력으로 세세한 업무에까지 파고든다. 잔소리꾼이 될 수도 있다. 콜린 파월, 혼다 소이치로 등이 대표적인 인물이다.

이들이 익혀야 할 리더십 과제는 무얼까? 남을 탓하지 않는다, 솔직함과 무례함을 혼동하지 않는다, 요구하지 말고 부탁한다 등이다.

알파형 인간 여러 명이 함께 있는 조직에서는 어떤 일이 일어날까? 잘난 야심가들끼리 이전투구를 벌이는 상황이 되기 십상이다. 팀워크를 강조해도 별 소용이 없다. 축구팀에서 선수 모두가 호나우두 같은 스타 플레이어인 드림팀이라 해서 최강 팀이 된다는 보장이 없다.

이런 조직에서는 팀 이익을 우선으로 해야 한다. 팀원이 서로 상대방을 파악하도록 한다. 다면(多面) 인터뷰를 해서 동료들이 자신을 어떻게 보고 있는지 알도록 한다.

알파형 인간은 남에게 스트레스를 많이 주고 스스로도 스트레스를 크게 느끼는 편이다. 그러면 두뇌와 장기에 악영향을 미쳐 건강이 상한다. 스트레스에 시달리는 임원들은 에너지를 빨리 소모하고 긴장과 경쟁 때문에 심신이 지친다. 그 결과 업무에도 해를 끼친다.

알파형 남성은 흔히 자신은 조직에 없어서는 안 될 존재라고 생각한다. 하지만 그가 스트레스성 두통으로 얼굴을 늘 찌푸린 채 있거나 불면증으로 비실비실한다면 그렇게 유용한 존재라고 할 수 없다.

이 책의 저자 가운데 한 사람인 에디 얼랜슨은 외과 의사로 심장 수술 전문의였다. 직장인 가운데 수많은 알파형 남자가 심장 수술을 받는 것을 보고 이를 예방하는 코치가 필요하다는 사명감을 느껴 경영 코칭 전문가로 전직했다. 약물 요법이나 수술보다 더 좋은 치료법은 행동 스타일을 바꾸는 것임을 깨달았기 때문이다.

얼랜슨의 분석에 따르면 알파형 남성의 두뇌는 혹사당한다. 아드레날린이 과도하게 분비돼 동맥과 뇌가 고통을 겪는다는 것이다. 살아남고자하는 본능이 너무 강하면 이성적 사고가 마비된다. 극심한 허기를 느껴본 적이 있는 사람이라면 그 상태를 알 것이다.

건강과 비즈니스에서 동시에 성공하려면 스트레스를 방지하는 리스트를 만들어 꾸준히 실행해야 한다. 이 가운데 가장 효과적인 것이 운동이다. 농구, 마라톤, 스쿼시 등은 재미있는 운동이지만 점수나 기록에 연연하다 보면 무리가 될 수 있으므로 조심해야 한다. 조깅, 걷기, 자전거 타기, 줄넘기, 계단 오르기 등 유산소 운동을 하면 좋다.

명상도 훌륭한 심신 단련법이다. 그러나 제대로 된 강사에게 배워야 한다.

가정에서도 스트레스를 느끼는 알파형 인간은 이 문제를 얼른 해결해야 한다. 힘든 직장 일을 마치고 귀가해서 배우자와 다투거나 자녀에게 화를 내면 가정이 안식처가 아니라 스트레스 공장이 될 수도 있다.

가정에서 알파형 인간의 강점이 알파형 약점으로 변질되면 본인의 건강은 물론 가족의 삶, 더 나아가 자신의 경력까지 해칠 수 있다. 이 때문에 회사는 직원들이 일과 개인 생활 사이에서 균형을 잡을 수 있도록 관심을 기울이고 돕는다.

이 책은 알파형 인간이 가정에서 해야 할 유용한 과제를 알려준다. 배우자와 자녀 위에 군림하지 말고 신뢰할 수 있는 파트너로 대하라는 것. 항상 옳다고 우기지 말고 오히려 잘못을 인정해라. 그러면 더 존경받을 수 있다.

가정에서는 대체로 비판과 칭찬의 비율이 약 4 대 1이라고 한다. 이 비율을 거꾸로 한다면 화목한 분위기로 바뀔 것이다. 배우자와 권력 다툼을 하지 않는 현명함도 실천해야 한다.

직장에서 다면 평가 결과표를 받아 든 상사의 표정을 본 적이 있으신지? 그들 대부분은 난감해하는 얼굴이리라. 그동안 자신이 능력 면에서 높이 평가받고, 인격 면에서 존경받는 줄 알고 살아왔는데 냉정한 실상을 맞닥뜨리고는 충격을 받는 것이다. 부하들은 상사의 면전에서야 할 수 없이 아부하더라도, 다면 평가에서는 비교적 솔직하게 속내를 털어놓는다.

이 책은 알파형 인간이 코칭을 받아야 하는 이유를 잘 설명한다. 다면 평가 결과에서 나타나듯이 사람은 자신을 객관적으로 바라보는 눈이 부족한 경우가 대부분이기 때문이다. 자신의 약점을 보완하려면 코칭을 받고 변화하기 위한 노력을 해야 한다.

이 책의 부록엔 '알파 성향 평가'가 있다. 4가지 유형의 알파형 인간 가운데 나는 어디에 속할까, 하는 의문을 가진 독자에게 유용하리라. 120개 설문 항목으로 구성된 이 테스트를 마치면 개인 맞춤형 분석 보고서가 제시된다. 자신의 강점을 극대화하고 약점을 줄이는 방법에 대한 조언을 받을 수 있다.

이 책에는 조직에서 실제로 발생한 다양한 사례가 소개된다. 그래서 실감 나고 공감이 간다.

이와 비슷한 다른 책에서 저자들은 흔히 이론적 배경 없이 에피소드 전달 위주로 이야기를 끌어간다. 그러나 이 책은 저자들이 심리학, 의학 지식으로 무장한 사람이므로 탄탄한 이론을 바탕에 깔아 신뢰도를 높였다.

한국의 조직에서 성공한 리더의 특징은 무엇일까? 이 책에 소개된 알파형 인간의 특성과 매우 유사하다고 본다. 강점과 약점은 더욱 두드러진 편이 아닐까.

한국에서는 가부장적 유교 윤리 분위기에서 자란 남자들이 경쟁에서 이기기 위해 치열하게 살아가도록 강요당한다. 입시에 사활 걸고, 군대 생활에서 편법을 쓰더라도 살아남는 법을 익히며, 치열한 입사 시험에 이어 직장 생활에서도 승진을 위해 손을 너무 비벼 손금이 사라질 정도로 아부하는 경우가 흔하다.

이런 험난한 과정을 거쳐 리더가 된 사람은 남에게 공격적인 성향이 매우 강하며 직장과 가정에서 군림하려 한다. 고약한 알파형 보스 때문에 고통받는 부하가 얼마나 많은가. 그 때문에 조직 효율이 얼마나 떨어지는가. "하면 된다!" 하며 부하를 윽박질러 유연한 창의성을 말살시키는 보스가 흔히 '추진력이 좋은 리더'로 대접받는 현실을 얼마나 자주 목도하는가.

알파형 인간의 에너지를 생산적으로 활용하는 것은 조직으로서나 개인으로서나 매우 중요한 과제다.

이 책은 그 과제에 대한 자상한 해답을 던진다는 점에서 아주 유용하다.

Chapter 09

냉정한 전략, 불같은 추진력

경영 전략

나만의 것을 찾아라

싸우고 지는 사람, 싸우지 않고 이기는 사람
송병락 지음 · 294쪽 · 청림출판

지은이가 서울대 부총장을 지낸 경제학자라……. 책을 펼치기도 전에 "경제 전문 용어가 수두룩해 골치 아픈 책이 아니겠는가" 하고 지레 겁을 먹는 사람이 많을 것이다.

걱정 놓으시길. 결코 그런 책이 아니다. "경제를 이렇게 쉽게 설명할 수 있을까" 하는 감탄사가 나올 정도다.

술술 읽힌다 해서 건더기 없이 멀건 국물만 그득한 책이 아니다. 저자의 깊은 내공 덕분에 푸짐한 건더기가 잘 곰삭았다.

전략을 모르면 살아남을 수 없다고 강조하는 이 책은 한국 경제가 발전하려면 기업과 정부가 어떤 전략을 취해야 할지, 개인이 성공하려면 어떻게 행동해야 할지를 구체적인 사례를 들어 설명하고 있다.

핵심 키워드는 '가장 잘할 수 있는 장점을 활용하라' 는 것.

지금은 경제 전쟁 시대. 저자는 전쟁을 직접 하는 것은 기업이라고 보고 있다. 기업은 삼성, LG, 현대 등과 같은 대기업뿐만 아니라 식당, 편의점, 학교, 병원, 문방구, 꽃집 등도 해당된다. 크고 작은 기업들이 번성해야 일자리도 늘어나고 글로벌 경제 전쟁 시대에서 이길 수 있다는 것이다. 국력을 키우려면 정부는 줄이고 기업은 키워야 한다는 것.

한국을 선진국보다 2배 잘사는 나라로 만드는 것이 꿈이라는 저자는 "한국을 세계에서 가장 기업하기 좋은 나라로 만들기만 하면 그 꿈이 이뤄진다"라고 역설한다. 유럽의 가난한 나라 아일랜드가 급성장한 것은 '기업하기 좋은 나라 만들기' 란 국가 목표를 실천했기 때문이란다.

세계 일류 국가란 그 나라만의 전략을 가진 나라라고 강조한다. 선진국을 모방해서는 결코 일류가 될 수 없다는 것.

저자는 서울대 부총장 시절에 많은 외국 귀빈을 맞았다. 그들에게서 선물을 받고 답례로 무얼 줄까 고민하다 갓을 골랐다. "세계에서 가장 가벼운 공식 모자가 바로 이것"이라 설명하며 뫼 산(山) 자 모양의 대감 갓을 주자 모두들 대단히 좋아하더라는 것이다.

저자는 서울대 교육행정연수원이 초 · 중 · 고교 교장들을 대상으로 실시하는 연수 강의에서 '최고 명강사' 로 자주 뽑힌다. 이 강의를 직접 듣지 못하는 사람들은 이 책을 읽으며 명강의를 듣는 것으로 갈음하면 되겠다.

이 책과 함께 같은 저자의 『글로벌 시대의 경제학』(박영사)도 강력히 추천한다. 이 책의 특징은 이야기 형식으로 서술됐다는 점이다. 여느 경제학 서적과는 달리 수식과 도표가 거의 없다. 소설처럼 흥미롭게 읽다 보면 책 내용에 공감해서 무릎을 치는 경우가 있으리라. 한국의 장래를 매우 밝게 전망하는 것도 또 다른 특징이다.

천 년 로마 역사에서 발견한 경영의 길

SK에너지 사람들 로마인 이야기를 읽다

SK에너지 임직원 지음 · 333쪽 · 한길사

혁신은 기업이 추구해야 할 지상 과제다. 치열한 경쟁이 벌어지는 글로벌 무대에서 뛰는 기업일수록 혁신은 더욱 필요하다. 『SK 에너지 사람들 로마인 이야기를 읽다』는 기업 임직원들의 혁신 의지가 낳은 산물이다. 출판 자체가 혁신 사례라 할 수 있다. 시오노 나나미 작 『로마인 이야기』 15권을 읽고 개인과 조직의 발전을 위한 제언을 내놓았다니 경이롭다.

혁신의 주인공은 SK에너지의 임직원 2천여 명. 이들은 2007년 가을부터 『로마인 이야기』를 매달 한 권씩 읽기 시작했다.

마라톤 풀코스를 여러 차례 완주해 '마라톤 경영인'이란 별칭을 얻은 신헌철 부회장이 "반세기 전 울산 바닷가의 정유 공장으로 시작한 SK에너지가 아시아 · 태평양 지역의 에너지 · 화학 메이저 기업으로 도약하려는 이 시점에서 새로운 반세기 여정을 그려볼 계기가 필요하다"라면서

"그런 계기를 마련하기 위해 천 년의 로마 역사를 함께 연구하고 지혜를 공유해보자"라고 제안한 것이 계기가 됐다. 반응은 폭발적이었다. 이 취지에 동참한 임직원들이 독후감을 겸한 경영 제언을 회사 사이트에 올리기 시작했다. 이 책은 그 가운데 돋보이는 글을 정리한 것이다. 지식 경영을 실천한 훌륭한 사례라 할 수 있다.

김희윤 연구자원팀 연구원은 '올바른 아웃소싱과 인재 관리의 중요성'이라는 글에서 "한니발은 수많은 전투에서 로마의 지휘관을 죽이거나 포로로 삼았으나, 각각의 모든 전투를 교범 삼아 훈련하는 로마의 인재 풀에서 지속적으로 공급되는 인재들을 당해낼 수 없었다"라면서 "인재 관리에 대한 정의를 내린다면 상사가 자리를 비운 상황에서도 매끄럽게 업무를 처리할 수 있는 능력을 길러주는 것"이라 썼다.

박종수 화학RM팀 부장은 '카이사르의 신념이 역사를 만들다'에서 "포용의 리더십을 통해 적조차도 우군으로 만드는 카이사르와 달리 국가의 인재를 사적 감정 때문에 살해하는 오로데스 왕을 보면 어떤 사람이 리더가 되느냐가 그 조직의 흥망을 좌우한다는 사실을 분명히 깨달을 수 있다"라고 지적했다.

74쪽에 이르는 고대 로마 인명록을 책 말미에 따로 정리한 노력도 돋보인다.

지식 점프는 어떻게 이루어지는가?

지식 점프
이홍 지음 · 134쪽 · 삼성경제연구소

김인수 교수……. 일반인에겐 생소한 인물이다. 하지만 경영학계에서는 거의 신화적인 학자다. 훌륭한 논문을 많이 쓴 데다 제자들을 혹독하게 공부시키는 것으로 이름이 났다. 김 교수가 담당하는 과목에서 대학원생은 개강 첫날부터 100여 쪽의 영문 논문을 읽어 가야 강의를 들을 수 있었다. 1980년 이후 한국과학기술원(KAIST)과 고려대에서 재직한 그는 장애아들을 돕는 의인(義人)이기도 했다. 그러다가 장애아 학교 앞 비탈길 빙판에서 넘어져 별세했다.

이 책의 저자는 학문의 혼을 불러일으켜 준 스승 김 교수에게 헌정하는 심정으로 집필했음을 밝혔다. 대가의 제자답게 경영 현상을 바라보는 눈이 예리하다.

'지식 창조의 금맥을 찾아서' 란 부제를 가진 이 책은 위기를 이겨낸 여러 기업의 생생한 사례를 분석했다. 난관을 돌파한 열쇠는 한결같이 '지식'이었다.

등산을 연상해보자. 낮은 곳에선 넓은 세상이 보이지 않는다. 힘들여 정상에 오르면 풍진(風塵)에 싸인 세간(世間)이 한눈에 탁 들어온다.

회사에 골칫거리가 생기면 처음엔 아무리 살펴봐도 해법을 찾기 힘들다. 그러다 조직 구성원들이 힘을 합쳐 치열하게 고민해 높은 경지에 오르면 해답이 보인다. '지식이 점프' 하면 문제점이 발아래로 보이는 것이다.

에어컨 전문 생산 업체 만도위니아는 에어컨 기술을 응용해 김치냉장고 딤채를 만들어냄으로써 위기에서 벗어났다. LG전자는 초절전 에어컨인 휘센을 개발한 덕분에 에어컨 생산 라인을 중국으로 옮기지 않아도 됐다.

화학 공장에서 신호변환기가 고장 나면 잠시 가동을 중단하고 변환기를 교체한다. 그러나 삼성종합화학은 공장을 그대로 돌리면서 변환기를 바꾸는 기술을 개발했다.

현대자동차는 한국 최초의 독자적인 모델인 포니를 개발한 데 이어 엑셀, 쏘나타, 신형 엑셀, 엘란트라, 그랜저 등 고유 모델을 끊임없이 개발했다.

LG화학의 퀴놀론계 항생제 개발팀은 몇 년간 매일 12시간 이상 연구에 매달리는 열정을 보였다.

저자는 이들 회사를 방문해 성공 과정을 철저히 살펴봤다고 한다. 지식 점프가 일어난 기업에서는 그 기업 특유의 지식이 많고 구성원들 사이에 '창조적 마찰' 이 일어났음을 주목했다.

지식 점프는 어떻게 이뤄지는가? 저자는 5단계로 설명한다. ① 의도적으로 문제를 제기한다 ② 문제 해결 과정에서 내부 지식을 쌓고 노력

강도를 더한다 ③ 심리적 장벽을 제거한다 ④ 심리적 함정을 극복한다 ⑤ 지식 점프를 위한 조직을 설계한다……

이 책은 얇고 자그마한 문고판이다. 핵심 위주로 읽으면 2~3시간 만에도 독파할 수 있다. 그러나 찬찬히 읽으면 밑줄을 그어야 할 곳이 수두룩해 시간이 꽤 걸린다. 패스트푸드처럼 얼른 먹어 줄거리만 파악해도 도움이 되고, 두고두고 읽어 음미하면 더욱 좋은 자양분을 섭취할 수 있는 양서다.

김인수 교수가 살아 계시다면 저자를 크게 칭찬할 만한 책이다.

부자 기업은 하루아침에
이루어지지 않는다

부자 기업 Vs 가난한 기업
허민구 지음 · 258쪽 · 원앤원북스

경제학자인 A 교수는 석학(碩學)으로 이름이 났다. 그러나 강의 솜씨는 별로 좋지 않았다. 학생들의 눈높이는 아랑곳하지 않은 채 어려운 이론을 자기 수준으로 일방적으로 이야기하기 때문이었다. 목소리도 너무 작아 귀를 쫑긋 세워도 알아듣기 어려웠다.

고시 학원에서 경제학을 가르치는 B 강사는 변변한 학력은 없지만 명강의로 소문이 났다. 어려운 이론을 학생들이 이해하기 쉽게 차근차근 설명해주는 능력이 뛰어났다. 학생들은 A 교수에게 B 강사와 같은 강의 솜씨가 있다면 환상적인 명강의가 이뤄질 것이라 생각했다.

기업 경영에 길라잡이 역할을 하는 이론들이 수두룩하다. 성공한 기업의 사례들을 보면 죄다 그럴듯하다. 그러나 아무리 이론과 사례가 좋아도 다른 기업이 그걸 실행하기 어려우면 소용없다.

『부자 기업 Vs 가난한 기업』은 아직 기틀을 잡지 못한 '가난한 기업'

을 위한 책이다. 기초가 약한 학생에게 어려운 이론을 가르쳐봐야 머리에 들어가지 않듯이 취약한 기업에 대해 '부자 기업'의 경영 방식을 권유해봐야 통하지 않는다는 것이다. 업계의 2위, 3위 기업이 기초 체력을 다져 1위에 다가가는 방법을 정리한 것이 이 책이다.

예를 들어 뒤처진 기업은 앞선 기업을 따라잡기 위해 무리하다가는 그나마 확보해놓은 기존 사업 기반마저 경쟁사에 내주기 쉽다. 또한 한곳에 집중하지 못하고 여러 곳으로 사업을 벌이다가는 힘이 흩어져 크게 실패할 수 있다. 일본의 소니는 새 제품을 먼저 개발하는 혁신적인 기업형인데 비해, 마쓰시타는 소니를 모방한 제품을 개발하되 효율적인 생산 기술과 강력한 유통망을 무기로 하는 '카피캣(copycat)'으로 나름대로 성장하고 있다.

서울대에서 경영전략 분야로 박사 학위를 받고 컨설턴트로 활동 중인 저자는 머리말에서 "가난한 기업이 가난에서 벗어나기 위해 무작정 선진 기업의 전략을 따라가면 한계에 부딪힐 것"이라 밝혔다.

흔히 "1등만 살아남는다"라고 외치지만 이 세상에 2등 없는 1등이 어디 있겠는가. 1등뿐 아니라 2등, 3등도 살아갈 수 있는 전략을 세워야 하는 것이다.

대체로 최고경영자는 미래를 겨냥한 비전을 제시해야 하는 부담을 안는다. 비전을 내놓지 못하는 경영자는 자격도 없는 것으로 여겨진다. 그러나 '가난한 기업'은 허황된 비전에 사로잡혀 있다간 실리를 취하지 못한다. 구체적인 실행 목표와 연계되지 않는 비전이라면 굳이 만들 필요가 없다.

리더십에 대해서도 오해되는 부분이 많다. 훌륭한 리더라면 으레 골목대장, 학교 반장 출신에다 외향적인 성격을 가졌으며 불도저와 같은 추진력을 가진 인물로 이해되고 있다. 그러나 성공한 경영자 가운데 그렇지 않은 사람도 많으니 고정관념을 가지고 있으면 곤란하다.

이 책은 가난한 기업을 부자 기업으로 바꿀 수 있는 경영자의 특성으로 ●자신의 색깔을 잃지 않고 ●자신의 한계를 솔직히 인정하며 ●끊임없이 공부함은 물론 ●한결같이 꾸준히 실행하는 사람을 들었다.

인재도, 기술도, 자금도 모자라는 가난한 기업을 이끌어나가는 경영자는 이 책을 통해 적잖은 아이디어를 얻을 수 있을 것이다. 이 책은 복잡한 경영전략 이론을 B 강사의 명쾌한 강의처럼 이해하기 쉽게 설명하고 있다.

초일류 경영 품질로 승부해라

말콤 볼드리지 성공 법칙
MAP 자문교수단 지음 · 260쪽 · 김영사

혹시 로데오 경기를 보신 적이 있으신지……. 미친 듯이 날뛰는 야생마 등에 올라타 오랫동안 버티는 그 박진감 넘치는 스포츠…….

말콤 볼드리지(1922~1987) 미국 전(前) 상무 장관은 장관 재임 시절 로데오 경기에 참가했다가 숨졌다. 청소년 시절부터 로데오를 즐겼던 그는 '올해의 카우보이'로 뽑힐 만큼 출중한 로데오맨이었다. 그가 급서하자 레이건 당시 대통령은 그를 추모해 '말콤볼드리지(MB)상'을 제정했다.

이 상은 초우량 조직에 주는 것이다. 7년간 상무 장관으로 있으면서 미국 기업의 경쟁력을 높이는 데 앞장선 고인의 뜻을 기리기 위해서다. 미국 대통령이 직접 시상하며 수상 기업은 대단한 영광을 누린다. MB상을 받으려면 임직원이 훌륭해야 하며 최고의 제품과 서비스로 고객을 만족시켜야 한다.

한국에서 10여 년간 MB상이 지향하는 경영 방식에 대해 연구한 MAP(경영 평가 교수단)의 멤버 11명이 『말콤 볼드리지 성공 법칙』을 공동 집필해 출간했다. 초일류 기업이 되기 위한 노하우 35개를 정리해놓은 것이다.

이 책은 미국의 MB상 수상 업체의 경영 방식을 소개하는 데 그치지 않는다. 한국 우량 기업의 훌륭한 경영 관행(best practices)도 세밀하게 분석해 다른 기업이 참고할 수 있도록 했다.

이 책은 '경영을 잘하는 것'을 "경영 품질이 좋다"라고 표현하고 있으며, 경영 품질을 높이는 7가지 요소를 제시했다. 즉, ① 리더들이 리더십을 제대로 발휘하고 ② 목표를 이루기 위해 전략을 잘 세우고 ③ 고객 및 시장을 중시하며 ④ 회사 안팎의 정보를 잘 분석하고 ⑤ 인재를 중시하며 ⑥ 합리적으로 프로세스를 관리하고 ⑦ 사업 성과가 좋아야 한다는 것이다.

"리더는 방향 설정 능력과 통솔력을 갖추어야 한다"라고 이 책은 말한다. 한국에서는 흔히 리더십이라면 통솔력만 강조된다. 그러나 잘못된 방향으로 몰아붙이면 조직이 낭떠러지로 떨어질 수 있다. 훌륭한 리더는 미래의 좋은 방향, 즉 비전을 제시한다. 또 조직원이 활기차게 그 방향으로 나아가도록 독려한다.

경영을 여행에 비유하면 전략은 지도라 할 수 있다. 엉터리 지도로는 목적지에 빨리 도달할 수 없다. 정교한 지도를 그리는 방법을 이 책은 알려준다.

부록 2개도 눈에 띈다. MB상 수상 업체들이 경영 품질을 높이기 위해 점검하는 사항들을 열거해놓은 것이 그것이다. 한국에서도 적용할 만한 항목이 많다.

예순이 넘어서도 로데오를 즐길 정도로 열정적이었던 볼드리지 장관은 미국 기업의 격(格)을 높이는 데 큰 기여를 했다. 경영 혁신을 꾀하는 한국 기업은 MB 방식을 참고하면 새로운 경지를 개척할 수도 있겠다.

우량 기업의 사례를 통해 배우는 성공 전략

글로벌 경쟁 시대의 경영전략

장세진 지음 · 658쪽 · 박영사

새 학기에 즈음하여 선을 뵈는 새 대학 교재들을 훑어보는 일은 사뭇 흥미롭다. 학문의 새로운 흐름을 찾아낼 수 있기 때문이다. 대학생이 아닌 직장인이라 하더라도 대학 교재를 보며 기초 이론을 점검하면 실무 아이디어가 쉬 떠오를 것이다. "기본으로 돌아가라"라는 경구(警句)가 실감 나리라.

2005년 9월 가을 학기에 맞춰 나온 경영학 교재 가운데 장세진 고려대 경영대 교수가 쓴 『글로벌 경쟁 시대의 경영전략』 4판이 눈에 띈다. 이 책의 초판은 1996년에 출판됐다. 그 후 새로운 내용을 추가하고 통계 수치를 새것으로 고치면서 2007년에 5판에 이르렀다.

'글로벌 경쟁 시대의 경영전략' 은 경영학의 여러 분야 중 비교적 최근에 정립된 학문이다. 초우량 기업의 성공 사례를 분석, 성공 요인을 찾아내는 게 핵심이다. 물론 실패 사례도 살펴 실패를 되풀이하지 않도록 하는 전략적 사고(思考)를 익힌다. 전략(戰略, strategy)은 전쟁에서뿐 아니라 경영에서도 쓰이는 개념이다.

책머리에 소개된 『손자병법(孫子兵法)』 이야기를 보자.

전기(田忌)라는 어느 한량이 마차 경주로 돈내기하는 것을 즐겼다. 그러나 번번이 져서 돈을 잃었다. 당시에 마차 경주는 4마리 말이 끄는 마차 3개를 각각 달리게 해 이기는 마차가 많은 주인이 승리하는 것이었다. 전기는 상대방의 상급 마차가 나올 때 자신도 상급 마차를 출전시켰다. 중급엔 중급을, 하급엔 하급을 맞붙였다. 3 대 0으로 질 때가 허다했다. 손빈이라는 식객이 귀띔했다. 상대방의 상급 마차엔 하급을 내보내고, 중급엔 상급으로, 하급엔 중급으로 맞붙이면 2 대 1로 이길 수 있다고. 전기가 그의 말을 따라 경주에 임하니 결과가 과연 그랬다.

이 이야기는 한정된 자원을 전략적으로 잘 활용하면 패배를 승리로 반전시킬 수 있음을 보여준다. 이는 동서고금의 기본 원리 아니겠는가.

저자는 "경영전략은 이제 최고경영자나 기획실의 전유물이 아니라 조직 구성원 전체가 가져야 할 것"이라면서 "이 책은 각종 최신 분석 기법과 초우량 기업의 경영 사례를 체계적으로 소개해 독자들의 전략적 사고 능력이 키워지도록 했다"라고 강조한다.

이 책에 나온 제너럴모터스(GM), 도요타, 혼다, 월마트, 애플 등 세계적인 우량 기업의 사례들을 읽다 보면 흥미진진할 뿐 아니라 유익한 경영 아이디어가 샘솟을 것이다. 삼성전자, 현대자동차, LG생명과학, 포스코, SK텔레콤 등 한국의 우량 기업 사례도 일목요연하게 잘 정리해놓았다.

이 책을 읽으면 기업끼리의 글로벌 경쟁이 얼마나 치열한지 절감할 수 있다. 그러나 너무 걱정 마시라. 행간(行間)에서 경쟁에서 이길 비책들을 적잖게 발견할 수 있으리니…….

경영학 석사(MBA) 과정에서는 으레 '경쟁 전략'이라는 개념을 배운다. 한국에서나 미국에서나 마찬가지다. 기업의 경쟁력을 키우려면 이 개념을 확실히 알아야 할 것 아닌가. 마이클 포터 하버드대 교수가 집대성한 이론이다. 그의 『경쟁 전략』이라는 500페이지짜리의 두툼한 책에 잘 설명돼 있다. 그러나 제대로 배우려면 꽤 어렵다. 게임이론 등에 대한 배경 지식이 없으면 독파하지 못한다.

『경쟁 전략 입문』(글로벌 태스크포스 지음, 모니터그룹 감수, 김수광 옮김, 나무한그루)은 포터 교수의 이론을 일반 독자들이 이해하기 쉽도록 정리한 책이다. 만화, 도표를 넣어 재미있게 읽을 수 있도록 했다. 포터 교수의 경쟁 전략 목적을 한마디로 설명하자면 "산업의 경쟁 상황을 정리하고 최적의 경쟁 전략을 도출한다"라는 것이다. 시장 상황을 파악하고 자기 기업의 활로를 찾는 것, 즉 지피지기(知彼知己)다. 이 책을 훑어본 후 포터 교수의 원저를 읽으면 이해하기가 한결 수월할 것이다.

경영 현장에서 논의되고 있는 핵심 이슈

경영의 최전선을 가다
BBC 엮음 · 632쪽 · 리더스북

영화평론가는 명작 영화에 ★표를 네댓 개 붙인다. 영화 팬들이 좋은 작품을 쉽게 고르도록 하기 위해서다. 서적 고르는 데도 이 방식을 도입하자면 『경영의 최전선을 가다』는 ★표를 네댓 개 받을 만한 명저로 보인다.

이 책을 엮은 BBC(경제 · 경영서 저자 모임, Biz Book Writers' Club)라는 모임도 눈길을 끈다. 이미 책을 써본 적이 있는 저자들이 정보와 지식을 공유하고자 뭉쳤다는 것. 이 책은 이 모임의 첫 결과물이다.

요즘 비즈니스 세계는 격렬한 변화의 물결을 맞고 있다. 그래서 이를 연구하는 경영학의 범위도 매우 넓어졌다. 심리학 · 사회학 · 인류학 · 통계학 · 환경과학 등 다양한 학문으로부터 자양분을 받아야 한다. 또 경영 현장에서 실제로 쓸모 있는 지식을 탐구해야 한다는 점이 경영학의 두드러진 특징이다.

이 책은 지금 경영 현장에서 논의되고 있는 핵심 이슈 37개를 다루었다. BBC 회원 21명과 비회원 전문가 16명이 이슈 1개씩을 맡아 집필했다.

이슈의 선정 기준은 ① 각 경영 분야의 최첨단 지식과 트렌드를 전달해야 한다 ② 일반적인 현상보다는 분명한 쟁점이 있는 이슈여야 한다 ③ 해당 이슈에 대한 현장 경험자가 집필해야 한다 등으로 정했다는 것. 그래서인지 집필자 대부분이 기업에 몸담아 저마다 적잖은 내공을 쌓은 고수(高手)들인 듯하다.

'제3의 공간 활용'이란 이슈를 보자. 스트레스를 풀거나 휴식을 취할 공간을 '제3의 공간'이라 하는데 SK텔레콤의 TTL존, 삼성전자의 디지털 프라자 선릉점 등이 그런 곳이다. 여기서 자사 제품을 너무 노골적으로 홍보하면 역효과가 난다. 집필자인 김민주 리드앤리더 대표의 다채로운 직장 경험이 녹아 있는 글이다.

'즐겁게 일하고 싶은 직장'이란 이슈에서는 대다수 직장인들이 고통 속에서 근무하는 상황을 분석했다. 업무를 놀이로 생각하며 즐겁게 일할 수 있도록 하려면 관리자가 직원을 통제하는 것보다 직원 스스로가 책임지도록 해야 한다는 것. 오익재 한국커뮤니케이션연구소장이 기업체 근무 경력과 저술 경험을 바탕으로 명쾌하게 정리했다.

박물관 전문가인 이보아 추계예술대 교수의 '이제 박물관에도 마케팅 시대가 열리는가'와 유유미 한국메세나협의회 기획홍보팀장의 '왜 어떤 기업은 문화 예술에 아낌없는 투자를 하는가'를 읽으면 감성 경영의 중요성을 실감할 수 있다.

밀도 높게 편집된 이 책은 헐렁한 여느 경영서 10권보다 더 많은 정보를 담고 있다. BBC 회원들이 앞으로 유용성이 높으면서도 품격을 갖춘 경영 서적을 잇달아 발간해 이 분야 서적의 수준을 높이기를 기대한다.

미래 경영의 흐름을 간파할 키워드

경영의 교양을 읽는다-현대편

이동현 지음 · 665쪽 · 더난출판

1980년대에만 해도 경영학과 교수와 학생은 경제학과에 대해 콤플렉스를 가졌다. "경영학도 학문이냐?"라는 질문을 받아도 뾰족한 설명을 하기 어려웠기 때문이다. 일부 경제학자는 경영학을 돈 버는 테크닉 정도로 비하하곤 했다. 경영학이 학문인지, 테크닉인지 따지는 것은 부질없는 일이다. 쓸모가 있으니 연구하는 것 아닌가.

21세기에 접어든 지금은 '경영학의 시대'인 듯하다. 100년 정도의 짧은 역사를 가진 학문인데도 사회과학 가운데 가장 왕성하게 탐구되고 있다. 한국의 여러 종합대학에서는 경영학과만으로 단과대학을 이룰 정도로 규모가 커졌고 대학 건물도 최신식으로 지어졌다. 문과계에서 최고 인기 학과로 부상했다.

『경영의 교양을 읽는다-현대편』을 펼쳐보면 경영학 붐을 실감할 수 있다. 경영학의 틀로 현대사회의 큰 흐름을 거의 분석하고 있기 때문이다. 현대인 대부분은 기업이 생산하는 상품과 서비스를 소비하고 있고, 상당수는 자신도 기업에 몸담아 생산에 참여하고 있지 않은가.

이미 출간된 『경영의 교양을 읽는다 ─ 고전편』과 짝을 이루는 책이다. 현대 경영을 이해하는 데 필요한 22권의 외국 서적을 요약했다. 경영학자 5명이 난상 토론을 벌여 엄선했다고 한다.

대표 선정위원인 박기찬 인하대 경영대학장은 "이 책 독자라면 현대 경영에서 소개되는 다양한 시각과 주장 속에서 미래 경영의 흐름을 간파할 키워드를 얻을 수 있을 것"이라 밝혔다.

고객, 기술, 전략, 사람, 미래 등 5개의 주제로 나눠 정리했다. 원저를 요약하기만 한 형식이 아니다. 내용과 어울리는 국내외 사례를 덧붙이고 사진과 그래픽 자료를 넣어 생생한 지식이 되도록 돕고 있다.

예를 들자면 『체험 마케팅』이란 책을 요약하면서 (주)태평양이 아모레 갤러리를 열어 고객에게 다가가는 사례를 소개했다. 『브랜드 포트폴리오 전략』을 소개하는 페이지에서는 풀무원의 다양한 브랜드 전략을 읽을 수 있다.

빌 게이츠 마이크로소프트 회장의 저서 『생각의 속도』도 요약 소개됐다. 인터넷 발달로 정보의 흐름이 빨라지고 이에 따라 비즈니스 처리 속도 또한 빨라질 것이므로 기업도 생존하기 위해서는 속도를 맞춰나가야 한다는 게 요지다.

마이클 포터 미국 하버드대 경영대학원 교수의 『국가 경쟁력 우위』는 경영전략 분야에서 바이블과 같은 책인데 20여 쪽으로 잘 요약됐다. 국가의 번영은 창조하는 것이지 물려받는 게 아니라고 강조한다.

저자인 이동현 가톨릭대 교수는 "경영은 기업의 전유물이 아니므로 사람들이 모인 조직이라면 어디에든 적용할 수 있는 것"이라 역설했다.

혁신의 힘

씽크 이노베이션
노나카 이쿠지로 · 가쓰미 아키라 지음, 남상진 옮김 · 400쪽 · 북스넛

창조와 비슷한 개념이 '혁신(이노베이션)'이다. '무(無)에서 유(有)를 만드는' 창조가 혁신보다 격이 높긴 하지만 경영 현장에서는 사실상 거의 동급이다. 용어가 다를 뿐이다. 혁신도 새로운 경지를 여는 것이어서 엄청난 가치를 지닌다.

『씽크 이노베이션』은 혁신으로 성공한 기업의 사례를 분석해서 제2, 제3의 혁신을 이루도록 자극하는 내용을 담았다. 이 책이 정의하는 이노베이션은 기술혁신에만 국한하는 게 아니라 생산 방식, 영업 방식, 조직 개혁 등 모든 분야를 포함한다. 이 책은 최고 자리에 오른 기업과 조직, 경영인을 소개한다. 그들은 벼랑 끝에서 회생해서 당당히 이노베이터 반열에 올랐다.

제1 저자인 노나카 이쿠지로 일본 히토쓰바시대 교수는 '지식 경영'이라는 개념을 창시하다시피 한 세계적인 경영학자다. 그는 '현대 경영학

의 아버지'인 피터 드러커로부터 "현장을 제대로 아는 몇 안 되는 경영학자 중 한 사람"이라는 평가를 받기도 했다. 그만큼 그의 저서는 현실에 뿌리를 두고 있다.

제2 저자인 가쓰미 아키라는 경제·경영 분야의 전문 저널리스트로 『소니의 유전자』 등 베스트셀러 저서를 냈다. 저자들은 기업 현장을 함께 방문해서 각자가 학자, 저널리스트 시각으로 취재한 후 토론을 거쳐 이 책을 썼다.

저자들은 한국 독자들에게 주는 서문에서 "세계 정상의 경쟁 기업을 따라잡으려 노력하는 한국 기업의 전략은 언제까지나 지속할 수 없다"라면서 "경쟁자의 움직임만을 바라볼 것이 아니라 미래의 영역을 상상하고 끊임없이 이노베이션을 일으켜야 한다"라고 강조했다.

이를 이끄는 '이노베이터'를 많이 확보한 조직일수록 경쟁력이 강하다는 것. 이노베이터들은 사내의 격심한 반대를 무릅쓰고, 건강을 해치면서까지 이노베이션을 감행한다. 이들을 움직이는 주요 동인은 금전적인 보상보다도 조직 내에서 인정을 받으려는 욕구인 것으로 나타났다. 이들의 화두는 "나는 무엇을 위해 존재하며, 무엇을 하고 싶은가?"다. 이 책에 소개된 이노베이터 가운데에는 3, 40대 과장급인 중간 관리층이 많다.

이 책은 생생한 사례 13개를 소개했다. 이 가운데 라면 붐을 대대적으로 일으킨 신요코하마 라면박물관의 혁신 이야기가 눈길을 끈다. 이곳은 1994년 전국 각지의 유명 라면 브랜드를 한자리에 모아 만든 세계 최초의 식도락 단지다. 방문객이 연간 150만 명이나 된다. 1950년대의 마을을 재현, 과거에 대한 향수를 불러일으킨 게 주효했다. '마음의 공복감'을 채워주는 시공간으로 부상한 것이다. 개장 초기에는 노인 손님이 많았으나 요즘엔 2, 30대가 중심이다.

실수를 줄이는 것이 낭비를 줄이는 것

6시그마 6핸디캡

박성훈 · 김일환 지음 · 304쪽 · 네모북스

동아일보 편집국 천장 한가운데에는 종(鐘)이 하나 걸려 있다. '골든 벨'이라 불리는 자그마하고 예쁜 종이다. 하루 치 신문에서 결점이 단 하나도 없을 때 울리기 위해 설치한 것. 무결점(제로 디펙트, Zero Defects) 운동의 상징이다.

신문 1개 면에 들어가는 활자 수는 대체로 4천 자가량. 컴퓨터로 글자 하나를 치려면 자음, 모음, 받침 등으로 2, 3타가 필요하다. 1개 면에 얼추 1만 타의 손품이 들어간다는 계산이다. 하루 치 신문이 60면가량이므로 광고를 빼면 이틀 치 신문에 약 100만 타의 손품이 들어간다고 어림할 수 있다.

100만 타 가운데 단 한 글자만 틀려야 '6시그마'의 경지에 들어간다. 얼마나 어렵겠는가.

경영 혁신 활동의 하나로 자주 들먹이는 6시그마는 100만 개 공정 가운데 결함이 단 3.4개만 나올 때를 일컫는다. 세계적인 유수 기업들도 대체로 4시그마(100만 개 가운데 결함 6210개)에 머물고 있으며 5시그마(100만 개 가운데 233개)에 이르는 것도 놀라운 경지다.

미국의 모토로라는 1987년 6시그마에 도전한다고 밝혀 관심을 끌었다. 제너럴일렉트릭(GE)은 1995년 잭 웰치 회장의 진두지휘로 6시그마 활동이 큰 성과를 거두었다고 발표함으로써 주목받은 바 있다. 이 활동은 'DMAIC'란 5단계로 추진하는데 Define(정의), Measure(측정), Analyze(분석), Improve(개선), Control(관리) 등이다.

이 활동에서는 낭비 요인을 다양하게 꼽는다. 불량품 생산, 폐품 발생, 안전사고, 재작업, 불필요한 검사 등이다. 낭비 원인을 따진 다음 하나하나 없애나가는 게 핵심이다. 최우량 기업과의 차이, 최고경영자의 능력 등 눈에 보이지 않는 요인도 감안된다.

이 책의 장점은 3가지로 요약된다.

첫째, 저자들의 생생한 체험담이 무르녹아 있다는 점이다. 삼성석유화학에 근무하는 저자들은 허태학 사장에게서 6시그마 교재를 만들라는 특명을 받고 6시그마연구회 회원들과 함께 6개월에 걸쳐 '죽기 살기'로 이 책 저술에 매달렸다.

둘째, 이론가가 아니라 실천가가 설명했기에 이해하기가 쉽다. 내용의 상당 부분은 대화체로 쓰여 있어 읽기에 편하다.

셋째, 골프와 관련해서 설명해 골프 애호가들은 더더욱 재미있게 읽을 수 있다. 아마추어가 핸디캡이 0인 스크래치 골퍼가 될 확률이 100만 명에 10명 미만이어서 6시그마와 비슷하다는 데 착안했다. 저자들은 회사의 6시그마 달성과 개인의 골프 싱글 핸디캡에 함께 도전했다.

6시그마에 대해 별 관심이 없는 골프 마니아라면 골프 부분만 읽어도 큰 도움을 얻으리라. 골프는 실수를 줄이는 운동이라 하지 않는가. 실수의 요인을 분석하고 이를 줄이는 방법을 구체적으로 설명해놓았다. 서점에서는 이 책이 경제·경영 분야와 골프 분야에 동시에 꽂혀 있을 것이다.

Chapter 10

뿌리에서 해답 찾기

인문 교양

시에서 배우는 자기 창조의 지혜

시 읽는 CEO

고두현 지음 · 241쪽 · 21세기북스

『시 읽는 CEO』는 '20편의 시에서 배우는 자기 창조의 지혜'를 부제로 삼았다.

CEO가 지녀야 할 덕목인 열정, 최선, 긍정, 창의, 배려, 모험 등에 걸맞은 주옥같은 명시(名詩)를 소개하면서 재미있는 에피소드 위주의 해설을 덧붙였다. 중앙일보 신춘문예 당선으로 등단한 시인인 저자는 "시는 냉혹한 비즈니스 현장에서도 부드럽고 따뜻한 공감의 꽃을 피워 올린다"라면서 "컴퓨터의 황제 빌 게이츠의 독창적인 사고와 디자인 천재 필립 스탁의 아이디어도 모두 시적 영감에서 나왔다"라고 역설했다.

저자는 책 말미에 누군가에게 꼭 읽어주고 싶은 시로 영화배우 오드리 헵번이 죽기 1년 전에 아들에게 읽어주었던 샘 레븐슨의 「아름다움의 비결」을 소개했다. 아프리카에서 구호 활동을 하다 숨진 노년의 오드리 헵번이 〈로마의 휴일〉에 출연했을 때 못지않게 아름답게 보일 수 있는 비결을 일깨워 주는 시다.

> 매력적인 입술을 갖고 싶다면 친절한 말을 하라
> 사랑스런 눈을 갖고 싶다면 다른 사람의 좋은 점을 발견하라
> 날씬한 몸매를 원하거든 굶주린 사람들과 음식을 나누라
> 아름다운 머리를 갖고 싶다면 하루 한 번 아이의 손으로 쓰다듬게 하라
> 멋진 자태를 원한다면 결코 혼자 걷는 게 아님을 명심하라 (후략)

같은 저자의 『옛 시 읽는 CEO』(21세기북스)를 함께 읽으면 더욱 좋겠다. 저자는 서문에서 어느 CEO의 사례를 소개했다. 새로 취임한 그 CEO는 두어 달간 고전했단다. 임직원들에게 무슨 이야기를 해도 그들은 묵묵부답이었던 것이다. 그러던 어느 날 전체 조회 때 창의력이 어떻고 상상력이 어떻고 하던 그동안의 '씻나락 까먹는' 이야기를 버리고 전날 읽었던 옛 시 한 수를 읊었다. 그가 마지막 시구를 암송하는 순간 믿기 어려운 일이 일어났다고 한다. 취임 이후 처음 갈채가 쏟아진 것이다. 조회가 끝난 후 팀장 몇 명이 원문을 좀 달라며 찾아오기까지 했단다. 그가 읽은 시는 소동파의 「서림사 벽에 쓰다(題西林壁)」였다. 그 CEO는 시의 힘을 그제야 실감했다.

이 책은 한시 원문과 이에 어울리는 삽화가 있어 감상하는 맛을 더욱 돋운다. 부록에는 원문 아래에다 한글 토를 달아놓아 옥편 없이도 원문을 읽을 수 있게 했다. 한시를 천천히 읊조리고 연습장에 원문을 몇 번 쓰면 마음이 정화되는 기분을 느끼리라.

어떤가? 술자리에서 멋진 한시 한 수 읊으며 분위기를 띄우는 것이……. 썰렁한 '와이담' 보다는 훨씬 진한 감동을 주리라.

음악가들에게서 비즈니스를 배우다

CEO를 위한 클래식 음악 에피소드
이재규 엮음 · 320쪽 · 예솔

『CEO를 위한 클래식 음악 에피소드』와 『CEO를 위한 클래식 작곡가 에피소드』는 경영학자이자 음악 애호가인 이재규 전 대구대 총장의 역저(力著)다. 2권이 한 세트다. 책에는 클래식 명곡을 수록한 CD 한 장이 붙어 있다. '경영학의 아버지'라 불리는 피터 드러커를 국내에 소개하는 데 앞장선 이 전 총장은 대학교수직에서 물러나 최근엔 성악가로 데뷔했다.

고교생 때부터 음악에 심취한 저자는 40여 년 동안 읽고 보고 모은 음악 에피소드를 정리했다. 지휘자, 솔리스트, 악기, 작품, 오페라 등 5부로 묶었다.

최근 에피소드 가운데 하나. 2007년 1월 12일 미국 워싱턴의 지하철역에서 유명한 바이올린 연주가 조슈아 벨이 거리의 악사처럼 야구 모자를 쓰고 허름한 옷차림으로 45분간 연주했다. 350만 달러짜리 스트라디바

리우스로……. 잠시라도 멈추어 음악을 들은 사람은 7명이었고 바이올린 케이스에 모인 돈은 32달러에 불과했다. 그해 4월 17일 런던 워털루역에서 타스민 리틀이 비슷한 실험을 했다. 모인 금액은 14파운드 10실링으로 조슈아 벨이나 엇비슷했다. 보름 후인 5월 2일 서울 지하철 강남역에서 성신여대 피호영 교수도 스트라디바리우스를 들고 나와 연주했다. 번 돈은 16900원이었다.

피아니스트들의 에피소드도 재미있는 게 수두룩하다. 에두아르드 에르드만(1896~1958)은 늘 후줄근한 코트 차림에 수염이 지저분했다. 독일 라이프치히의 게반트하우스에서 그의 독주회가 열리는 날이었다. 공연 시간이 지났는데도 연주자가 나타나지 않았다. 공연 관계자가 그를 찾아 극장 부근을 헤매다 인근 식당에 앉아 있는 그를 발견했다. 그는 "문지기가 넣어주지 않아 못 들어갔다네"라고 대답했다고 한다.

이재규 교수는 또한 은퇴 이후의 이색적인 체험을 소개한 책을 선보였다. 『인생 1막과의 결별』(사과나무)이 그것이다. 저자는 경영학 교수로서의 일생을 마무리하는 은퇴식을 자신의 테너 리사이틀 자리로 활용했다.

저자는 이 책에서 은퇴 소감과 앞으로의 각오를 밝혔다. 2008년 4월 10일 대구 그랜드호텔에서 열린 은퇴식 겸 성악 발표회 이름을 '생전(生前) 영결식'으로 붙인 것이 파격적이다. 저자는 "죽으면 누가 오겠으며 조문을 온다한들 이미 나는 떠나고 없는데 무슨 소용이 있겠는가"라면서 "그동안 신세 진 분들을 모시고 내가 살아 있을 때 멋있게 이별하기 위해 자리를 마련했다"라고 밝혔다. 저자는 '인생 1막'에서는 먹고살기 위해서 '해야만 하는 일'에 몰두할 수밖에 없었지만 '인생 2막'에서는 '하고 싶은 일'에 몸을 맡길 작정이라고 한다.

그 생전 영결식에서 저자는 〈별은 빛나건만〉 등 주옥같은 노래 8곡을 불렀다. 대학 축제 때 노래를 불러 그때 만난 여학생과 결혼해 지금까지 행복하게 살고 있는 이야기 등 노래에 얽힌 사연을 소개하면서……. 저자는 그동안 낸 여러 저서의 인세 등으로 모은 5천만 원을 대구대장학회에 기탁했다. 그 장학회는 총장 퇴임 때 어머니 이름으로 설립한 것이다. 생전 영결식에서 부른 노래를 담은 음반이 부록으로 붙어 있어 현장 분위기를 간접 경험할 수 있다.

유대인으로부터 무엇을
배워야 하는가?

유대인처럼 성공하라

육동인 지음 · 242쪽 · 아카넷

카자흐스탄에 간 적이 있다. 여러 민족이 살고 있는 그곳에서도 유대인과 고려인의 교육열은 유별나다고 들었다. 인구 비율로 따져 박사가 두드러지게 많다고 한다.

흔히 유대인과 한국인은 비슷한 특성이 많다고 얘기한다. 교육열이나 근면성, 고난의 역사를 이긴 열정……. 다른 점은 뭘까? 한마디로 말해 영향력 차이다. 유대인은 막강하다.

이 책을 읽으면 그 차이를 금방 알 수 있다. 저자는 유대인의 힘을 '0.25%＝25%'로 요약했다. 이스라엘 안팎의 유대인 인구는 약 1500만 명으로 60억 명의 전체 인류 가운데 0.25%를 차지한다. 그런데 노벨상 수상자의 무려 25%가 유대인……. 그러니 이런 등식이 나온다. '일당백'이란 말이 허황되지 않음을 보여준다.

역사적으로 유명한 유대인을 보자. 예수, 콜럼버스, 마르크스, 프로이트, 아인슈타인……. 세계사를 주름잡은 인물들 아닌가.

요즘 활약하는 유대인 저명인사들은 누구인가. 입만 벙긋해도 세계 경제계가 귀를 쫑긋 세우는 앨런 그린스펀 미국 연방준비제도이사회(FRB) 의장, 할리우드를 대표하는 영화감독 스티븐 스필버그, 세계 금융계의 큰손 조지 소로스…….

각계를 이끌어가는 유대인 명사들은 일일이 열거하기 어려울 만큼 많다. 특히 눈에 띄는 분야가 학술계, 금융계, 언론계, 문화·예술계다. 돈, 두뇌, 창의성 등의 키워드가 연상되지 않는가. 그들의 파워가 얼마나 센지 짐작할 수 있지 않은가.

미국 뉴욕에 한국경제신문 뉴욕 특파원으로 3년간 머문 이 책의 저자는 뉴욕의 유대인들을 유심히 관찰한 결과를 이 책에 담았다. 월 가(街)에서 일하는 평균적인 유대인은 직장 생활을 시작할 때부터 한국 돈으로 따져 1억 원 정도를 갖고 출발한다. 13세 생일에 성인식을 갖는데 하객들이 200달러쯤을 축하금으로 준다. 200여 명이 모이면 약 4만 달러. 잔치 비용을 빼곤 그 아이 이름으로 예금한다. 대학을 졸업하고 취업할 무렵이면 그 돈은 갑절로 불어나 있다고 한다. 그들은 "돈은 버는 게 아니라 불리는 것"이라며 금융 투자 실전에 나선다.

오늘날 유대인을 모르고는 세계 흐름을 파악할 수 없다. 비즈니스 분야에서는 더욱 그렇다. 로스차일드 가문을 제쳐놓고 금융을 논할 수 있겠는가? 메이시스백화점을 키운 슈트라우스 가문을 빼놓고 유통업에 대해 얘기할 수 있을까?

이 책뿐 아니라 2002년 출판된 『제2의 가나안, 유태인의 미국』(박재선 지음, 해누리)도 유대인을 이해하는 데 좋은 길라잡이 역할을 한다.

거래 상대방이 유대인이라면 대응책을 잘 세워야 한다. 한국 기업들은 이런 점에 너무도 무지하다. 한국식으로 술 접대, 골프 접대로 접근하다 실패하는 사례가 수두룩하다. 유대인 바이어 앞에서 바그너 음악을 찬양했다간 퇴짜 맞기 십상이다. 한국의 비즈니스맨도 이젠 인문학적 소양이 없어서는 큰 거래를 성사시키기 어렵다는 점을 깨달아야 한다. 영어를 아무리 잘해도 교양이 모자라서 그들과 의사소통을 제대로 할 수 없다면 낭패이지 않겠는가.

한국이 선진국으로 발돋움하려면 유대인에 대해 잘 알고 그들의 경쟁력을 벤치마킹해야 한다.

유머는 설득과 칭찬을 뛰어넘는
최고의 기술

고품격 유머

이상준 지음 · 272쪽 · 다산북스

어느 고위 교육자가 남녀 교사들이 모인 공식 석상에서 농도 짙은 성적(性的) 농담을 하다 물의를 빚은 일이 있었다. 그는 딱딱한 분위기를 풀기 위해 조크를 던졌을 뿐이라고 해명했다.

이렇듯 일부 직장인들은 유머라면 으레 음담패설인 것으로 착각하고 있다. 회식 또는 회의 때 분위기를 부드럽게 한답시고 '야한 이야기'를 하는 사람들이 적잖다. 골프장에서도 그렇다. 경우에 따라서는 성희롱 사례가 될 수 있다.

『고품격 유머』는 품격 높은 유머의 중요성을 강조하는 책이다. 품위유머닷컴(http://www.opinity.co.kr)이란 사이트를 운영하는 저자는 "유머와 웃음을 품위 있게 구사하는 것은 성공으로 이끄는 중요한 습관"이라 강조한다. 자기가 가진 지식과 정보를 남에게 얼마나 재미있게 전달하는가 하는 표현력이 성공의 핵심 열쇠라는 것.

미국에서 유머 감각이 뛰어난 방송인으로 꼽히는 앤디 루니는 코미디 언이나 개그맨이 아니다. 뉴스 앵커에 가깝다. 그는 억지로 웃기려 하지 않고 말을 유머러스하게 할 뿐이다. 그래서 그의 말을 듣는 이들은 박장 대소하기보다는 빙그레 웃는 경우가 많다. 그 잔잔한 여운 덕분에 그는 시청자 눈에 품격을 갖춘 인물로 비친다.

저자는 "조직의 리더는 앤디 루니와 같은 고품격 유머를 구사하는 게 좋다"라고 조언하고 그런 감각을 갖기 위한 7가지 비결을 소개했다. 즉, ① 마음을 열어라(권위주의에서 벗어나라) ② 많은 고품격 유머를 접해라 ③ 많이 활용해라 ④ 재치 있는 어법을 구사해라 ⑤ 상황에 맞는 유머를 찾아라 ⑥ 갈등과 문제의 발상을 전환해라 ⑦ 유머 실패에 대비해라 등 이다.

유머 감각을 지닌 리더는 조직원들을 즐겁게 하여 여유 있게 그들을 끌어당긴다. 그런 조직은 유머라는 윤활유 덕분에 커뮤니케이션이 매끄 럽게 이뤄지고 업무 성과가 높게 나타난다.

세일즈맨이 고객을 웃게 하면 절반은 성공이다. 고객이 마음의 문을 열고 세일즈맨의 말에 귀를 기울이기 시작한 것이기 때문이다.

이 책엔 저자가 직접 만든 유머 이야기 수백 개가 소개돼 있다. 사회 흐름이나 시사 이슈를 소재로 한 것이 많다. 이를 유심히 살펴보면 누구 나 약간 노력하면 멋진 유머 이야기를 창작할 수 있음을 알게 된다.

요즘 매출 실적이 늘지 않아 '왕짜증'이 나는 사장, 임원, 부장, 팀장 이 계신다면 이 책을 읽고 일단 유머 감각을 키워보시길……. 조직에 웃 음꽃이 피면 활기가 감돌아 실적이 개선되고 조직원 개개인의 건강도 좋 아짐을 실감하시리라.

근대 해양 세계의 발전

대항해 시대
주경철 지음 · 581쪽 · 서울대학교출판부

국제화 속도가 빨라지면서 외국 경제를 알아야 자국 경제의 장단점을 파악할 수 있게 됐다. 큰 시야를 가지려면 경제사를 공부해야 한다. 흘러간 과거를 단순히 확인하자는 게 아니라 오늘날 시각으로 재조명해서 미래를 준비하자는 뜻이다. 이런 용도로 안성맞춤인 책이 『대항해 시대』다.

서울대 서양사학과 교수인 저자는 20여 년간 해양사를 탐구했다. 항해술의 발달로 15~18세기에 이루어진 대규모 해상 팽창의 역사를 주목해야 한다고 역설한다. 전 지구적 네트워크가 형성돼 사람, 상품, 가축, 농산물, 생태계 요소들이 먼 바다를 건너 이동했다. 지식, 정보, 사상, 종교도 교환됐다. 그 과정에는 평화보다도 충돌이 두드러졌다. 유럽의 폭력 때문에 아메리카와 아시아 지역이 지배당했다.

초기에는 포르투갈과 스페인이 대양을 가로지르는 데 앞장서 아메리카를 개척했다. 그 후 네덜란드와 영국이 뒤따랐다. 네덜란드는 동인도회사(VOC)를 세워 후추 무역을 위해 아시아로 나섰다. 동인도회사는 전쟁 수행, 조약 체결, 요새 건설 등을 통해 사실상 정부 역할을 수행했다. 영국도 동인도회사(EIC)를 결성해 인도에 진출했다. 회사라기보다는 식민지 지배 기구였다.

초기에 원양 항해는 위험했다. 그러나 북위 20도와 남위 20도 사이의 무역풍을 발견해 큰 도움을 받았다. 바람과 조류를 놓치면 대양에서는 죽음을 의미했다. 선원을 구하기가 어려워 강제로 납치하는 경우도 많았다. 선원들은 가혹한 노동과 폭력에 시달렸고 식수 부족, 괴혈병 등으로 고생했다. 차라리 해적이 되는 게 편했다. 해적의 극성기는 1710년대 후반~1720년대 초였는데 바르솔로뮤 로버츠라는 유명한 해적왕은 상선 400척 이상을 나포했다. 해적은 나름대로 민주주의를 실현하려 했다. 동등한 표결권, 공동 분배, 도박 금지 등을 규정한 해적 규약이 시행됐다.

16세기 후반에 브라질의 사탕수수 플랜테이션이 본격화되면서 대규모 노동력이 필요해졌다. 일꾼을 충당하기 위해 아프리카에서 노예를 끌어왔다. 포르투갈이 주로 노예 무역에 나섰다. 아프리카 내륙에서 해안까지 데려올 때 40%가 사망했다. 노예들을 짐승 우리 같은 수용소에 가두었다가 배 화물칸에 실어 50~80일간 대서양을 건넜다. 신학자들 사이에서는 "인디언이 진정한 인간으로서 영혼을 가졌는가" 하는 논쟁이 벌어졌다.

유럽인들은 식민지를 유럽과 흡사하게 만들기 위해 유럽에 있는 동식물을 신대륙으로 옮겼다. 이를 생태제국주의라 한다. 호주의 사막을 개척하려 낙타를 데려갔는데 요즘엔 이것들이 야생 낙타가 됐다. 호주에 데리고 간 토끼가 현재 5억 마리로 번창했다. 아메리카의 동물들이 남획

됐다. 도도새, 나그네비둘기가 멸종됐다. 비버 18만 마리가 모피용으로 잡혔다.

생물학적으로 판도라의 상자가 열린 셈이어서 전 지구적으로 병원균이 확산됐다. 인디언들은 유럽에서 전파된 병균에 면역이 되지 않아 전염병으로 궤멸돼갔다.

유럽인들은 인디언들을 양순한 일꾼으로 부리기 위해 기독도교로 개종하려 했는데 포교 과정에서 폭력이 난무했다. 믿지 않으면 처단하는 경우가 빈번했다. 감자, 옥수수, 토마토 등 아메리카 원산 작물이 전 세계로 퍼져 구황 식량 노릇을 했다. 18세기에 중국에서 인구가 급증한 것은 고구마 덕분이었다.

이 책은 대륙 중심의 세계사에서 바다 중심의 세계사를 본격적으로 기술했다는 점에서 큰 의의를 지닌다.

CEO를 위한 경영 키워드

CEO여, 문화 코드를 읽어라
최정호 지음 · 284쪽 · 삶과꿈

창조 경영을 위해서는 유연한 사고(思考)가 필요하다. 두뇌를 부드럽게 만들려면 문화를 이해해야 한다.

『CEO여, 문화 코드를 읽어라』는 이런 욕구를 충족시켜주는 책이다. 저자는 소설가 최인호 선생의 친형이다. 대우그룹의 몇 개 계열사 사장을 지낸 전문 경영인이다. 서울대 경제학과를 졸업하고 명지대 대학원에서 경영학 박사 학위를 받은 경제 · 경영학도이지만 유명한 작가를 동생으로 둔 것으로 미루어 문화 취향적인 유전자도 다분히 지닌 듯하다.

저자는 머리말에서 "최인호 작가와는 형제의 사연(私緣)을 넘어서 학창 시절부터 기회가 될 때마다 문화를 토픽으로 시대정신을 교류해왔다"라면서 "이러한 습벽은 사회에 나와 두 사람이 각각 작가와 비즈니스맨이 된 이후에도 이어졌다"라고 소개했다.

최인호 작가는 "우리 형제는 대화를 나누기를 좋아하는데 역사소설

'왕국의 비밀'이 『왕도의 비밀』이 된 것도 다 이 상생의 대화 덕분인 셈이다"라면서 "이 책은 우리 형제의 대화를 통해 잉태된 제3의 아우라 할 수 있겠다"라고 털어놓았다.

직업상 50여 개국을 다니면서 외국인과 비즈니스 상담을 한 저자는 대화 내용의 상당 부분이 문화 테마라고 밝혔다. 경영인이 문화를 모르면 상담에서 성공을 거두기 어렵다고 강조한다. 역(逆)으로 문화를 사업에 활용하는 방안이 무궁무진하다는 것.

일본에서는 지진이 잦다 보니 유서 깊은 건물이 파손되기 일쑤다. 이누야마 시 근교에 위치한 메이지무라(明治村)는 메이지 시대의 건축을 옮겨놓은 야외 박물관 마을로 1965년 개관했다. 지진으로 무너진 제8고등학교 정문, 소설가 나쓰메 소세키 저택, 황궁경찰서 별관, 삿포로 전화교환국 등 60여 건물을 100만 제곱미터 구릉지에 복원해놓았다.

저자는 한국에서도 중앙청 현관, 궁정동 만찬장, 국도극장 정문, 진고개 다방, 소설가 이광수의 생가 등을 어디에선가 보존해야 마땅하다고 주장한다.

저자는 문화비평가 재능을 책 곳곳에서 보인다. '노벨문학상의 거울 속에 비친 동양의 비극'이라는 글에서 노벨문학상이 편파적인 기준으로 운용되고 있다고 비판한다. 스웨덴이 지금까지 노벨문학상을 7번이나 수상했다는 점이 그 증거라는 것. 스웨덴의 전체 대학생 수는 한국의 해외 유학생 수 15만여 명과 비슷할 정도로 적고 스웨덴 수도 스톡홀름의 인구는 서울의 강남구 인구와 맞먹는 정도라는 것. 그런 작은 나라에서 스웨덴어로 쓰인 문학작품이 노벨문학상 수상 작품으로 우대받는 심증이 뚜렷하다는 것이다.

저자는 해외에 퍼져 나가 살고 있는 한민족, 즉 '코리아 네트워크'를 통해 노벨문학상 수상 가능성을 모색했다. 중국 대륙에 200만 이상의 조선족, 미국에 160만, 일본에 72만, 옛 소련에 46만, 중남미에 10만의 한국인 핏줄이 퍼져 있으니 엄청난 잠재력을 지녔다는 것이다.

저자는 동생 최인호 작가의 작품에 대해서는 어떻게 평가할까? '최인호 작품에 나타난 환상세계'라는 글이 돋보인다. 다리가 마비되어가는 환자의 심경을 그린 「타인의 방」(1971년 발표)이라는 소설에 대해 저자는 "기적을 갈구하는 우리 마음과 번번이 기적으로만 우리의 기도에 응답해줄 수 없는 신의 섭리, 그 간극 속에 작가가 차지할 수 있는 여백이 생겨나고, 이 귀중한 여백이 있는 한 답답한 현실을 뛰어넘는 기적의 닮은 꼴인 환상과 미스터리의 세계가 작품의 형상화를 통해 담겨지게 된다"라고 밝혔다.

내면에 잠자고 있는 창의성 깨우기

그림 읽는 CEO

이명옥 지음 · 272쪽 · 21세기북스

산업 사회에서는 부지런히 일하면 어느 정도 성공이 보장됐다. 사장부터 꼭두새벽에 나와 일을 챙기고 임직원들을 독려하면 생산성이 높아졌다. 영업 사원은 고객을 찾아가 머리를 조아리면 제법 많이 팔 수 있었다. 그러나 세상이 달라졌다. 정보 사회, 지식 사회, 하이터치 사회로 바뀌면서 창의성이 중요해졌다. 무식하게 열심히 일만 하다가는 회사를 망칠 수도 있다. 팔리지도 않을 물건을 많이 만들기만 하면 무슨 소용인가. 고객의 마음을 제대로 읽으려면 사람에 대한 이해가 필요하다. 예술과 인문학을 알아야 한다. '창조 경영'이라는 화두가 새로이 부상하는 것은 그만큼 지금이 격변기라는 증거다.

경영인들의 창의성을 높여주는 책으로 『그림 읽는 CEO』가 눈에 띈다. 이명옥 사비나미술관 관장이 지은 이 책엔 '명화에서 배우는 창조의 조건'이라는 부제가 붙었다. 저자는 "사람들은 지능지수가 높거나 학벌이 좋을수록 창의성이 뛰어나다는 편견을 가지고 있는데 창의력 개발 전문가인 켄 로빈슨에 따르면 지능지수나 학문적 능력은 창의성과는 별개"라면서 "독자들이 예술가들의 창조성을 결정짓는 DNA를 몸과 마음에 이식해서 창의적인 인간으로 거듭나기를 진심으로 바란다"라고 저술 목적을 밝혔다.

미술사에 빛나는 명화를 중심으로 창의성을 설명하는 게 이 책의 특징이자 장점이다. 앞부분에 소개한 초현실주의 화가 르네 마그리트의 〈골콘드〉라는 작품을 보면 신비한 느낌이 든다. 형체를 알 수 없는 추상화가 아니다. 아파트 건물 위 하늘에서 빗방울 같은 게 내리는데 그 모양은 검은 코트를 입은 중년 남자들이다. 난해하지는 않다. 마그리트는 수수께끼 기법의 대가다. 현실과 동떨어진 이 그림을 보는 사람은 화가의 의도가 무엇인지 생각하게 된다. 이러면 딱딱한 사고방식이 말랑말랑하게 된다고 한다. 이때 창의성이 싹트지 않겠는가.

독일 화가 프리드리히는 여백의 아름다움을 구현하는 작품을 그렸다. 화면을 꽉 채우는 것보다 비우는 것이 그림을 더 신비하게 만든다는 사실을 발견했다. 동양화의 여백과 같은 여유 말이다. 이 책이 소개한 프리드리히의 그림은 밤중에 홀로 바닷가에 서 있는 성직자를 그린 작품이다.

이 밖에 올덴버그의 〈빨래집게〉, 보테로의 〈화실〉, 루소의 〈잠자는 집시〉, 아르침볼도의 〈베르툼누스의 모습을 한 루돌프 2세〉 등 명작들이 실렸다. 올덴버그는 서울 청계천이 시작되는 청계광장에 달팽이 모양의 조형물을 세운 설치미술가다.

같은 저자의 『팜므 파탈』도 글 읽는 맛과 그림 보는 쾌감을 동시에 제공하는 책이다.

바다 위에서 벌어진 세계의 역사

영화에 빠진 바다
김성준 지음 · 434쪽 · 혜안

바다, 역사, 영화……. 이 3가지 키워드를 아우르는 역저 (力著)가 나왔다. 해양사 전문가인 김성준 박사의 『영화에 빠진 바다』가 그것이다.

저자의 경력을 살펴보자. 한국해양대 항해학과와 고려대 서양사학과를 졸업했다. 고려대 대학원에서 해양사를 연구해 문학 박사 학위를 받았다. 이 분야의 전문가인 주경철 서울대 교수, 윤명철 동국대 교수, 주강현 박사 등에 비해 덜 알려졌지만 배와 관련한 현장 경험에서는 이들을 능가하는 듯하다. 저자는 한국 해양사연구소(www.seahistory.or.kr)를 운영하며 해양사, 해양 문학, 해양 정보 등을 알리는 데 앞장서는 행동파 지식인이다.

저자는 대학 강의에서 학생들이 해양사를 쉽게 이해하도록 하기 위해 역사 소재 영화를 교재로 애용한다고 한다. "영화 속에 그려진 선박, 항해, 선원 생활 등을 추출하여 해양사를 그리면 세계사와 바다 역사를 이해하는 데 좋은 방편이 된다"라고 설명한다.

해양인들이 가장 즐기는 소일거리는 무엇일까? 저자는 "단연 영화 보기"라면서 해양사의 가장 주요한 소비자인 해양인들에게 쉽게 접근하는 길을 마련하기 위해 이 책을 썼다고 밝혔다. 책 여러 군데에 뱃사람에 대한 애정이 그득 담겨 있다.

각 장(章) 앞부분에서 역사적 사실을 제시하고 관련 영화 몇 편을 소개했다. 이어 영화 줄거리를 요약하고 영화와 역사적 사실의 차이를 분석했다. 영화는 아무래도 픽션 요소가 많으므로 역사학자 시각에서는 사실(史實)과 부합하지 않는 부분을 당연히 지적하고 싶으리라. 곳곳에 넣은 고대 선박 그림과 지도들도 돋보인다.

고대 해양사부터 출발해보자. 고대 그리스의 시인 호메로스의 『오디세이아』를 바탕으로 만든 영화 〈율리시스〉와 〈오디세이〉가 소개된다. 마리오 카메리니 감독이 1954년에 만든 〈율리시스〉는 한국에서도 히트를 쳤다. 율리시스 역을 맡은 커크 더글러스, 율리시스의 부인 역인 실바나 망가노의 연기가 돋보인 명작이다. 영화의 백미는 마지막 장면이다. 트로이전쟁에서 이기고 먼 항해 끝에 고국 이타카로 돌아온 율리시스 왕은 오랫동안 정절을 지킨 페넬로페 왕비가 "율리시스 국왕이 쓰던 활로 도끼 자루 구멍 12개를 통과시킨 사람과 결혼하겠다"라고 밝히자 이에 도전한다. 다른 구혼자들이 활시위도 당기지 못하는 데 비해 거지 차림으로 나타난 율리시스는 거뜬히 활시위를 당겨 과녁을 명중시키고 왕비와 포옹한다.

이집트의 클레오파트라 여왕과 로마 영웅들의 이야기를 다룬 〈클레오파트라〉는 역사 영화의 고전으로 꼽힌다. 만키비츠 감독이 1963년에 발표한 이 영화는 주연배우인 엘리자베스 테일러(클레오파트라 역)와 리처드 버튼(안토니우스 역)이 출연 이후 결혼한 사건으로도 화제를 이어갔다. 이 영화는 촬영, 미술감독, 의상, 특수효과 등 4개 부문에서 아카데미상을 받았다. 엘리자베스 테일러가 영화 사상 처음으로 100만 달러란 거액의 출연료를 받은 일로도 주목을 끌었다. 영화는 로마의 지도자 카이사르가 그리스에서 폼페이우스 군을 격파하는 장면에서 시작해 악티움해전에서 패배한 클레오파트라가 스스로 독사에 물려 자살하는 장면으로 끝난다.

클레오파트라 여왕은 과연 절세미인이었을까? 저자는 여러 사료를 훑어보고 여왕이 미인이었다는 증거를 찾지 못했다면서 "그렇게 미인은 아니었을지라도 여러 면(몸매, 말씨, 성격, 목소리 등)에서 매력적인 인물이었음은 분명하다"라고 밝혔다. 특히 그녀는 12개 언어에 능통해 어느 나라 사신이 오더라도 통역자 없이 대화해 호감을 샀다고 한다. 여왕이 독사에 물려 죽은 것이 사실인지도 확인되지 않는다.

명배우 찰턴 헤스턴이 감독, 주연을 맡은 〈안토니와 클레오파트라〉는 셰익스피어의 희곡을 바탕으로 만든 영화다. 로마 장군 안토니우스가 이집트에 머물며 클레오파트라와 사랑을 맺는 장면부터 악티움해전까지 다루었다.

이들 2편의 영화에서는 악티움해전에서 로마 함선과 이집트 전함이 접근해 백병전을 벌이는 장면이 나오는데 저자는 "실제 악티움해전에서는 그런 전투는 벌어지지 않았을 것"이라 추정했다.

중세 해양사에서는 바다의 약탈자 바이킹을 그린 〈롱 쉽〉과 〈바이킹의 최후〉가 소개됐다. 잭 카디프 감독의 〈롱 쉽〉은 리처드 위드마크가 바이킹 롤프 역을, 시드니 포이티어가 이슬람 군주 역을 맡아 각각 무르

익은 연기를 펼쳤다. 전설에 나오는 황금종을 찾아 나선 바이킹과 이에 맞서는 이슬람 술탄이 격돌한다.

이탈리아 출신인 젠틸로모 감독의 〈바이킹의 최후〉는 노르웨이 바이킹과 덴마크 바이킹 사이의 다툼을 다루었다. 바이킹 내부의 갈등을 그렸다는 점에서 이색적이다.

바이킹들은 어떻게 항해하고 어떤 선상 생활을 했을까? 이 책에 따르면 이들은 바람 강도와 방향, 파도, 새의 움직임, 바닷물 빛깔 등을 살펴 배의 위도를 추정했다. 위도만 알아서는 한계가 있으므로 바이킹은 가능한 한 육지를 보면서 항해했다. 철새가 이동하는 길을 보면서 봄철에 출항했다가 가을 무렵에 돌아왔다. 바다에서 밤을 지새울 때는 가죽 침낭에서 잠을 잤고 청동제 취사도구로 식사를 준비했다. 고기와 소금을 뿌려 말린 생선, 버섯, 감자, 굳힌 우유, 맥주 등을 주로 먹었다.

콜럼버스와 유럽의 대항해 시대

근대 해양사를 대표하는 영화로는 존 글렌 감독의 〈콜럼버스 : 발견〉과 리들리 스콧 감독의 〈1492 콜럼버스〉를 꼽을 수 있다. 〈콜럼버스 : 발견〉에서 조지 코러페이스가 콜럼버스 역을, 레이철 워드가 이사벨라 여왕 역을 맡았다. 말런 브랜도가 이단 심문관인 토케마다 신부 역으로 5분간 나오고 출연료 500만 달러를 받아 화제가 되기도 했다. 영화는 콜럼버스가 포르투갈 궁정에 지원을 요청한 후 답변을 기다리는 장면에서부터 시작한다. 이 영화는 극적 흥미는 그리 높지 않지만 역사적 사실을 충실히 다루었다는 점에서 역사 교육용으로 적합하다. 영화 속에서 역사적 사실과 다르게 묘사된 부분은 죄수 롤단이 선원으로 승선해 벤저민을 괴롭히다가 바다에 빠져 죽는 장면이다. 롤단은 실제로는 판사로서 식민지에 주재했고 3차 탐사 때 반란을 일으켰으나 진압되어 사면된 인물이다.

〈1492 콜럼버스〉에서는 프랑스 배우 제라르 드파르디외가 콜럼버스 역을 맡았다. 이 영화의 오류는 멘데스가 육지를 처음 발견한 점(실제로 육지를 처음 목격한 이는 로드리고 데 트리아나), 돌아올 때 서인도에서 배 3척이 출항한 점(역사적 사실은 산타마리아호 침몰로 2척만 돌아옴), 마르틴 핀손이 부상으로 나비다드에 잔류하여 사망한 점(귀국 후 세비야에서 1493년 사망했음) 등이다.

'영국 영화 산업의 창시자'로 불리는 알렉산더 코르더 감독이 1941년에 제작한 〈해밀턴 부인〉은 영국-프랑스 사이의 해상 쟁탈전이라는 배경 속에서 피어난 해밀턴 부인과 넬슨 제독의 로맨스를 다룬 영화다. 비비언 리가 해밀턴 부인 역을, 로렌스 올리비에가 넬슨 역을 맡아 열연했다. 당대 최고의 남녀 배우가 1940년에 결혼한 직후 함께 출연해 주목을 끈 작품이기도 하다.

1805년 트라팔가르해전에서 넬슨은 총에 맞고 숨져가면서 자신의 머리카락과 재산을 해밀턴 부인에게 주라고 함장에게 당부한다. 넬슨은 나일강해전, 코펜하겐해전, 트라팔가르해전에서 모두 승리함으로써 영국에서는 '바다의 신'으로 추앙되는 인물이다. 연전연승, 극적인 죽음 등에서 이순신 장군과 비견되기도 한다.

최근세 해양사를 다룬 대표적인 영화로는 우선 존 휴스턴 감독 연출, 그레고리 펙 주연의 〈백경〉을 들 수 있다. 18세기에 미국의 고래잡이 어업은 중요한 산업이었다. 당시 고래기름은 가정용 등불과 가로등에 쓰였고 고래수염과 뼈는 다양한 재료로 활용됐다. 이런 역사적 배경을 바탕으로 소설가 허먼 멜빌은 『모비 딕』이라는 소설에서 포경선 선장 에이햅이 자신의 한쪽 다리를 망가뜨린 흰 고래를 찾아 복수하는 스토리를 썼다. 영화 〈백경〉의 대본은 이 소설에 근거를 두었다. 진지한 이미지를 가진 배우 그레고리 펙이 격정적인 성격을 지닌 에이햅 선장 역으로는 어울리지 않았다는 중평을 받았다. 에이햅이 백경을 만나 작살을 꽂으며 사투를 벌이는 장면은 압권이다.

러시아의 예이젠시테인 감독이 러시아혁명 20주년을 기념해 1925년에 완성한 〈전함 포템킨〉은 영화사에 길이 남을 고전 작품으로 꼽힌다. 1905년 러시아 함대에서 가장 강력한 화력을 지닌 포템킨 함상에서 일어난 봉기를 영화화한 것이다. 포템킨 함의 수병들은 급식으로 나온 썩은 고기 수프에 울화가 치밀어 항의한다. 이들은 자신들을 거칠게 몰아세우는 함장과 장교들에 맞서 함상에서 반란을 일으킨다. 이 과정에서 봉기를 주도한 수병 하나가 살해당한다. 병사들은 더욱 흥분하고 이들의 움직임이 배가 정박한 오데사 항구의 시민들에게도 포착된다. 시민들은 달걀, 채소 등을 건네며 병사들을 격려한다. 오데사 시민들은 시가지에서 시위를 하고 군인들은 총을 쏘며 시민들을 진압한다. 포템킨 함 수병들은 마침내 함선을 장악하고 자유의 깃발을 내건다.

이 영화는 공산주의 체제의 선전용으로 만들어진 측면이 있긴 하지만 몽타주(편집) 기법, 시퀀스(연속 장면) 기법 등 영화 예술의 새로운 경지를 열었다는 점에서 가치를 인정받는다.

역사적 사실 측면에서는 창작된 부분이 많아 팩트가 정확하지 않다. '전함 포템킨의 역설'이라는 말이 나왔을 정도다. 예이젠시테인 감독이 지어낸 부분을 관객들이 역사 사실보다 더 진실된 것으로 믿는 현상이다.

이 책은 끝 부분에 「역사·바다·해양사」라는 간략한 논문을 실어 해양사의 중요성을 강조했다. 참고 자료와 각주를 상세히 달아 이 분야를 더욱 탐구하고픈 독자들에게 좋은 정보를 제공한다. 책에 실린 영화 포스터, 사진 등이 컬러가 아닌 흑백이라는 점이 조금 아쉽다.

영화를 통해 역사 공부를 더 하고 싶은 독자는『영화로 배우는 서양사』라는 책을 봐도 좋겠다. 건양대 교수인 저자는 교양 수업 시간에 영화를 본 후 토론을 진행했는데 그 내용을 책으로 묶었다.

바다의 역사에 대해 관심을 가진 독자가 읽을 만한 책은『문명과 바다』,『장보고의 나라』,『제국의 바다, 식민의 바다』,『지중해, 문명의 바다를 가다』등이다.

역사 사건을 다룬 명화 DVD를 빌려 와 감상하고 관련 도서를 읽으면 교양과 재미란 두 마리 토끼를 한꺼번에 잡으리라. 큰돈 들이지 않고 가족 모두가 즐길 수 있는 고품격 여가 활용 방법이기도 하다.

사유의 전환, 백수에서 자유인으로

임꺽정, 길 위에서 펼쳐지는 마이너리그의 향연
고미숙 지음 · 338쪽 · 사계절

고전평론……. 말만 들어도 골치가 지끈지끈 아프지 않은가? '고전'이 뭔가? '중요하다 하지만 사실은 거의 읽히지 않는 곰팡내 풀풀 나는 책'아닌가. '평론'은 어떤가? 현학적인 수사(修辭)가 뱀 꼬리처럼 길게 이어지는 평론이라는 장르보다 더 따분한 글이 있기는 한가?

고전평론가 고미숙. 이런 전문직 타이틀을 내세운 분의 글은 어떨까? '참을 수 없는 지루함의 극치'일 것이라 지레짐작하지 마시라. 『임꺽정, 길 위에서 펼쳐지는 마이너리그의 향연』을 펼치면 홍명희 작 대하소설 『임꺽정』을 새롭게 해석하는 유쾌 · 상쾌 · 통쾌한 언어의 대향연을 만끽할 수 있다. '고전'과 '평론'에 대한 묵은 편견 덩어리를 한 방에 날릴 수 있다. 이런 평론이라면 누구나 질펀한 이야기 몇 마당을 읽는 묘미를 느끼겠다.

먼저 조선 시대의 큰 도둑 임꺽정이 주인공인 대하소설 『임꺽정』에 대해 살펴보자. 춘원 이광수, 육당 최남선과 더불어 조선의 3대 천재로 불린 벽초 홍명희(1888~1968)의 역작이다. 신문에 장기간 연재한 작품인데 책으로 묶여 나온 분량이 10권이다. 일부 평론가들은 이 소설을 '민족 문학의 최고봉'이라 극찬한다. 연산군, 중종, 인종, 명종 시대의 풍속사를 잘 그렸기에 민속, 언어 연구에도 중요하다는 평가를 받는다.

벽초가 북한에 넘어가 부수상까지 지냈기에 이 작품은 오랫동안 금서(禁書)로 낙인찍혔다. 책을 낸 출판사 대표가 구속되기도 했다. 그래도 몰래몰래 읽혔다. 한번 잡으면 놓기 어려운 마력을 지닌 소설이다. 김창현 국문학 박사는 청년 시절에 『임꺽정』 읽는 재미에 빠져 끼니를 빵과 두유로 때우며 1박 2일 만에 다 읽었다고 한다.

한국 고전문학을 전공해 학위를 받은 고미숙 박사는 연암 박지원 작 『열하일기』의 의미를 오늘날 시각으로 분석한 『열하일기, 웃음과 역설의 유쾌한 시공간』이라는 저서를 내 주목을 끈 바 있다. 그는 이 스테디셀러에서 220여 년 전에 쓰인 『열하일기』에 통통 튀는 요즘 언어로 생명력을 불어넣었다. 저자의 놀라운 스토리텔링 재능에 독자는 넋을 잃는다.

고전 읽기에서 새로운 경지를 연 고 박사는 『임꺽정』에서는 무엇을 발견했나. 작중 인물들의 펄펄 끓는 역동적 야생성에서 오늘날 우리가 좇아야 할 삶의 방식을 찾았다.

저자는 『임꺽정』이란 긴 이야기를 주제별로 분류하면서 경제, 공부, 우정, 사랑과 성, 여성, 사상, 조직 등 7개 키워드를 뽑았다.

책 제목에 달린 '길 위에서 펼쳐지는'이라는 표현에서 '길'은 직업 없이 거리로 내몰린 사람들이 떠도는 공간을 상징한다. 청년 실업, 비정규직, 정리해고, 조기 정년퇴직 등으로 길 위에서 헤매는 슬픈 영혼들이 얼마나 많은 세상인가.

첫째 키워드 '경제'를 설명하는 장(章)에서는 『임꺽정』의 주요 인물 대부분이 백수임을 강조했다. 임꺽정은 직업이 백정이지만 소 잡는 장면은 나오지 않는다. 임꺽정의 처남 황천왕동이는 장기판에 코를 박았고 떠돌이 소금 장수 길막봉이는 장사보다는 술 마시고 유랑하는 게 주업이었다. 저자는 이들을 '노는 남자들'이라 명명했다. 이들은 친지 집에 빈대 붙어 살면서 여행길에 나설 때는 남의 집에서 하룻밤 과객으로 묵는다. 그러다 청석골에 인디언 공동체 같은 마을을 만든 이후엔 화적질로 밥벌이를 한다.

우정의 경제학

노는 남자들이지만 '공부'에 심혈을 기울인다. 글공부가 아니라 갖가지 재주 수련이다. 임꺽정은 칼 쓰기와 말타기, 이봉학이는 활쏘기, 박유복이는 표창, 배돌석이는 돌팔매, 황천왕동이는 달리기, 곽오주는 쇠도리깨질 등의 분야에서 달인 경지에 올랐다. 이들의 정신적 지주 역할을 한 양주팔은 백정, 갖바치(가죽신 장인), 스님 등을 거치면서 끊임없는 정진 끝에 생불(生佛) 경지에 오른다.

저자는 "공부를 통해 새로운 경계로 진입한다는 건 낡은 권위와 습속으로부터 탈주하는 일인 동시에 생사에 대한 원초적 두려움으로부터 벗어나는 행위이기도 하다"라면서 "'평상심이 도(道)'라는 건 이런 의미에서다"라고 말했다.

청석골 7두령은 임꺽정, 박유복이, 이봉학이, 길막봉이, 황천왕동이,

곽오주, 배돌석이 등이다. 임꺽정, 박유복, 이봉학은 어릴 때부터 어울리던 친구 사이다. 이들은 도탄에 빠진 민중을 구하는 장길산, 홍길동, 일지매 같은 의적이 아니다. 사농공상 신분 시대에 농공상에도 끼지 못하는 천민이지만 기죽지 않고 살아가는 자유인이었고 도둑질은 전업이 아니라 비정규직의 '알바' 성격이었다.

'우정'이란 키워드로 접근해보자. 주인공들은 피보다 진한 우정을 나눈다. "싸우면서 정분난다"라는 말이 있듯이 이들은 몸으로 부딪치면서 친해진다. 서로 속내를 모두 털어놓는다. 저자는 "우리 시대는 대화의 소중함을 강조하면서도 실상 주고받는 이야기들은 참 빈곤하기 짝이 없다. 친구들끼리 나누는 이야기란 게 주로 2가지다. 남을 헐뜯는 거 아니면 자기 자랑하는 거. 그나마도 솔직하게 자신을 드러내는 경우가 거의 없다. 주로 남의 이야기나 나랑 상관없는 것들에 관해 이야기를 나눈다. 영화나 인터넷, 개그 프로에서 본 것들이 거의 전부다. 자신에 대한 깊은 이야기는 정신과 병원에나 가야 겨우 꺼내놓는다"라고 꼬집었다.

저자는 '우정의 경제학'이란 개념을 제안했다. 가난한 친구, 친지를 위해 지갑을 열어야 한다는 것이다. 저자는 명품을 사서 장롱에 묻어둘지언정 일가친척에게 나가는 돈 한두 푼을 아까워하는 세태를 개탄하면서 "경제적으로 서로 소통해야 한다"라고 주장한다. 인생을 함께 살아가는 백수 친구를 위해 밥과 용돈까지 책임져야 한다는 것. 물론 받는 친구 역시 주는 친구를 위해 봉사해야 한다. 저자는 이런 우정의 경제학이야말로 청년 실업의 훌륭한 해결책이라고 설파한다.

1970~1980년대만 해도 운동권 친구에게 용돈을 쥐여주는 직장인이 적잖았다. 돈을 받는 백수 친구는 민주화 투사라는 자부심 때문에 당당하게 어깨를 펴는 반면 넥타이 차림으로 돈 봉투를 내미는 친구는 현실

과 타협했다는 자책감 탓에 고개를 숙였다.

'사랑과 성'에서는 조선 민중의 야생적인 성생활을 파헤쳤다. 저자는 "온갖 잔머리에 매뉴얼까지 동원해서 줄다리기를 하지만 정작 사랑이 시작된 다음엔 뭘 해야 할지 몰라 허둥거리는 우리 시대의 연애와는 얼마나 다른지. 쩝!" 하면서 몸과 몸이 직접 접촉하는 건강한 사랑에 대해 찬사를 보낸다.

원작 『임꺽정』에서 입담의 달인 오가라는 인물이 곽오주에게 여성에 대해 들려주는 이야기 한 부분을 옮겨보자.

"혼인 갓 해서 여편네는 달기가 꿀이지. 그렇지만 차차 살림 재미가 나기 시작하면 여편네가 장아찌 무쪽같이 짭짤해지네. 그 대신 단맛은 가시지. 이 짭짤한 맛이 조금만 쇠면 여편네는 시금털털 개살구루 변하느니. 맛이 시어질 고비부터 가끔 매운맛이 나는데 고추 당초 맵다 하나 여편네 매운맛을 당하겠나. 그러나 이 매운맛이 없어지게 되면 쓰기만 하니."

저자는 "성과 육체에 내밀한 쾌락과 비극의 정조가 깔리게 된 건 어디까지나 근대 이후"라면서 『임꺽정』에서 남자 주인공들이 여성 가슴에 대해 떠들며 웃는 것은 유방을 은밀한 쾌락의 대상이 아니라 신체의 자연스런 일부로 보았기 때문이라 설명했다.

조선 여성들은 위풍당당했다. 곳간 열쇠를 쥐고 집안 살림을 도맡았으므로 'CEO 역할'을 했다. 마음에 들지 않는 여자를 쫓아내는 소박은 남자만 하는 게 아니었다. 여자가 좀팽이 남자를 팽개치는 것을 '내소박'이라 했다. 아들이 호랑이에게 물려 죽자 그 호랑이를 잡아 죽여 원수를 갚아달라고 떼를 쓰는 억척 어멈이 『임꺽정』에 등장한다.

저자는 조선 여성 대부분이 남편에게 순종하며 자신의 목소리를 낮추는 스타일이 아니었다고 작품 분석을 통해 밝힌다. 게으름뱅이 사위를 윽박지르고, 복수를 위해 몸을 던지는 맹렬 여성이 수두룩함을 강조한다.

『임꺽정』에서 주인공은 임꺽정이지만 그렇다고 해서 그의 일대기를 그린 작품이 아니다. 수많은 조연이 주연 이상으로 핵심 역할을 한다. 유·불·도에 통달한 갖바치도 그런 인물이다. 그는 한국 도교사의 큰 인물인 이천년에게서 도학을 배웠고 유학 이념에 바탕을 둔 개혁 정치가 조광조와 교유했다. 『임꺽정』에 등장하는 학자는 퇴계 이황, 남명 조식, 하서 김인후, 화담 서경덕 등이다. 『임꺽정』이 조선 지성사의 한 부분도 다루었다는 점에서 작가 벽초의 시야가 얼마나 넓은지 가늠할 수 있다.

저자 고미숙 박사는 사주 명리학으로 벽초의 삶을 풀이해 눈길을 끈다. 벽초는 우뚝 솟은 갑목(甲木) 운세인 데다 불기운이 그득한 편이다. 인복과 활동 범위가 매우 넓다는 뜻이란다. 충북 산골에서 출생했으나 어린 시절부터 중국, 싱가포르, 대만 등지를 돌아다녔기에 큰 역마살이 낀 운명대로 살았다. 41세에 『임꺽정』 집필을 시작하여 10년간 쓰고 그만두었다. 51세, 61세에 대운(大運)이 돌아오는 운세라는데 실제로 51세에 벽초의 마음이 문필에서 조직으로 이동했고 61세엔 우연히 북한에 갔다가 고위직을 맡게 됐다.

저자는 결론 부분에서 청년 백수를 위한 '케포이필리아(Kepoiphilia)'란 개념을 제시한다. '공부, 밥, 우정의 향연'을 뜻하는 말로 "백수가 자유인이 되는 프로젝트"라고 설명한다. 백수가 자유인이 되려면 철학적 비전과 신체적 능력이 필요하다고 강조한다. 즉, 백수라는 상황을 긍정하는 철학을 익히며 시간의 노예가 아니라 시간을 부리는 달인이 되어야 한다는 것이다. 또 그렇게 확보한 자유 시간을 자신의 재능을 연마하는

데 써야 한단다.

이 책은 청년 실업 당사자에게 상상력을 확장시켜 난관을 스스로 헤쳐 나가도록 돕는다. 취업을 위해 도서관에 앉아 '스펙의 노예'가 된 젊은이들에게 호연지기(浩然之氣)를 키워줄 수 있는 내용이다. 저자는 '연구공간 수유＋너머'에서 진행된 임꺽정 강의에서 '박사 백수'로 마음을 앓다 당당한 자유인으로 거듭난 자신의 체험을 전수하는 명강의를 펼쳐 백수 수강생들로부터 열띤 호응을 얻기도 했다.

이 책을 읽고 입맛이 당기면 벽초의 『임꺽정』 완독에 도전해보는 것도 좋겠다.

분단의 현장에서 캐낸 역사의 조각들

분단의 섬 민통선
이기환 지음 · 488쪽 · 책문

책에 그림이나 사진이 많이 담기면 '보는 책'이다. 글 읽는 재미가 쏠쏠하면 '읽는 책'이다. 페이지를 넘기면서 가슴이 울렁거리면 '감동을 주는 책'이고 밑줄 그을 정보가 그득하면 '유익한 책'이다.

비무장지대(DMZ)의 역사 기행집인 『분단의 섬 민통선』은 앞서 언급한 책의 특징들을 두루 갖추었다. 넓적하고 두툼해 제법 무겁기도 한 이 책을 휘리릭 넘기면 화려한 컬러 사진, 꼼꼼하게 그린 지도가 눈길을 끈다.

책 내용을 살펴보자. 머리말부터 심상찮다. 눈요기용 사진에다 헐렁한 해설 몇 줄을 덧붙인 여느 관광 안내서 같은 책이 아니다. 한반도 중심부에서 펼쳐진 수천 년 역사의 파노라마를 조망하는 저자의 진지한 역사의식이 돋보인다. 오늘날 남북 분단 상황의 문제의식까지 담았다. 표지를 다시 들추니 아스라이 멀리 보이는 군사분계선 너머 북녘 사진이 다가오면서 가슴이 뭉클해진다.

역사 전문 저널리스트인 저자는 역사 현장을 답사하는 한편 대학원 박사 과정에서 고고학을 전문적으로 공부하기도 한다. 전공 분야가 전쟁고고학이라 하니 이 책의 저술 방향과 꼭 맞는 듯하다. 저자의 경력과 수련 자세가 믿음직스러워서인지 이 책은 학술적 분위기를 풍기는 르포르타주의 백미(白眉)처럼 여겨진다.

저자는 2년 반 동안 국방문화재연구원의 이재 원장과 이우형 조사팀장 등 전문가와 함께 비무장지대에서 발품을 팔며 문화재를 살폈다. 한국전쟁 때 치열한 전투가 벌어진 곳이어서 지금도 전쟁의 상흔이 남아 있다. 곳곳에 깔린 지뢰 때문에 조심스레 걸어야 한다.

이 책은 6부로 나뉘어 한반도의 역사 흐름을 더듬는다. 제1부 '문명의 탯줄'에서는 30만 년 전 한탄강 유역의 장면이 나온다. 구석기 시대에 이곳에서는 사람들이 물고기를 잡고 농사를 지으며 살았다. 농기구는 돌을 다듬거나 갈아서 썼다. 1977년 4월 미 공군에 근무하는 그렉 보웬 병사가 한탄강 부근(경기도 연천군 전곡리)을 거닐며 애인과 함께 데이트하다 구석기 시대의 것으로 보이는 주먹도끼를 발견했다. 무심코 보면 돌덩어리에 불과한데 애리조나주립대에서 고고학을 전공한 청년의 예리한 눈은 그 돌에서 사람이 깎은 흔적을 발견한 것이다. 이로써 한반도에 사람이 살았던 역사 흔적은 30만 년 전으로 거슬러 올라간다. 이 주먹도끼는 국제 학계에서 공인받았고 세계고고학 지도에 등재됐다. 이 구석기를 쓴 사람들이 오늘날 한민족의 조상은 아닌 것으로 추정된다. 4300여 년 전의 단군이 아득한 옛날의 신화상 인물로서도 오래된 인물로 여겨지는 판에 30만 년 전에 한탄강 변에서 원시인들이 살았다는 물적 증거가 나타났으니, 이 사실만으로도 우리의 상상력은 엄청나게 넓어진다.

제2부 '난세의 여울'을 펼치면 역사 시대로 성큼 접어든다. 임진강, 한

탄강, 한강 등이 어우러진 유역은 고구려, 백제, 신라가 세력을 다투던 무대였다. 고구려 유리왕의 핍박을 받아 남쪽으로 내려온 온조가 세운 초기 백제(하남위례성) 터는 지금 서울 올림픽공원 부근이다. 풍납토성이 그 유적이다. 온조는 하남위례성 이전에 하북위례성에 먼저 자리 잡았다는 『삼국사기』 기록이 있다. 그러나 아직 하북위례성 유적은 규명되지 않았다. 이 책은 경기도 연천군 적성읍 임진강 변에 위치한 육계토성이 하북위례성인 것 같다고 밝혔다. 1996년 여름에 하늘에 구멍이 뚫린 듯 쏟아진 폭우 탓에 지표가 쓸려 내려가면서 땅 밑에 있던 유물들이 무더기로 드러난 일이 있었다. 이곳을 둘러본 여러 전문가는 "풍납토성 모양과 흡사한 데다 여러 정황으로 보아 하북위례성인 듯하다"라고 평가했다. 당시 발굴 조사 요원이었던 황소희 한양대문화재연구소 연구원의 무용담도 귀를 솔깃하게 한다. 주민들이 굴삭기와 덤프트럭을 갖고 와 정지 작업을 하려 했는데 황 연구원이 흙을 쏟으려던 덤프트럭을 몸으로 막았다. 젊은 여성의 기개가 문화재를 보존한 것이다.

이 책이 독자에게 박진감을 주는 것은 조사단이 지뢰와 불발탄이 질펀하게 깔린 비무장지대를 누볐다는 점 때문이다. 물론 군 당국의 허가를 얻어 들어갔다. 현장 주민의 증언과 전설, 설화를 반영한 점도 생동감을 더해준다. 후삼국 시대의 영웅 궁예가 웅지를 펼쳤던 철원평야에서 구전설화를 채집해보니 궁예를 숭모하는 민심이 면면히 이어 내려온다. "궁예는 포악한 군주"라는 평가는 역사의 승리자인 고려 왕조가 과장했다는 것.

제3부 '영욕의 강산' 에서 돋보이는 문화 유적지는 파주시 군내면 정자리에 있는 덕진산성. 민통선 북부에 있기에 군부대 승인 없이는 들어가지 못하는 곳이다. 광해군을 내쫓은 반정 병력이 이 산성에서 훈련을 했

다고 한다. 당시 장단부사 이서(李曙, 1580~1637)는 비밀리에 군사 700명을 키웠다. 이들은 1623년 3월 12일 밤에 이곳을 떠나 13일 새벽에 창덕궁을 급습, 광해군을 몰아내고 인조를 새 임금으로 추대하는 데 성공했다. 이 책은 구석구석에 야사(野史)를 넣어 읽는 재미를 더해주는데 이서의 아내에 관한 애달픈 사연도 전한다. "거사에 성공하면 나룻배에 붉은 깃발을, 실패하면 흰 깃발을 달고 돌아오겠다"라고 말한 이서는 약속대로 돌아가는 배에 붉은 깃발을 달았다. 그러나 공교롭게도 뱃사공이 흰 옷을 벗어 붉은 깃발 위에 걸어놓았다. 멀리서 그것을 흰 깃발로 본 이서의 아내는 남편이 반정에 실패해 대역 죄인이 된 줄 알고 자결했다.

1500년 역사를 지닌 대규모 사찰 건봉사(강원도 고성군). 신라 법흥왕 때 혼혈아 스님인 아도화상이 창건한 이 절에서 조선 시대에는 사명대사가 승병 700명을 훈련시켰다. 640칸 규모의 최대 사찰이자 호국 불교의 상징이었다. 건봉사의 비극에 관해 저자는 이 책의 제4부 '믿음의 성지'에서 비감한 심경으로 서술했다.

한국전쟁 때 남한을 침공한 북한 인민군이 북으로 퇴각하면서 건봉사에 집결했다. 유엔군은 포탄 10만 발을 발사해 이곳을 초토화시켰다. 국보 412호 금니화엄경 46권과 사명대사의 유물이 모조리 사라졌다.

신라의 마지막 왕은 경순왕이다. 경순왕은 재위 9년 때인 935년 10월 고려 태조 왕건에게 나라를 통째로 넘겼다. 이에 앞서 927년 11월 경애왕은 후백제의 지도자 견훤이 경주에 쳐들어왔을 때 포석정에서 술잔치를 벌인 것으로 널리 알려졌다. 이 책은 제5부 '삶과 죽음의 공간'에서 이견을 제시한다. "경애왕이 추운 겨울에, 국난에 빠진 상황에서 술판을 벌였겠느냐"라는 의문을 던졌다.

저자는 경순왕에 대해서도 우호적이다. 경기도 연천군 장남면 고랑포리에 자리 잡은 경순왕릉을 찾아간 방문기가 흥미진진하다. 농가 사이를 지나면 좁은 길 양쪽에 '지뢰'라고 써 있는 살벌한 표지판이 보인다. 길이 끝나는 곳에 야트막한 언덕이 펼쳐지면서 경순왕릉이 나타난다. 왕릉비는 한국전쟁 때 총탄을 맞아 곳곳이 파였다. 이 왕릉은 1973년 1월 관할 중대장이던 여길도 대위가 발견했단다.

저자는 경순왕이 마의태자의 읍소를 뿌리치고 고려에 손을 든 것은 백성들의 희생을 막기 위한 애민 정신의 발로였다고 설명한다. 결사항전한다면 더 버틸 수 있었겠지만 그럴 경우 백성들이 얼마나 많은 피를 흘렸겠는가. 경순왕은 왕건으로부터 극진한 예우를 받으며 고려 수도 개경에 머물렀다. 통일신라가 망한 후에도 43년간이나 살았고 왕건보다도 35년이나 더 오래 살았다.

경순왕은 사후에 고향에 묻히지 못했다. 신라 유민들이 경주에 능지를 잡았으나 고려 조정은 긴급 군신 회의를 열어 "왕의 운구는 100리를 넘지 못한다(王柩不車百里外)"라고 결정했다.

이 책은 경순왕과 관련한 이곳 전설을 소개했다. 경순왕이 고향을 바라보며 눈물을 흘렸다 해서 이름이 붙은 곳이 도라산(都羅山)이라는 것.

최초의 국제적 베스트셀러, 『동의보감』

파주에 있는 의성(醫聖) 허준 선생의 묘는 어느 서지학자의 10년간의 집념 어린 추적 끝에 발견됐다. 서지학자 이양재 씨는 1982년 한 골동품 거간꾼에게서 허준 선생의 친필 편지를 건네받았다. 이를 계기로 허준의 묘소를 찾아 나섰다. "파주 장단 하포 광암동 동남쪽에 있으며 무덤은 쌍

분(雙墳)"이라는 '양천 허씨 족보' 내용을 토대로 삼았다. 후손들을 만나고 토지대장을 뒤졌다. 후손 대부분이 이북에 살아 어려움이 컸다. 우여곡절 끝에 1991년 7월 땅속에 묻힌 허준 비석을 발견했다. 비석은 두 동강 난 상태였다.

이 책은 정치 싸움의 희생양이 된 허준 선생의 파란만장한 삶을 파헤쳤다. 그의 대표적인 저서인 『동의보감』은 국내뿐 아니라 중국, 일본에서도 출판돼 큰 인기를 끌었다는 사실도 소개했다.

이 책의 하이라이트 부분인 제6부 '전쟁의 그늘'은 6·25전쟁의 잔혹함을 기술하고 역사적 교훈을 강조한다. 적군과 아군을 합쳐 1만 8천 명이 숨진 백마고지전투. 그 처절한 싸움이 벌어진 철원군 고암산은 궁예의 도성이 자리 잡았던 곳이기도 한 역사 유적지다. 백마고지전투는 1952년 10월 6일부터 열흘 동안 벌어졌다. 국군 9사단이 중국군 38군의 공격을 막아내며 사투를 벌였다. 철원평야를 지키려면 뺏길 수 없는 요충지였다. 이 고지를 지켜냄으로써 한국은 철의 삼각 지대(철원-평강-김화) 상당 지역을 확보할 수 있었다.

북한 땅인 오성산에서도 1952년 10월에 치열한 전투가 벌어졌다. 42일간의 공방전에서 유엔군은 병력 6만 명, 화포 300문, 탱크 200대, 항공기 3천 대를 투입해 포탄 190만 발, 폭탄 5천 발을 쏟아부었다. 이 전투로 산봉우리가 깎여 2미터나 낮아졌다. 중국군은 오성산 일대의 지하에 땅굴을 파서 총연장 4천 킬로미터의 '지하 만리장성'을 구축했다고 한다. 남의 나라 국토를 이렇게 멋대로 훼손해도 되는가. 분통 터지는 일이다.

답사 여행을 함께하며 전문가로서 조언을 준 이재 국방문화재연구원장은 추천사에서 "양구 해안분지, 연천 임진강 변의 적석총들, 오두산성, 덕진산성, 경순왕릉, 허준 묘 등은 그 역사적 중요성에 비해 거의 숨겨진채로 남아 있었지만 이 책을 통해 드디어 제대로 세상에 모습을 드러냈다"라면서 "비무장지대 및 민통선 일원의 주요 유적들을 깊이 있고 흥미롭게 다룬 사실상 최초의 유적 답사기"라고 평가했다.

60년 가까이 인적이 끊어진 비무장지대는 세계사적으로 의미가 깊은 지역이다. 자연 생태계 측면에서도 소중한 가치를 지닌다. 거대한 역사, 생태의 보고(寶庫)다. 이 책은 그런 가치를 일깨워 주는 격조 높은 길라잡이 구실을 한다. 맛집 안내 책자를 들고 쏘가리 매운탕집을 전전하는 것보다 이 책과 더불어 임진강, 한탄강 변 역사 기행을 하면 좋을 터!